浙江省**2011**年哲学社会科学规划课题（编号: 11JCXW02YB）
最终成果

中国近代报业管理学史

（1834—1949）

曾来海　著

中国社会科学出版社

图书在版编目（CIP）数据

中国近代报业管理学史：1834—1949 / 曾来海著 . —北京：中国社会科学出版社，2016.7

ISBN 978 - 7 - 5161 - 8554 - 4

Ⅰ.①中… Ⅱ.①曾… Ⅲ.①报业—管理学—历史—中国—1834—1949 Ⅳ.①G219.29

中国版本图书馆 CIP 数据核字（2016）第 157846 号

出 版 人	赵剑英
责任编辑	刘志兵
特约编辑	张翠萍等
责任校对	郝阳洋
责任印制	李寡寡

出　　版	中国社会科学出版社
社　　址	北京鼓楼西大街甲 158 号
邮　　编	100720
网　　址	http://www.csspw.cn
发 行 部	010 - 84083685
门 市 部	010 - 84029450
经　　销	新华书店及其他书店

印　　刷	北京明恒达印务有限公司
装　　订	廊坊市广阳区广增装订厂
版　　次	2016 年 7 月第 1 版
印　　次	2016 年 7 月第 1 次印刷

开　　本	710×1000　1/16
印　　张	17
插　　页	2
字　　数	287 千字
定　　价	59.00 元

目　　录

绪　　论

一　研究的目的与意义

从中国传媒的发展历史来看，自北宋民间小报出现以来，小报销售等报业管理的实践便一直存在。到了明清时期，不仅有专门生产京报的报房，还有京报的贩卖等具体的报业管理实践。而在晚清时期大量在华外国人所创办的外文中文商业性报纸则更是普遍出现了报业发行、广告、股份筹资等具体的报业管理活动。尤其在中国近代大量的民营报业及国民党党报系统都普遍是商业化、企业化运营，甚至还出现了报业跨地区连锁经营的集团化股份有限公司等报业管理活动。与此同时，伴随报业管理活动的理论研究也在不断推进。相关文献显示，不仅在晚清时期新闻学研究的相关文献中有报业管理的非自觉研究，而且在民国时期普遍出现了报业管理学的专门论文、专著、教材及专业课程等报业管理学的自觉研究，并在此基础上形成了当时特有的报业管理学术理论体系。

后来由于 1949 年之前的相关文献资料的零散与不断流失，国内传媒管理学、传媒经济学的研究也一直以来主要集中于当下传媒企业具体现实问题的对策研究，而对中国传媒管理学、传媒经济学的纵向理论研究这一冷门问题一直关注不够，尤其是对中国近代报业管理学学科自身的研究这一重要而不可回避的问题一直没有得到足够的关注与重视。以至于国内许多传媒管理学、传媒经济学者都认为中国的传媒管理学、传媒经济学研究始于改革开放以后。

所以本书研究的理论价值与现实意义主要是：

首先，在理论上，主要通过对中国近代大量零散或仅有的报业管理理论研究文献的梳理与再研究，呈现中国近代报业管理学学术研究的历程及其所取得的学术成就，再现中国近代所形成的报业管理学术理论体系，并充实与丰富我国现有传媒管理学、传媒经济学的理论体系。进而可以从纵向弥补我国传媒管理学、传媒经济学研究中关于中国近代报业管理学学科自身研究的严重不足,为中国传媒管理学、传媒经济学目前及今后的学术研究、课程教学与学科建设做一些基础性工作。

其次,在实践上,通过对中国近代报业管理学研究的再研究,进一步归纳分析中国近代报业管理学研究所建立的学科理论框架、学术理论体系及其最一般、最基本的报业管理规律与理论原则,为中国报业、广播、电视、网络等传媒企业目前及今后"以建立现代企业制度为重点,加快推进经营性文化单位改革,培育合格市场主体"① 为目标的传媒产业、文化产业发展的管理与经济实践提供理论依据和可参考或借鉴的历史经验与教训。

二 文献综述

随着国内传媒产业的发展,国内传媒管理学、传媒经济学的研究也得到相应的发展。但在国内有关传媒管理学、传媒经济学的相关研究中,一直以来偏重于传媒企业现实迫切需要的对策研究。诸如传媒产业化、传媒集团化等内容的研究都有重大突破并取得重大进展。但有关我国传媒管理学、传媒经济学的研究仍然存在诸多的问题,如石义彬、周劲认为,传媒经济的研究未能建立起一个系统的理论体系,更缺乏原创性和本土性的研究。传媒经济学的文献检索和理论回顾工作几乎处于空白,绝大部分文章是资料性的,或者是图解性、对策性的,很少上升到一般性和理论水平。② 尤其对于国内传媒管理学、传媒经济学发展的纵向研究却由于意识形态、相关文献资料的稀缺和零散等种种主观与客观原因往往不受重视,也一直关注不够,甚至"一度成为研究的禁区"③,因为在一个相当长的历史时期,中国将传媒完全置于与经济规律无关的地位,根本不提传媒经济这种概念,更不用说对传媒经济的研究了。④ 即使有些研究,往往也仅停留在

① 《中共中央关于深化文化体制改革的决定》(2011年10月26日)。
② 参见石义彬、周劲《传媒经济学研究的回顾与反思》,《新闻与传播评论》2003年。
③ 朱春阳:《传媒经营管理研究》,载丁淦林、方厚枢主编《20世纪中国学术大典新闻传播学出版学》,福建教育出版社2001年版,第102—114页。
④ 参见吴信训、金冠军主编《中国传媒经济研究(1949—2004)》,复旦大学出版社2004年版,第1页。

个案的分析上，而对于各时期传媒管理学、传媒经济学理论缺乏深入全面的研究，尤其对于中国近代（1834—1949）报业管理学的纵向研究更是少见。

第一，有部分学者从纵向对中国传媒管理学、传媒经济学理论做了综合性的梳理、归纳和理论的建构与研究。从目前文献来看，有关中国传媒经济纵向研究的代表性成果主要有：吴信训、金冠军等对于1949年至2004年中国大陆传媒经济的理论研究文献做了较为全面的分析与研究，尤其对于改革开放以来中国传媒经济研究文献做了重点的研究与分析①，但是对于民国以前（即1949年以前）国内传媒管理学、传媒经济学理论研究文献的研究却没有涉及；戴元光、张海燕对21世纪中国传媒经济的研究做了一次综合性的回顾与梳理②；章平、池见星以《新闻与传播研究》《新闻大学》所发表的传媒经济论文为例对1996年至2005年10年间中国传媒经济的研究做了回顾与分析③；丁汉青选择了1998—2007年《新闻与传播研究》《国际新闻界》《现代传播》《新闻大学》四期刊所发表的传媒经济类论文的引文来分析中国大陆传媒经济学学术圈④；喻国明、宋美杰则运用共引分析方法对1998年至2009年中国知网"新闻与传媒"数据库与"出版"数据库的传媒经济学论文做了一次学术图谱研究⑤；王亮以《国际新闻界》《新闻大学》《新闻与传播研究》《现代传播》为范围对2006年至2011年中国传媒经济学研究做了一次内容分析⑥；而汪志海的硕士论文则主要从定位与发展、发行、广告、管理方法、体制与制度、多元经营、资本原始积累等方面分析了中国近代报业的经营管理思想⑦，但主要也是从各传媒的个案研究为出发点进行经验的归纳与总结，并没有把当时理论界已有的报业管理学

①　参见吴信训、金冠军主编《中国传媒经济研究（1949—2004）》，复旦大学出版社2004年版，第1页。

②　参见戴元光、张海燕《新世纪中国传媒经济研究综述》，《当代传播》2006年第1期、第2期。

③　参见章平、池见星《10年来中国传媒经济研究回顾——对1996年至2005年〈新闻与传播研究〉〈新闻大学〉的实证分析》，《新闻大学》2007年第2期。

④　参见丁汉青《中国大陆传媒经济学术圈分析》，《国际新闻界》2009年第6期。

⑤　参见喻国明、宋美杰《中国传媒经济研究的"学术地图"——基于共引分析方法的研究探索》，《现代传播》2012年第2期。

⑥　参见王亮《传媒经济研究的理论、方法和问题——对2006年至2011年四家刊物的分析》，《编辑之友》2012年第9期。

⑦　参见汪志海《新中国建国前传媒经营管理思想史》，硕士学位论文，上海大学，2005年。

理论研究文献作为重点研究的落脚点；李秀云则对中国现代报业企业化经营管理、战时经营管理与军事管制理论做了一个简略的概述。① 此外，胡太春从纵向对中国报业经营管理做了较为完备的综合性研究，主要以时间先后顺序为主线对中国报业的经营与管理，特别是企业化经营做了较为全面的梳理②，但是最主要的贡献在于对那些有代表性的报纸的个案研究比较详尽，而对不同时期整体报业经营管理的情况较少分析，论述二者之间的相互联系、相互影响稍显薄弱。③ 而王润泽从印刷技术、通信技术、经营方式、资金来源、组织结构、人力资源、管理制度、福利待遇、报纸定价、报纸发行与报纸广告等方面较为宏观地纵向考察与分析了 1949 年以前报业经济的演进④，弥补了中国新闻史研究中长期以来对传媒经营史的淡化与忽略，但是也没有对这时期报业管理学术理论进行系统的研究与分析。黄丽丘的硕士学位论文则在分析中国现代报业经营的轨迹与特色的时候对中国近代民营大报和政党报刊的企业化经营做了较为简要的归纳与分析⑤，但也主要是报业经营实践案例的归纳与总结。

　　第二，关于中国传媒管理学、传媒经济学研究的历史起点问题，学界往往采取回避态度，既有观点主要有两种：一是 1978 年的改革开放前后；二是可以追溯到 20 世纪上半叶。如陈中原在回顾传媒经济学研究中就直接回避了关于中国传媒经济学研究的历史起点问题。⑥ 而有学者便认定中国的传媒经济学研究起步于改革开放以后，如吴信训、金冠军、李海林等认为传媒经济学，就其科学体系来看，在中国尚处于建构的过程中，中国的传媒经济研究以专著的形式出现，大致始于 20 世纪80 年代。⑦ 而昝廷全、刘静忆、王燕萍认为中国传媒经济学的研究起步较晚，随着我国改革开放对传媒经济属性的承认和党的十五大提出大力

　　① 参见李秀云《中国现代新闻思想史》，中国社会科学出版社 2007 年版，第 99—120 页。
　　② 参见胡太春《中国报业经营管理史》，山西教育出版社 1998 年版。
　　③ 参见方汉奇《序》，载胡太春《中国报业经营管理史》，山西教育出版社 1998 年版，第1—2 页。
　　④ 参见王润泽《中国新闻媒介史（1949 年前）》，北京大学出版社 2011 年版，第 259—329页。
　　⑤ 参见黄丽丘《论中国现代报业经营的轨迹与特色》，硕士学位论文，广西大学，2005 年。
　　⑥ 参见陈中原《传媒经济学研究的简要回顾》，《新闻大学》2005 年第 1 期。
　　⑦ 参见吴信训、金冠军、李海林等《现代传媒经济学》，复旦大学出版社 2005 年版，第1 页。

发展文化事业和文化产业的号召，传媒产业和传媒经济学研究才得以展开。① 还有周鸿铎在"首届中国传媒经济学博士生论坛"会议上的总结发言稿《中国传媒经济发展现状》中就明确地认定，"我国传媒经济学的研究是从 1978 年开始的"②，并认为中国传媒经济学的萌芽阶段是从 1949 年新中国的成立到 1982 年③；杭敏也认为，"在中国，改革开放以来，传媒业经历了许多变革；传媒管理学的研究在二十世纪八十年代之后开始萌现。比如，在八十年代初期出现了有关传媒管理的研究与探讨，分析传媒产品的商业收益、社会主义传媒制度的改革与变革等"。④ 由此也导致了国内传媒管理学、传媒经济学目前的教材和专著中要么附带性提到中国近代报业活动与报业管理学的研究，要么就干脆不提，甚至连相关的提示也没有，以至于在参考文献目录里也很难找到中国近代报业管理学的相关文献。

但是，也有少数学者在肯定 1978 年的改革开放这个特殊时间点对中国传媒管理学、传媒经济学学科重要性的同时，提出中国传媒管理学、传媒经济学的研究可以追溯到 20 世纪上半叶。其中喻国明、丁汉青、支庭荣、陈端认为，"国内开展与传媒经济有关的经营、管理、产业等研究，历史较长。至于主题集中的传媒经济学研究，只是近 30 年的事（也即改革开放以后——笔者注）"。⑤ 并对此作了进一步的说明，喻国明、丁汉青、支庭荣、陈端认为，"如果把相关研究计算在内，国内传媒经济学的早期历史可以回溯到 20 世纪上半叶"。⑥ 其理由是在徐宝璜的《新闻学》（1919）、戈公振的《中国报学史》（1927）等著作中，对报纸的印刷、销售、发行、广告等，已有一些扼要性的论述。20 世纪 30 年代，在民营报业蓬勃发展的背景下，有人集中开展了报业经

---

① 参见昝廷全、刘静忆、王燕萍《传媒经济学研究的历史、现状与对策》，《现代传播》2007 年第 6 期。

② 周鸿铎：《中国传媒经济发展现状》，"首届中国传媒经济学博士生论坛"会议论文，北京，2007 年 12 月。

③ 参见周鸿铎《中国传媒经济发展历程——行业发展与理论路径》，《现代传播》2009 年第 6 期。

④ 杭敏：《传媒管理研究：理论、视角与趋势》，《中国传媒报告》2012 年第 3 期。

⑤ 喻国明、丁汉青、支庭荣、陈端：《传媒经济学教程》，中国人民大学出版社 2009 年版，第 7 页。

⑥ 同上。

营管理研究，如刘觉民的《报业管理概论》（1936）等。朱春阳也认为，"中国传媒经营管理研究的引入期包括从 20 世纪初期到 1949 年"，"直至 1980 年代中后期，由于传媒市场的逐步兴起，机遇与挑战并存的兴奋与困惑不仅给传媒从业者带来了思考，同时也使传媒经营管理研究成为新闻传播研究中的显学"。① 在肯定了 20 世纪 80 年代以来中国传媒经济学研究的基础上，把中国传媒管理学、传媒经济学研究的起点提前到了 20 世纪上半叶，都追溯到了徐宝璜的《新闻学》出版的时间 1919年，并把它作为最早的起点。

第三，在既有的中国近代报业管理学的纵向研究中大多集中于报纸经营管理的个案研究。在中国近代报业管理学的个案研究中，主要集中在《申报》《新闻报》《大公报》《中央日报》等重要而有影响的大报的经营与管理的研究。如罗国干对美查时期《申报》的经营之道的研究②，对邹韬奋《生活》周刊的经营方略的研究③，以及对新记《大公报》的经营管理的研究。④ 还有郭墨池对史量才时期《申报》经营策略的研究⑤；姚福申对新中国成立前《新闻报》经营策略的研究⑥；温汉华对《新闻报》受众观的研究⑦；古晓峰硕士学位论文对中国近代《申报》经营管理的研究，并与《新闻报》比较⑧；冷冰对南京《中央日报》的经营策略及其启示的研究⑨；张培硕士学位论文对中国近代民营出版业的融资问题研究⑩，等等。

---

① 朱春阳：《传媒经营管理研究》，载丁淦林、方厚枢《20 世纪中国学术大典新闻学传播学出版学》，福建教育出版社 2001 年版，第 102—114 页。

② 参见罗国干《美查时期〈申报〉的经营之道——媒介经营管理研究之一》，《广西大学学报》（哲学社会科学版）2006 年第 3 期。

③ 参见罗国干《韬奋〈生活〉周刊的经营方略——媒介经营管理研究之二》，《广西大学学报》（哲学社会科学版）2006 年第 4 期。

④ 参见罗国干《新记〈大公报〉的经营管理——媒介经营管理研究之三》，《广西大学学报》（哲学社会科学版）2006 年第 5 期。

⑤ 参见郭墨池《史量才时期的〈申报〉经营策略研究》，《新闻知识》2009 年第 3 期。

⑥ 参见姚福申《解放前〈新闻报〉经营策略研究》，《新闻大学》1994 年第 1 期。

⑦ 参见温汉华《从经营的角度看〈新闻报〉的受众观》，《新闻爱好者》2009 年第 24 期。

⑧ 参见古晓峰《中国近代〈申报〉经营管理研究——兼与〈新闻报〉的比较》，硕士学位论文，复旦大学，2007 年。

⑨ 参见冷冰《南京〈中央日报〉的经营策略及启示》，《青年记者》2005 年第 4 期。

⑩ 参见张培《中国近代民营出版业的融资问题研究》，硕士学位论文，河南大学，2007年。

第四，关于民国以前报业老板或报人的经营管理思想的研究也日渐增多。如胡太春①、代雅静②等对史量才报业经营思想的研究，陈贝贝的硕士学位论文对成舍我报业经营管理思想的研究③，余绍敏、许清茂、黄飞等对汪汉溪广告经营理念的研究④，赵娜硕士学位论文对胡政之报纸经营思想的研究⑤，杨宇清对邹韬奋报刊经营管理思想的研究⑥，芦莉菲对邹韬奋媒介经营管理思想的研究⑦，陈志强博士学位论文对胡政之的报业经营观与实践的研究⑧，等等。

第五，在国内新闻史学界，关于中国近代报业管理理论问题的纵向研究也往往在特定时间段作简要的介绍或在个别专题上作较为宏观的概述。其中丁淦林认为，由于"在中国新闻史教学中，这方面（即指经营管理方面——笔者注）讲得太少，沿革不详，脉络不清，更不用说规律与经验了"⑨，所以《中国新闻事业史》要成为有特色的专业通史课程，应该调整与充实内容、其中对于经营管理的历史评析应有所加强。丁淦林后来在论及中国新闻史要充实内容、尽可能少留空白的时候更具体地指出，"新闻传媒的经营与管理，包括广告，也包括史量才、成舍我、汪汉溪等人的经验"是中国新闻史需要充实的内容之一。⑩即使在现有中国新闻史中也主要集中在介绍各时期各阶段私营报业的商业企业经营，以及国共两党党报的特有经营。如方汉奇主编的《中国新闻事业通史》⑪及方汉奇、张之华主编的《中国新闻事业简史》⑫或方汉奇、丁淦林、黄瑚等的《中

①　参见胡太春《中国近代新闻思想史》，山西教育出版社1987年版，第264—280页。
②　参见代雅静《经营报纸——史量才报刊思想研究》，硕士学位论文，兰州大学，2007年。
③　参见陈贝贝《成舍我的报业经营管理思想研究》，硕士学位论文，河北大学，2010年。
④　参见余绍敏、许清茂、黄飞等《汪汉溪广告经营理念初探》，《新闻记者》2005年第4期。
⑤　参见赵娜《胡政之报纸经营思想研究》，硕士学位论文，河北大学，2008年。
⑥　参见杨宇清《韬奋经营管理思想略论》，《江西社会科学》1987年第4期。
⑦　参见芦莉菲《邹韬奋媒介经营管理思想研究》，硕士学位论文，河北大学，2006年。
⑧　参见陈志强《胡政之新闻职业观及其实践研究》，博士学位论文，华中科技大学，2010年。
⑨　丁淦林：《中国新闻史教学需要适时革新》，《新闻大学》2004年第3期。
⑩　丁淦林：《中国新闻史研究需要创新——从1956年的教学大纲草稿说起》，《新闻大学》2007年第1期。
⑪　参见方汉奇主编《中国新闻事业通史》（1—3卷），中国人民大学出版社1996年版。
⑫　参见方汉奇、张之华主编《中国新闻事业简史》，中国人民大学出版社1995年版。

国新闻传播史》（第 2 版）教材①或其他中国新闻史教材大多主要对民国
初年、国共内战、全民抗战、解放战争四个阶段《申报》《新闻报》《大
公报》《新民报》《益世报》、成舍我"世界"报系等民营商业报业以及
国共两党党营的《中央日报》《解放日报》等经营管理作了较为概要的介
绍与解释。而张立勤博士学位论文则通过以《申报》《新闻报》为考察中
心深入地研究了 1927—1937 年民营报业的经营。② 此外，就中国近代报
业管理的个别专题也作了较为宏观的概括，如关于民营报业的经营策略，
刘小燕分析了中国民营报业托拉斯道路的破灭③；张洁分析了中国近代民
营报业经营方略④；李煜秋分析了旧中国民营大报经营策略⑤；陶喜红分
析了晚清中国近代民营报纸经营性业务的外包现象。⑥ 关于传媒市场，唐
海江、吴高福考察了晚清报业中的民间资本问题⑦；王国平、李艳从古代
传媒市场怎样走来、中国近现代传媒市场的激荡、当代传媒市场的蛹变化
蝶三方面概括解释了中国传媒市场的发萌、发生与发展的历史变迁⑧；陶
喜红、马庆分析了晚清中国近代民营资本对报业市场结构的影响。⑨ 关于
报业发行，王润泽分析了民国前期中国现代报纸的发行途径及其潜规
则⑩，回顾了中国近代报纸发行的途径与策略⑪；武志勇、周尚科则概括
了中国报刊发行体制变迁的历史及现实启示⑫；陶喜红分析了中国近代民

① 参见方汉奇、丁淦林、黄瑚等《中国新闻传播史》，中国人民大学出版社 2009 年第 2
版。
② 参见张立勤《1927—1937 年民营报业经营研究——以〈申报〉、〈新闻报〉为考察中
心》，博士学位论文，复旦大学，2012 年。
③ 参见刘小燕《中国民营报业托拉斯道路的破灭》，《新闻大学》2003 年第 4 期。
④ 参见张洁《中国近代民营报业经营方略》，《新闻与写作》2005 年第 6 期、第 7 期。
⑤ 参见李煜秋《旧中国民营大报经营策略初探》，《青年记者》2009 年第 12 期。
⑥ 参见陶喜红《晚清中国近代民营报纸经营性业务的外包现象探析》，《中南民族大学学
报》（人文社会科学版）2012 年第 4 期。
⑦ 参见唐海江、吴高福《晚清报业中民间资本的若干问题》，《新闻大学》2002 年第 4 期。
⑧ 参见王国平、李艳《徜徉于中国传媒市场的历史长廊》，《求索》2007 年第 12 期。
⑨ 参见陶喜红、马庆《民营资本与报业市场结构——清末与中国近代民营报业经营研究》，
《新闻爱好者》2012 年第 3 期。
⑩ 参见王润泽《民国前期中国现代报纸的发行途径及其潜规则》，《国际新闻界》2007 年
第 7 期。
⑪ 参见王润泽《中国近代报纸发行途径与策略回顾》，《新闻与写作》2009 年第 9 期。
⑫ 参见武志勇、周尚科《中国报刊发行体制变迁历史的现实启示》，《新闻大学》2011 年
第 4 期。

营小报发行市场的竞争强度①，陶喜红、李时新还分析了中国近代报贩对
民营报业发行市场的控制及其影响。② 关于传媒制度，沈松华硕士学位论
文以报业公司制为中心分析了中国近代报业制度的变迁③，尤其分析了民
国报业的公司化进程④；蔡铭泽分析了中国近代国民党党报企业化经营管
理制度⑤；潘祥辉博士学位论文则从历史制度主义视角分析了中国传媒制
度的演变⑥，但侧重于变迁的社会外部环境的动力分析，对中国传媒制度
的演变过程则不够详尽。关于报业广告，祝帅分析了徐宝璜、邵飘萍早期
广告研究及早期新闻学教育中广告学课程教育等⑦，但这仅是一个开头，
因为其实在中国近代报业管理学研究中广告一直都是非常重要的内容，可
是目前仍然没有得到更系统的整理与研究。

　　第六，部分学者曾经对中国近代报业管理学研究的文献做过部分简单
介绍或提示。从目前文献来看，对 1949 年以前传媒管理学、传媒经济学
理论研究文献的介绍最有代表性的可能是朱春阳的《传媒经营管理研究》
一文，该文把 20 世纪初至 1949 年之前（也主要集中在 1912—1949 年）
认为是引入期，包括 30 年代之前的导入阶段，30 年代前后至 1949 年为
成长阶段，并认为，"在这一阶段，由于新闻学的研究本身尚处于初期，
对于传媒经营管理的研究只是作为新闻学的一个分支加以介绍。尽管如
此，研究者对传媒经营管理的位置还是比较重视的"。⑧ 还附带介绍了当
时有代表性的研究文献，如徐宝璜的《新闻学》、戈公振的《中国报学
史》、任白涛的《综合新闻学》、蒋国珍的《中国新闻发达史》、赵君豪的

　　① 参见陶喜红《中国近代民营小报发行市场竞争强度分析》，《湖北社会科学》2011 年第
12 期。
　　② 参见陶喜红、李时新《中国近代报贩对民营报业发行市场的控制及其影响》，《中国出
版》2011 年第 20 期。
　　③ 参见沈松华《中国近代报业制度变迁研究——以报业公司制为中心》，硕士学位论文，
浙江大学，2007 年。
　　④ 参见沈松华《民国报业的公司化进程研究》，《杭州师范大学学报》（社会科学版）2009
年第 4 期。
　　⑤ 参见蔡铭泽《大陆时期国民党党报管理体制的变化》，《新闻与传播研究》1995 年第 2
期。
　　⑥ 参见潘祥辉《中国媒介制度变迁的演化机制研究》，博士学位论文，浙江大学，2008
年。
　　⑦ 参见祝帅《早期中国新闻学中的广告学研究》，《国际新闻界》2009 年第 9 期。
　　⑧ 朱春阳：《传媒经营管理研究》，载丁淦林、方厚枢《20 世纪中国学术大典新闻学传播
学出版学》，福建教育出版社 2001 年版，第 102—114 页。

《中国近代之报业》、恽逸群的《新闻学讲话》等著作中都有关于传媒经营管理的内容和章节，并且认为刘觉民的《报业管理概论》、詹文浒的《报业经营与管理》的出版标志着"中国传媒经营管理的研究开始走向成熟"。[①] 但是并没有就这些文献里面具体呈现出什么内容展开较为系统的分析与研究。喻国明、丁汉青、支庭荣、陈端也提到在徐宝璜的《新闻学》（1919）、戈公振的《中国报学史》（1927）、刘觉民的《报业管理概论》（1936）等有关传媒经济学研究的经典文献。[②] 还有石义彬、周劲也附带性地提到了戈公振与徐宝璜有关传媒经济学的研究和成舍我、史量才等报业经营家[③]，此外，林德海的《中国新闻学书目大全（1903—1987）》[④]，徐培汀、裘正义的《中国新闻传播学说史》[⑤] 也提到了中国近代传媒经济研究的经典文献，如詹文浒的《报业经营与管理》，刘觉民的《报业管理概论》，吴定九的《新闻事业经营法》，钱伯涵、孙恩霖的《报馆管理与组织》，徐润若的《新闻发行学》。徐培汀、裘正义在《中国新闻传播学说史》中还简要分析了徐宝璜对报业经营管理、广告与发行的研究，简单解释了邹韬奋、恽逸群的报刊管理与发行研究。[⑥] 武志勇则对20世纪及21世纪初报刊发行研究文献做了简要介绍，并提出今后研究的方向。[⑦] 唐绪军也介绍过中国近代报业管理学研究的成果，他认为："早在20世纪30年代，我国学术界就开始对新闻管理学中的一些具体问题进行了专门的研究，出版了杜绍文的《新闻政策》（1931）、刘觉民的《报业管理概论》（1936）、詹文浒的《报业经营与管理》（1946）等著作……"[⑧]但是，总的来看，目前学术界仍然没有就中国近代（1834—1949）报业管理学的研究进行全面整理与足够深入系统的研究。

　　因此有专家学者就中国传媒管理学、传媒经济学学科自身研究的不足

　　① 朱春阳：《传媒经营管理研究》，载丁淦林、方厚枢《20世纪中国学术大典新闻学传播学出版学》，福建教育出版社2001年版，第102—114页。

　　② 参见喻国明、丁汉青、支庭荣、陈端《传媒经济学教程》，中国人民大学出版社2009年版，第7页。

　　③ 参见石义彬、周劲《传媒经济学研究的回顾与反思》，《新闻与传播评论》2003年。

　　④ 参见林德海《中国新闻学书目大全（1903—1987）》，新华出版社1989年版。

　　⑤ 参见徐培汀、裘正义《中国新闻传播学说史》，重庆出版社1994年版。

　　⑥ 同上。

　　⑦ 参见武志勇《二十世纪及本世纪初中国报刊发行研究文献述略》，《编辑之友》2011年第12期。

　　⑧ 唐绪军：《新闻管理学》，载《简明华夏百科全书》，华夏出版社1998年版，第589页。

呼吁学术界尽快整理研究已有传媒管理学、传媒经济学的研究的历史与现状，为传媒管理学、传媒经济学学科的建设与发展提供最基础的支撑性研究，如昝廷全、刘静忆、王燕萍就中国传媒经济学研究的对策问题特别强调，厘清传媒经济学的发展历史与研究现状，这是传媒经济学研究的起点和基础。①

事实上，从中国近代相关资料及研究文献来看，中国近代新闻理论界有关报业经营管理的专著或编著就有吴定九的《新闻事业经营法》，刘觉民的《报业管理概论》，钱伯涵、孙恩霖的《报馆管理与组织》，徐润若的《新闻发行学》，詹文浒的《报业经营与管理》，等等，此外，还有很多散见于其他新闻学著作、教材中有关报业管理学的章节，或相关的观点与论述，以及为数不少专门研究报业管理的学术论文。但长期以来，由于朝代的转换，意识形态的阻隔，相关文献的稀缺、零散与不断地流失，相关的研究在新闻理论界一直难以开展甚至无法开展。但是随着各大图书馆与资料室对这些仅存的历史文献资料的开放，甚至数字化的保存与传阅，加上民间大范围的流传。这些珍贵文献史料的价值才被理论界重视和再利用。所以，通过梳理与再研究这些稀有文献来全面系统深入地研究中国近代报业管理学术理论对中国传媒管理学、传媒经济学研究不仅非常重要，而且显得极度迫切。

三 史料收集与研究方法

本书属于历史新闻学研究的范畴，所以在整个研究过程中历史文献资料的占有是整个研究的前提条件。经过长期多渠道的收集，笔者已经占有大量 1949 年以前中国报业管理学研究的原始论文、专著、教材、论文集及相关报纸文章，然后使用历史研究法、文本分析法、比较研究法以及文献计量法等基本方法来分析所收集的相关历史文献资料。

（一）史料收集

本书主要通过国内图书馆、专门电子数据库、旧书市场搜罗、档案馆

---

① 参见昝廷全、刘静忆、王燕萍《传媒经济学研究的历史、现状与对策》，《现代传播》2007 年第 6 期。

以及其他渠道全面查找、购买，并占有1949年以前及以后报业管理学研究的专门文献和相关档案文献。

首先，对于中国近代出版的相关报业管理学研究的专著、教材、译著、论文集等基础文献的检索与收集。主要是根据林德海的《中国新闻学书目大全（1903—1987)》中新中国成立前部分的书目所提供的文献索引，然后是国家图书馆、南京图书馆、上海图书馆等馆藏图书和电子数据库文献，再加上超星电子图书馆查找中国近代出版的报业经营与管理学的研究文献。在这些文献中，报业管理学专著、教材共计5部，相关专著、教材29部，相关国外译著6部，相关论文的论文集5部，还有一些其他文献，如《〈新闻报〉三十年纪念册》等。

其次，对于中国近代报纸期刊论文文献的检索与收集。主要是根据国家图书馆、上海图书馆、南京图书馆等馆藏报纸与期刊目录检索并查找复印原文，同时依托晚清和民国期刊全文数据库、大成老旧刊全文数据库、瀚堂近代报刊数据库、民国期刊篇名数据库（1911—1949）等专门数据库进行检索与下载全文。在这些文献中，报纸文章40多篇，期刊论文440多篇。

再次，对相关档案文献资料的查找。主要是在上海市档案馆查阅《申报》《新闻报》的相关档案，如上海市档案馆馆藏档案，《申报》（档案号：Q430—1—1）；《新闻报》（档案号：Q430—1—173）。还有新中国成立初期上海报纸接收与改造的相关档案，如华东学习委员会上海新闻界分会办公室编的《学习第九号》《学习第十号》（档案号：A22—2—1550）。

又次，对于1949年以后相关文献的查找与收集。主要通过国家图书馆、上海图书馆、南京图书馆、南京师范大学图书馆馆藏图书、期刊以及中国知网（CNKI）、万方数据库、超星电子图书馆、图书市场搜罗1949年以后出版的有关中国近代报业管理研究的专著、教材、期刊论文、学位论文等文献，还有相关工具书，如《中国大百科全书·新闻卷》《中国新闻年鉴》《中国实用新闻学大辞典》《新闻学简明辞典》《简明华夏百科全书》等。

最后，对所有文献还进行了综合性、排查式的检索与收集。主要依托包括超星读秀系统关键词搜索、百度搜索、谷歌搜索等基本综合性搜索系统工具，全面寻找具体文献名称及其页码，在此基础上采取传统的阅读办法对文献进行全面阅读式排查，以防遗漏。

（二）研究方法

本书属于新闻史研究范畴，所以在整个研究过程中主要使用了历史学的基本研究方法及文献学的基本研究方法。具体如下：

首先，采用历史研究法。历史考据研究是本研究的基本方法之一。本书主要以 1949 年以前报业管理的相关专著、教材、编著、译著、论文等文献为考证材料，以报业管理学术理论为主线全面客观呈现中国近代新闻理论界关于报业管理的探索与思考所取得的成就，尤其呈现中国近代报业管理学术理论的理论渊源、产生的历史条件、学术群体、理论的发展脉络、理论的内容体系等。

其次，采用文本分析法。文本分析就是对历史文献资料的内容进行文本的释义与解读，这是历史考证的基本方法，也是本研究的基本方法之一。本书主要是针对 1834—1949 年公开出版的报业经营与管理的专著、编著、教材、译著、学术论文集、新闻学术期刊刊载的相关学术论文，以及散见于报刊及其他新闻学专著、编著、教材、学术论文集或译著中有关报业经营与管理的论述与概括的文献资料，对其报业经营与管理内容进行文本的释义与解读，以全面考察中国近代有关报业管理思考与研究所取得的学术成就、理论体系、理论渊源、研究的中断、存在的问题及其对现实的借鉴。

再次，采用比较研究法。本书力求通过对中外报业管理理论及实践做横向考察与比较，以全面展示中国近代报业管理学术理论的来龙去脉以及历史地位。同时适当地与当前国内传媒管理学、传媒经济学相关研究做纵向比较，以展示中国近代报业管理学术理论的历史价值。

最后，还适当运用文献计量法进行相关统计分析与研究。本书主要是对中国近代报业管理学研究的文献资料进行分类统计，通过研究文献数量的变化反映中国近代新闻理论界对报业管理的思考与探索的变化。

四　研究的问题及研究思路

在综合前人已有关于中国近代报业管理研究的基础上提出本书研究的主要问题，并根据问题解决的需要形成本书的研究思路与行文框架。

（一）研究的问题

在相关研究文献的基础上，本书主要是通过对 1949 年以前我国报业经营与管理学研究的专门文献与相关文献进行全面检索并系统地梳理与再研究，试图解决的问题主要是：中国近代新闻理论界报业管理学术群是如何研究与思考报业管理学的？取得了哪些共识与成就？中国近代报业管理学术理论的理论渊源在哪里？其产生的历史条件如何？该学术理论又是如何形成与发展的？该学术理论内容体系怎样？存在哪些不足之处？其对当前的借鉴与启示又会是什么？

（二）研究思路

为了解决上述问题，本书以中国近代报业管理学的发展历史为基本线索，全书共计四章，外加绪论与结语，其中绪论主要介绍本书研究的目的与意义、研究方法、研究问题、研究思路等基础性问题，同时重点就相关研究成果进行文献综述。第一章主要论述了中国近代报业管理学研究的肇始（1834—1912），第二章主要论证了中国近代报业管理学的形成（1912—1937），第三章主要论述了中国近代报业管理学的发展（1937—1949），第四章主要是研究了中国近代报业管理学术群体，结论主要是对中国近代报业管理学的历史评价及其承续的思考。各章具体内容如下：

第一章主要考证了中国近代报业管理学研究的肇始（1834—1912），也即晚清时期报业管理的无意识研究。本书认为中国近代早期有关报业管理学无意识的研究主要包括晚清时期西学东渐中在华传教士、在华外国报人以及归国留学生首次在办报实践或介绍西学的过程中自发地把西方报业管理理论与实践经验引入中国，随后晚清报人开始从报纸产品管理、报馆人事管理等方面零散总结和归纳国内报业管理实践的经验与教训。

第二章论证了中国近代报业管理学的形成（1912—1937）。本书认为随着新闻界频繁的国际交往、多元化报业市场管理体制的持续坚持以及国内主流报业科学化企业管理的不断实践，在民国前期报业管理学课程首次在新闻学专业教学中开设并逐步推广，随后报业管理学专著教材也不断问世。在此基础上中国近代报业管理学理论体系逐渐形成。

第三章主要论述了中国近代报业管理学的发展（1937—1949）。本书认为中国近代报业管理学的发展主要表现为战时报业管理学理论的形成与战后报业管理学理论的完善。具体而言，一方面，虽然在抗战时期报业管理学历经战争的破坏与强行管制，但在新闻界学者、报人的艰苦努力下仍然取得了瞩目的研究成绩并继续作为专业课程在新闻学专业教学中传播，最终形成战时报业管理学理论体系。另一方面，随着战后国内主流报业跨地区集团化连锁经营实践的推广，战后报业管理学研究又取得了新的明显的成就，并在新闻学专业教学中得以继续传播，于是中国近代报业管理学术理论再一次得到完善与传播。

第四章是中国近代报业管理学术群体及其学术活动的研究。本书主要引入了学术共同体理论与库恩学科"范式"理论作为理论架构，以学术共同体的内涵为出发点，从中国近代报业管理学共同体的成员构成、内部学术理论沟通与交流及其所形成的共同学术研究"范式"或共同学术传统三方面展开分析与研究。本书认为中国近代报业管理学共同体的主体成员主要是具有报业管理经验的报业管理学教授、学者，具有实务经验的理论新闻学教授、学者，报业管理层以及相关政府官员，他们大部分都有从教经历与有海外留学或越洋考察的经历，或国内大学新闻学系毕业。其成员之间内部的沟通与交流渠道，主要是报业管理学著作、教材的相互阅读与引证，并依托新闻学术期刊、新闻学会、新闻学术会议、报纸展览会等新闻学共同体的沟通平台。其共同规范或库恩所说的学科"范式"，则是由吴定九、钱伯涵、孙恩霖、徐润若、刘觉民、詹文浒等不断努力探索与完善而最终建立的报纸"企业范式"。

结语是中国近代报业管理学理论的总结性研究。总体上看，中国近代报业管理学理论虽然也有不足之处，但其历史贡献更为显著。所以，从中国传媒管理学、传媒经济学学科建设与发展来看，以及对中国传媒产业、文化产业发展的实际需求来说，我们都应该坚持抽象继承与批判继承相结合的原则，全面整理、研究、继承与发展中国近代报业管理学理论。

五　研究的创新与不足

在新闻历史的研究过程中，随着有关原始史料的完善以及新的理论视角的运用，相关研究也在不断地改变与深入，所以新闻历史的研究本身是一个不断完善的过程。因此，在整个研究过程中，与国内同类研究相比较，本研究在力图创新的同时，也仍然存在不足之处，有待进一步的完善。

(一) 本研究的创新之处

本书主要通过对中国近代报业管理学研究的原始文献的整理与再研究，力图归纳与建构中国近代报业管理学术理论的内容体系，再现中国近代报业管理学术理论的发展脉络，弥补国内新闻理论界对中国近代报业管理学研究的不足，为国内传媒管理学、传媒经济学今后的学科建设与发展做一些基础性的工作。

与国内同类研究相比，在史料发掘上，本书比较全面地收集与占有了1949年以前出版的有关报业管理学术研究的一手资料，其中还有些比较稀少难找的文献资料。这也为今后相关研究的进一步开展创造了条件。在分析论证上，本书试图引入学术共同体理论、学科"范式"理论作为理论框架来分析论证中国近代报业管理学术社群，以增加史料分析的理论深度。

(二) 本研究的不足之处

由于相关史料的全面收集与占有是一个长期而不断完善的过程，相关的研究也是不断深入的过程，因相关原始文献资料收集与占有的客观困难以及笔者学术能力所限，在整个研究与写作成文过程中，本书存在以下几方面的局限。

首先，中国近代报业管理学理论拥有较为庞大、复杂的内容体系，很难做到全面深入，所以本书在中国近代报业管理学发展的不同阶段，重点选择了报业制度、报馆组织、报业发行、报业广告、报馆人事、报馆财务等方面较为概括地梳理了报业管理理论的内容体系，而未能就报业生产等其他内容展开全面深入的论述。这有待进一步完善。

其次，作为新闻史研究，书面文献资料是最主要的考据考证资料，如果有当事人的回忆、口述或访谈资料，对历史研究则是锦上添花。但是本书研究过程中所涉及的当事人基本上都已离世，有的连基本资料都无从查找，所以无法获取有关口述或访谈资料。

此外，现代文献学通常会采用文献引证、作者身份等方面的分类统计来分析某一学术共同体，但是由于中国近代新闻学、报业管理学论文和著作、教材、译著等文献的参考文献不规范，没有统一标准，其中大多数论文都没有参考文献的注释，也没有作者的身份信息；大部分专著、教材、译著也仅列参考书目，没有具体参考文献注释，有的连参考书目也没有。因此无法通过文献计量方法对文献的引证进行统计以分析中国近代报业管理学共同体成员之间的关系互动及其影响、地位，也无法全面知晓作者身份信息及其最高学历背景、职业经历等。

第一章　中国近代报业管理学研究的肇始（1834—1912）

——晚清时期报业管理的无意识研究

从历史的角度看，任何专门研究所组成的学科的形成与发展都有一个前后延续与继承的过程。所以，中国近代报业管理学的形成与发展也不是无源之水、无本之木，而是延续了晚清时期所引入的西方报业管理理论与经验以及国内报业管理实践中所总结的经验，并在此基础上形成与发展。因此，可以说晚清时期所引入的西方报业管理的理论与总结的国内报业管理的实践经验就是中国近代报业管理学的学术起点。

第一节　西方报业管理理论与经验首次在晚清西学东渐浪潮中引入

晚清时期随着国门的打开，社会思想文化领域兴起了一次空前的西学东渐的热潮。在这次西学东渐的热浪中，西方传教士与外国报人纷纷来到中国，为了传播基督教或为了赚钱或为了获得情报而在全国主要港口城市大量创办报刊。这些报刊活动直接把近代西方的报业创办、报业管理的理论与实践无意识地带入中国，并成为中国近代报业管理理论与思想的重要来源。而后来大量海外留学归国的中国学生也直接而有意识地把西方近代报业管理的理论、经验与实践进一步引进国内，这也成为国内近代报业管理学术理论的直接来源。

一　晚清时期部分传教士率先把西方报业管理的实践与经验输入中国

晚清时期西方传教士马礼逊、郭士立、林乐知等率先闯入中国创办报刊进行传教，从而出现了中国近代史上最早的一批报刊——宗教报刊。其中影响较大的宗教报刊有广州《东西洋考每月统记传》（1833—1835年）、香港《遐迩贯珍》（1853—1856年）、上海《六合丛谈》（1857—1858年）、《中外教会新报》（1868—1874年）、《万国公报》（1874—1883年，1889—1907年）等。其中德国传教士郭士立在创办《东西洋考每月统纪传》时就引入了西方报纸通过找到足够多的订阅者以抵销经营成本的经营方法，规定"本刊订阅期为6个月，每月费用至少1美元，可以得到7本刊物"。① 而美国传教士林乐知在创办《中外教会新报》时曾引进西方报纸优惠刊登广告的经营法，据记载，"刚开始，该周刊的广告费用是首次登载每字1美分，后续登载每字0.5美分。后来，广告价格改为每月100字3美元，包括翻译文本在内；续登时间越长，广告折扣越大，最优惠价格为每年20美元。刊物的订阅费和广告收入折冲成本后仍获利丰厚，所以，第二年刊物的年订阅费由1美元降到50美分。"② 这些传教士不仅把近代报刊创办的技术与经验带入国内，从实践上也让国人结识了近代报刊甚至学习创办近代报刊，同时还从理论上向国人输入西方报业管理的实践与经验。如德国传教士郭士立介绍了西方报纸的出版周期与概况，他认为，

　　　　其新闻纸有每日出一次的，有二日出一次的，有七日出二次的，亦有七日或半月或一月出一次不等的，最多者乃每日出一次的，其次则每七日出一次的。其每月一次者，亦有非纪新闻之事，乃博学之文。……于道光七年，在英吉利国核计有此书篇，共四百八十多种，在米利坚国有八百余种，在法兰西国有四百九十种也……③

　　在这些在华外国传教士所创办的宗教报刊中，甚至有报刊直接引入了西方报纸通过固定广告栏目刊登广告创收盈利的办法。比如晚清在香港出版的宗教报刊《遐迩贯珍》从1855年第一号起新辟有广告栏目的"布告编"。据新加坡学者卓南生考证，"布告编""内容每号相似，如汽船出发

---

① ［美］白瑞华：《中国报纸（1800—1912）》（1933年版），王海译，暨南大学出版社2011年版，第27页。
② 同上书，第57页。
③ 郭士立：《新闻纸略论》，《东西洋考每月统记传》1834年1月。

时间的预告、英国制药商及牙科医生的'告帖'和'启帖'等，同时也刊登了英华书院的招生通知"。① 如该报在 1855 年 11 月号曾在"布告编"一栏刊登了"孖剌船往新旧二金山帖"这一船期广告。②

德国传教士花之安则认为报纸主笔的要求是"其立论则甚公，其议事则甚当。不避权势，不畏奸豪"。③ 更值得关注的是，有传教士曾经比较过英美报纸的差异，还介绍过英国伦敦报纸的概况。英国传教士艾约瑟认为英美两国报纸的相同点是价格低廉、广告多；不同点是英国文风"珍重""精详"，美国文风"锋利""诙谐"；英国"重于辩义理"，美国"专于搜罗新闻"。④ 他还有一篇专门介绍英国伦敦报纸概况的文章《英京月报馆例》。该文原文（标点为笔者所加）如下：

> 英京伦敦其月出报一编者约十数，有一编率列有十数人之论说。而价值不一，廉者每编仅售银一二钱，昂者每编可售银四五钱也。编中论说，无拘何人皆可封寄报馆，以凭该馆主人之去取。凡取而登诸报内容者，皆必酌资赠秉笔人以酬其劳。各报馆之一切支费皆该馆主人自行筹备。今伦敦城犹存有见于百年前之月报馆，然月报馆亦多兴替靡常，惟旧之广者方二三，而新之作者已四五矣。兹考诸报馆例，既有尚论国事与不尚论国事之分，而尚论国事者又有专务颂美与专务议讥弹之别。彼致政诸公皆有恐大拂民情之虑，故一任其讥弹。不少阻禁但每逢国家有喜庆或征伐，诸要端皆先潜告知。专务颂美之报馆人，盖以凡购阅月报者于此读要端，皆莫不竞以先睹为快也。至更不尚论国事之月报馆在伦敦城尤属林立其报中例入者，如论说格致理学并他新义以及采录远游人日记内所言之风景、土俗、贸易、学校等情形。然诸论说之过于繁长者概从摒弃，缘须语简义明方能欣动阅者之耳目。若有一大著声称之诗家以一新诗封寄报馆则获馆主之资赠尤厚。似此论说盖泰西之诉，上至卿相下至庶民皆可即所见解著成封寄至，作者姓名之登报与否，则

① ［新加坡］卓南生：《中国近代报业发展史（1815—1874）》（增订版），中国社会科学出版社 2002 年版，第 83 页。
② 同上书，第 82 页。
③ ［德］花之安：《新闻纸论》，《万国公报》第 732 卷，1883 年 3 月 24 日。
④ ［英］艾约瑟：《英美新闻纸同异论》，《万国公报》第 3 卷第 30 期，1891 年。

听诸作者与该报馆主也。再如论宜若何，训蒙若何，雕绘等文字例得登报外，他如野史乡谈蛇神牛鬼诸谰语亦自在所不遗何耶？盖将取悦于人以求其广速出售也。①

从内容上看这篇文章介绍了伦敦报纸市场状况、售价、资金来源、稿件来源、稿酬支付、读者定位、生产与销售等情况。这篇小文章，我们今天从内容上分析可以说是一篇报业管理学的专门论文。

从文献内容上看，上述这些理论介绍的文章可能是国内目前所发掘的有关报业管理研究最早的纸质文献，而这些文献的内容可以说正好是国内近代报业管理学术的理论渊源。

表1.1.1　　　晚清部分传教士发表的有关报业管理的作品

传教士姓名	生卒年	传教士国籍	报业管理作品
郭士立（Karl Friedrich August Gatzlaff）	1803—1851 年	德国	《新闻纸略论》
花之安（Ernst Faber）	1839—1899 年	德国	《新闻纸论》
艾约瑟（Joseph Edkins）	1823—1905 年	英国	《英美新闻纸同异论》《英京月报馆例》

二　晚清时期在华外国报人把西方报业管理实践经验移入中国

晚清时期不仅有传教士率先创办的近代宗教报刊，还有外国人在华创办的大量外文中文商业性报纸。如广州的《广州纪录报》（1827—1843年），香港的《香港纪录报》（1843—1863 年）、《德臣报》（1845—1974年）、《香港船头货价纸》（1858—1865 年）、《香港中外新报》（1865—1872 年）、《中外新报》（1872—1919 年）、《中外新闻七日报》（1871—1872 年）、《香港华字日报》（1872—1946 年），上海的《北华捷报》（1850—1867 年）、《上海新报》（1861—1872 年）、《字林西报》（1864—1951 年）、《申报》（1871—1907 年）、《字林沪报》（1882—1900 年）、《新闻报》（1893—1929 年），等等。这些报纸都是外国资本所创办或外国资本控股的，同时引进了国外当时最先进的印刷设备与印刷工艺，且都

① ［英］艾约瑟：《英京月报馆例》，《万国公报》第 4 卷第 42 期，1892 年。

以营利为目的，常常有一半以上的版面用来刊登广告、发布货价行情、船运消息等。同时有很多报纸聘任华人担任主笔或买办主持报馆的编务与经营，如美查时期的《申报》聘请华人赵逸如为买办（即经理），而华人汪汉溪也被福开森聘任为《新闻报》总经理，负责主管财务、广告、发行、印刷等具体经营事务。

其中外报的销售价格竞争、广告竞争、资本筹集、报纸与广告的营销、经营业务的拓展是当时在华外报经营管理的亮点。

在报纸销售价格竞争方面的经验，最典型的是初创时期的《申报》与当时上海最早的中文商业报纸《上海新报》之间的价格竞争并导致《上海新报》停刊倒闭。据记载，《申报》创刊以后每张售价仅为铜钱 8 文，而《上海新报》为了应对竞争，于是把原本每张售价 30 文、每月洋银半元、每年洋银 4 元调整为每张售价铜钱 8 文、半年为洋银 1.25 元、每年为洋银 2 元。可是因为《上海新报》采用价格昂贵的瑞典进口白报纸印刷，很快导致入不敷出，没持续多久，便宣告停刊。[①] 后来刚创办的《新闻报》也采取每日售价比《申报》便宜 1 文的低价策略，也很快打开了销路，并在上海报业市场竞争中取得了成功。在广告竞争方面的经验，有初创时期的《新闻报》曾通过派人上门兜揽广告，甚至不惜以混乱广告信息的真假为手段迫使广告主到《新闻报》上刊登广告，以分流《申报》的广告市场份额，从而赢得广告业务的拓展。而在资本的筹集方面的经验主要有《申报》的合伙筹资与《新闻报》的中外合资。其中《申报》是由英国商人美查、伍德沃德、普赖尔与麦基洛 4 人以每人 400 两集股 1600 两创办的，而《新闻报》是由华商张叔和、英商华盛纺织厂董事丹福士及斐礼思等合组公司创办的。

而在报纸与广告的营销、经营业务的拓展等方面，《申报》则是典范中的典范。如广告的招揽与营销现象，早在 1859 年出版的《香港船头货价纸》曾刊发该报招揽广告刊登的启事并公布刊登广告的价格，原文是："如贵客有事要印落此纸内，务宜早一日走字通知未士孖剌便妥。印刷唐字价钱如左（下）：一、凡每次落唐字者，五十个字已（以）下，收银一员（元）。倘五十个字已（以）上，每字收银一个先士。如欲再落者，每

---

① 参见方汉奇主编《中国新闻事业通史》第 1 卷，中国人民大学出版社 1992 年版，第 219 页。

个礼拜照前一半算。如意者，祈请到本馆印刷便是。"① 甚至还有的报纸推出广告的折扣优惠销售策略，《申报》的《本馆条例》（1872 年 4 月 30 日）规定：

> ——如有招贴告白、货物船只、经纪行情等款，愿刊入本馆新报者，以五十字为式，买一天者，取刊费二百五十文；倘字数多者，每加十字，照加五十文。买二天者，取钱一百五十文；字数多者，每加十字，照加钱三十文起算。如有愿买三四天者，该价与第二天同。
>
> ——如有西人告白欲附刻本馆新报中者，每五十字取洋一元。倘五十字之外，欲再添字数，每一字加洋一分，并先收刊赀（资）。此止论附刊一天之例。若欲买日子长久，本馆新报限于篇幅，该价另议。如系西字，本馆代译亦可。
>
> ——西人告白，惟轮船开行日期及拍卖二款刻赀（资）照中国告白一例。倘系西字，欲本馆译出者，第一天该价加中国刻赀（资）一半并祈先惠。②

该报以英文发布的广告章程还规定："订有折扣合同者，如有用地位，较少于合同所订，则付价时之折扣，须照折扣表上较低之一级；但所用较多，不超过次级数目，得适用次级折扣。"③ 还有广告与发行的分销策略，该报《本馆条例》（1872 年 4 月 30 日）规定："本新报议价，于上海各店零卖，每张取钱 8 文。各远处发卖，每张取钱 10 文。本馆趸售，每张取钱 6 文。"④ 还通过零售、叫卖、邮局订阅和其他贩卖等方式来扩大销路，该报《本馆条例》（1872 年 4 月 30 日）规定：

> ——本馆新闻开设伊始，今雇人分送各行号，或沿街零买。如贵客欲看者，请向该送报人取阅，每张取钱八文。如有愿买一月新报者，先

---

① ［新加坡］卓南生：《中国近代报业发展史（1815—1874）》（增订版），中国社会科学出版社 2002 年版，第 109 页。

② ［美］柏德逊：《中国新闻简史》（古代至民国初年），王海等译，暨南大学出版社 2013 年版，第 26—27 页。

③ 戈公振：《中国报学史》（1927 年），三联书店 1955 年版，第 224 页。

④ ［美］柏德逊：《中国新闻简史》（古代至民国初年），王海等译，暨南大学出版社 2013 年版，第 26—27 页。

请向送报人注明入册，本馆上期收一月之价，每张先取钱六文，余二文为送报人饭赀（资）。俟其月底自取，以免逐日零星收钱之累。

——本馆之设新报，原冀流传广远，故设法由信局带往京都及各省销售。贵信局如有每日逪买一二张者，请先赴本馆注明入册，以便逐日分送。本馆议价每张六文，该价于月底算帐时再付。如各处不能销售，俟其月底仍将新报交回本馆，不取价赀（资）。

——贵客如有欲贩至他处销售，其价钱一切均与信局一式，请赴本馆面议可也。①

《申报》还在杭州、苏州、沙市等地设立分馆、分销处或代销点推销报纸、招揽广告。该报《本馆条例》（1872 年 4 月 30 日）规定："苏杭等处地方有欲刻告白者，即向该卖报店司事人说明某街坊某里，并须作速寄来，该价另加一半，为卖报人饭赀（资）。"② 此外，在经营业务的拓展方面，在《申报》创办两年后，美查开始还利用其人力和物力资源的优势，出版《瀛寰琐记》《四溟琐记》和《环宇琐记》杂志，后来又兼经销《环瀛画报》和发行《点石斋画报》，还设立"申昌书局""点石斋书局"和"图书集成印书局"，并在此基础上，投资建设燧昌火柴厂和江苏药水厂等实业。所以复旦大学黄瑚教授对此是这样评价的，"在这一时期，《申报》不断在创新中发展，不仅是整个中国办得最为成功、最有特色的商业性报纸，还确立了中国商业性报纸的基本模式"。③

很多中国人在参与外国商业报纸的生产与管理的实际活动中逐步学会了近代报业的经营与管理，这为后来国人自己创办报纸、经营管理报纸积累了技术与经验。同时在华外国人的报业管理实践经验也成为中国近代报业管理理论与思想的重要来源。所以，如果说传教士的宗教报刊让国人认识了什么是近代报刊的话，那么在华外国人所创办的商业性报纸，则可以说是让国人学会了如何创办报纸以及如何经营管理报纸。因而可以说在华外国人的报业活动直接引入了西方报业的管理经验，还示范了西方近代报业的管理实践。

---

① ［美］柏德逊：《中国新闻简史》（古代至民国初年），王海等译，暨南大学出版社 2013 年版，第 26—27 页。

② 同上。

③ 黄瑚：《中国新闻事业发展史》，复旦大学出版社 2009 年第 2 版，第 50 页。

三 晚清时期归国留学生把西方报业管理的理论与实践进一步引入中国

晚清时期在华外国传教士与外国报人在实现传教或赚钱或获取情报等自己目的的同时,客观上无意识地把西方报业的管理经验与实践带入国内。同时在晚清时期也有开明人士曾无意识地引入与介绍过西方的报刊情况,主张学习西方的报业管理。如魏源在《海国图志》中翻译《美理哥国志略》时特别介绍了美国的报刊:"……其纸各家不同,约千余样。始如欧罗巴刊刷,录见闻布告四方。其纸长至五尺阔至三尺;其纸不装钉,底面皆铅字。或每日一出,或七日出三四张,或半月出一张不等。每一出多者约二万张,少者约有五百张。每年收看新闻银一圆至十二圆不等。"①而后来国内很多海外学成归国的留学生则直接主动而有意识地把西方近代报业管理的理论与实践经验引入国内的报业管理实践与报业管理研究中。如郑贯公在考察外国新闻记者之后认为记者是侦探队、调查者,要求有真学问,他解释说:"……凡记者须有学问,无学问则见理不真,直为浮词满纸……""外国有记者侦探队之名词,内而风土人情,外而国际交涉,胥调查员侦探队是赖。""肩调查之任者,又不能以不学无术,眼光不到之人,一任其道听途说,草草塞责了事。必也魄力雄,善驰骤;脑力足,善记忆;腕力速,善缮录。"②郑贯公在考察外国报纸价格与广告以后,还曾提出报纸定价要低廉、广告的刊登须选择的主张。他认为,"报费不可不从廉也"。他的解释是:"尝考外国报纸,其价最廉。故销流最广,微中收利,又借告白费以相助,是以外国报社之林立,而报纸之风行也。今以拒约问题故,办此机关日报,则资本固当含有义捐性质,而报费亦须含有持赠思想,俾一般社会,家喻而户晓,手披而口诵,庶几不用美货之实行主义,得以普及,而吾民气之日昌,团体之日固,可拭目俟之矣。"③他还认为,"告白(即广告——引者注)不可不选择也"。他的理由是:

吾见各处报纸,其言论则曰破绅权,戒赌博,而告白则煌煌然建

① 转引自[美]白瑞华《中国报纸(1800—1912)》(1933年版),王海译,暨南大学出版社2011年版,第37—38页。
② 郑贯公:《拒约须急设机关日报议》,《有所谓报》(香港)1905年8月12—23日。
③ 同上。

庙之捐款芳名矣，赫赫然山票铺票围姓之揭晓矣，余如花丛谈花世界
之介绍嫖务者，卑污苟贱，有忝报界。故说者谓粤垣报纸为嫖赌报，
吾无以为之解嘲。即以最近报纸之于告白而论，言论则日日鼓吹拒
约，新闻则段段拒约风潮，庄言谐语，嬉笑怒骂，颇知天职，而介绍
美货之告白，触目皆是；甚至有声明不刊美货告白者，而其告白亦依
然如故；或改换数字，以掩人目。噫！此奸商之惯伎耳。推而言之，
何难改换货物之商标而垄断射利！见利忘义，为中国人之特性，吾又
何怪。今言设拒约机关日报，其关系，其价值，固远胜于嫖赌报奸商
报等等。惟告白一门，切不可因循苟且，持其拜金主义，而忘乃神圣
不可侵犯之唯一宗旨矣。①

　　此外，不得不提的就是 1903 年在国内出版的日本学者松本君平的
《新闻学》中译本，这是我国第一本翻译的综合性新闻学著作，其内容极
其丰富，尤其是全面介绍了西方 19 世纪末期新闻业的整体概况，几乎涉
及了报纸传媒的所有内容。从文献内容来看，仅报业管理方面而言，该著
作主要向国人介绍与引入了西方报业的发行、广告、人事、组织、资本、
制度等方面的内容与思想。如"新闻社之组织""探访者之职务""探访
者之资格""编辑事务记者""电报记者""论说记者""主笔记者""新
闻理事""社员之制约""特别记者""新闻记者之报酬""职业之新闻记
者""英国新闻记者之保护会""新闻记者之养成"等。②

第二节　晚清时期国内报业管理实践中经验的总结

　　从历史上看，在晚清时期国门未被列强攻破之前就存在民间报纸——
京报的经营管理活动。于 1865—1871 年曾任美国驻上海和北京领事的阿
礼国（Rutherford Alcock）对北京城南的京报报房进行访问后是这样描述
的："约十余家报房，印制数千份报纸。报房把报纸发送给订阅者……或
者成批地快递到不同省份。但是，报房是私人所有，以售卖京报偿还债务

---

①　郑贯公：《拒约须急设机关日报议》，《有所谓报》（香港）1905 年 8 月 12—23 日。
②　参见［日］松本君平《新闻学》，商务印书馆编译所译，商务印书馆 1903 年版，载余家
宏等《新闻文存》，中国新闻出版社 1987 年版。

或者争取利润。"① 具体而言，据记载："每当有价值的新闻出现时，新闻纸就在大城市出版发行。这些新闻纸被沿街叫卖，一两个铜币一份，有时候套印了彩图的报纸要卖 5 个铜币。"② 还有记载："廉价京报每份价格大约 10 个铜钱，每月订阅费 25 文钱。手抄报的价格可能高达每月 5 美元，而且由于手抄本字迹清晰、服务便捷，可能要添加额外的费用。"③ 但是国内原有京报的经营模式在外国人所创办的新式报纸的冲击下彻底淘汰了。相反，晚清时期在在华外国传教士及外国报人所创办报刊的示范与激励下，以及在海外留学归国的留学生报刊实践的带领下，国人渐渐开始创办新式报纸，如最早有王韬创办的"华人资本，华人操纵"新式报纸《循环日报》，以康有为、梁启超为首的维新派报刊，以孙中山为首的革命派报刊以及其他一些报纸。其中《循环日报》1873 年"除了周日之外每天出版的日报，年订阅价 5 美元"。④ 王韬还尝试每月出版集纳新闻专栏，每年订阅价 1 美元，甚至在 1878—1882 年曾尝试把上午出版改为下午出版，以方便澳门和广州的读者能看到当天的报纸，取得竞争的优势。⑤ 虽然这些"中国新式报纸的广告业务发展缓慢。最初的大多数广告商都是外国公司，特别是轮船公司、保险公司和大型进出口贸易公司。后来，从事外贸的中国商人逐渐开始刊登广告。但在一段时间里，中国的新式报纸主要依靠订阅和零售来赢利"。⑥ 这些报纸创办运营实践激励着报人及学界开始思考与解决报纸实际运营中的实际具体问题，也促使他们及时总结、概括创办报纸与管理报纸的经验与教训。从文献内容来看，在晚清新闻学研究的文献中有不少已经论及国内报纸产品、人事等方面具体的基本报业管理理论。

一 晚清时期报纸产品管理的经验总结

其中有些文献涉及报纸产品管理理论，如《邸报别于新报论》主要

---

① ［美］白瑞华：《中国报纸（1800—1912）》（1933 年版），王海译，暨南大学出版社 2011 年版，第 11 页。

② 同上书，第 5 页。

③ 同上书，第 11 页。

④ 同上书，第 47 页。

⑤ 同上书，第 48 页。

⑥ 同上书，第 51 页。

对比了邸报与新报在读者定位、报道范围等方面的区别。① 《论中国京报异于外国新报》主要论述了新报的读者定位是"合朝野之新闻而详载"，而京报的读者定位仍然是"仅有朝廷之事，而闾里之事不与焉"。② 《选新闻纸成书》认为《申报》的读者定位是"无论官场民间，为本人所见，将与申报"。③ 还有《本馆告白》也表明了《申报》的内容选择范围是"国家之政治风俗之变迁，中外交涉之要务，商贾贸易之利弊，与夫一切可惊可愕可喜之事足以新人听闻者，靡不毕载……"④ 《本馆自述》中也表明了《申报》的内容定位是"新闻纸馆之设，所以网罗轶事采访奇闻"。⑤ 而王韬在办《循环日报》时曾要求报纸内容广泛，他认为"本局是用博采群言，兼收并蓄。凡民生之休戚、敌国之机宜、制器之工能、舟车之来往及山川风土、祸福灾祥、无朗若列眉。俾在上者知所维持，在下者知所惩创，此区区之微意也"。⑥ 同时他还要求报纸新闻报道须真实，言论要扬善隐恶以维护社会公平正义，他认为"本局秉笔一以隐恶扬善为归，其中有中外者必求实录，不敢以杜撰相承。至于世态险巇、因果报应，亦间列一二，俾观者得以感发善心，惩戒逸志，非有他意也"。⑦ 而《兴复万国公报序》也明确表明了《万国公报》的内容定位是"一切可喜可惧可惊可愕可怪可奇可师可法之事"。⑧ 梁启超还提出了以"宗旨定而高、思想新而正、材料富而当、报事确而速"为评价报纸产品优良的标准⑨，等等。

二　晚清报馆人事管理经验的概括

还有文献体现了报馆人事管理的理论，其中比较多的文献讨论了新闻记者的素质与要求，如《申报》的"觅请报事人"启事中对记者的要求

---

① 《邸报别于新报论》，《申报》1872 年 7 月 13 日。
② 《论中国京报异于外国新报》，《申报》1873 年 7 月 18 日。
③ 宛委书樵：《选新闻纸成书》，《申报》1877 年 3 月 28 日。
④ 《本馆告白》，《申报》1872 年 4 月 30 日。
⑤ 《本馆自述》，《申报》1872 年 5 月 8 日。
⑥ 《本局日报通启》，《循环日报》1874 年 2 月 5 日。
⑦ 同上。
⑧ 《兴复万国公报序》，《万国公报》1889 年 2 月第 1 册。
⑨ 梁启超：《本馆第一百册祝辞并论报馆之责任及本馆之经历》，《清议报》1901 年 12 月 21 日。

是"延一报新闻者,务须才学兼全,见闻较确,值有新奇之事,随时寄知"。①《申报》的《延请访事人》启事中对记者的要求还有"采访新闻之友,务须探事则原原本本,吐辞则洒洒洋洋,巨细皆书,新奇是尚"。②范祎认为记者的要求是"社会之公共教员"。③ 而梁启超提出了记者要有"常识、真诚、直道、公心、节制"的"五本"要求。④ 此外,还有文献论及报业主笔的要求,如《英国新报之盛行》中介绍了英国《泰晤士报》领导机构的设置情况、在各国派驻记者的情况和总主笔的日常出报生活。⑤《西国日报之盛》认为西方报纸主笔要求是"得持清议",立论态度公正,其地位是"于朝纲国政颇得参以微权",认为"主笔者得持清议,于朝纲国政颇得参以微权"。⑥ 而王韬认为,"西国之为日报主笔者,必精其选,非绝伦超群者,不得预其列。今日云蒸霞蔚,持论蜂起,无一不为庶人之清议,其立论一秉公平,其居心务期诚正"。所以"顾秉笔之人,不可不慎加遴选。其间或非通才,未免识小而遗大,然犹其细焉者也;至其挟私讦人,自快其忿,则品斯下矣,士君子当摈之而不齿。至于采访失实,纪载多夸,此亦近时日报之通弊,或并有之,均不得免,惟所冀者,始终持之以慎而已"。⑦

上述国内报人对国内报业管理活动所总结与概括的实践经验便是早期国内报人报业管理的理论研究,也是中国近代报业管理学术理论研究的原始起点。

本章小结

虽然以上有关报业管理的研究仅为无意识的零散的概括,甚至仅为个人办报实践中一时的点滴感悟,但从文献内容上分析,我们发现这些粗浅的办报感悟与经验却是国内有关报业管理的实践经验和理论的概括与总结,是我国近代报业管理学研究的源头与起始。所以说,中国近代

---

① 《觅请报事人》,《申报》1876 年 1 月 22 日。
② 《延请访事人》,《申报》1876 年 3 月 14 日。
③ 范祎:《万国公报第二百册之祝辞》,《万国公报》第 200 册,1905 年 7 月。
④ 梁启超:《〈国风报〉叙例》,《国风报》1910 年 2 月 20 日。
⑤ 参见《英国新报之盛行》,《申报》1873 年 2 月 18 日,选录《香港华字日报》。
⑥ 《西国日报之盛》,《循环日报》1874 年 2 月 12 日。
⑦ 王韬:《论日报渐行于中土》,《弢园文录外编》,中华书局 1959 年版,第 205—207 页。

报业管理学的学术研究源于晚清时期西学东渐浪潮中所引入的西方报业管理的理论与经验，以及对当时国内报业管理活动所总结与概括的实践经验。

第二章　中国近代报业管理学的形成(1912—1937)
——以民国前期报业管理学专著与课程的问世为标志

随着新闻界国际交往的频繁、国内多元化报纸管理体制的持续以及国内主流大报的进一步企业化管理实践的发展，报业管理作为一门新闻学的独立分支学科逐步形成，同时报业管理学术理论也在论文、专著与教材等系列研究成果中得到系统概括与总结，并逐步形成理论体系，甚至开始作为新闻学专业教学的内容得以广泛传播，进而规律化与科学化。

第一节　形成的背景：新闻界频繁的国际交往、多元化的报业市场管理体制及其运营实践

任何学术研究的出现都有相应的社会环境作为基础。中国近代报业管理学的形成也是如此。在晚清民国时期，一方面是新闻界长期活跃的国际交流，尤其是抗日战争全面爆发前国内外新闻界交流频繁，另一方面晚清民国时期报业商业多元化市场体制逐渐形成，同时民国时期的民营报业、国民党党营报业以及外国人在华报业等多种报业类型都普遍施行企业化的科学管理实践。这一方面是中国近代报业管理学形成的前提与基础，另一方面又为中国近代报业管理学的形成和发展提供了实践基础与条件。

一　国外报业管理理论在新闻界的国际交往中持续引入

不仅在晚清时期西学东渐的浪潮中西方报业管理理论与实践经验被不断地引入国内，而且在全面抗日战争爆发之前的民国，由于新闻界的国内外交流非常频繁，在中西频繁的交往中，西方报业管理理论通过学术著作的译介与报人的国际往来进一步传入国内。首先，在翻译西方新闻学的著

作中，引入西方报业管理理论。如史青在 1913 年翻译出版了美国休曼的《实用新闻学》，该书反映了美国产业革命以后自由竞争的大众化商业报纸的新闻观点，其中涉及报业管理理论的章节有："责任与俸给""新闻业同盟会""记者""告白之文""登载告白"①；后来戈公振编译了《新闻学撮要》，该书中有关报业管理理论的有"怎样养成新闻记者""新闻分配公司""联合公司""报纸的发行部"等章②；还有王文萱翻译、黄天鹏校对的日本杉村广太郎的著作《新闻学概论》，该著作中涉及报业管理理论的有"近代新闻社的组织"等章③；此外，俞康德翻译、黄天鹏校对的日本后藤武男的著作《新闻纸研究》，该书中关于报业管理理论的有"新闻记者职业之地位""新闻社的行政"（包括组织与经营等）等章④，等等。

其次，西方报业管理理论还在报人的国际交往中进一步传入。

一方面外国报人通过来华游历、访问向国内推介西方的报业管理理论与理念。如当时英国《泰晤士报》主人北岩、美国密苏里大学新闻学院院长威廉博士、美国新闻纸出版协会会长格拉士、美国《纽约时报》记者麦高森、美联社社长诺伊斯、美国奕伦诺尔省《太阳日报》主笔斯密斯先生等在 1922 年纷纷来华游历、访问，并向国内报界推介包括报业经营管理理论与观念在内的西方新闻学理论与观念。其中世界报界之泰斗、英国伦敦《泰晤士报》主人北岩于 1922 年 11 月来华游历，首次把报业托拉斯的理论与观念引入国内报界，并引起国内报人的学习与推崇，也引起国内报界学者的深入思考与讨论。而当时美国密苏里大学新闻学院院长威廉博士的访华，则把美国的报人信条等报业管理理论带入国内，并引发了当时国内威廉新闻学的热潮，开启了国内报界关于国内报人信条等新闻记者职业道德问题的思考与研究。还有当时美国新闻纸出版协会会长格拉士的访华，他主要是把报业独立经营与新闻记者职业化的理论带入国内，从而引起国内报业经营理论与新闻记者职业理论的反思与讨论。如史量才于 1922 年 12 月在接见美国新闻纸出版协会会长、英国报界联合会新闻调查委员会委员长格拉士时所说，"现在营业收入可以供用，故可自信不受任何方面津贴。虽十年来政潮澎湃，敝馆宗旨，迄未偶迁。孟子所谓

① ［美］休曼：《实用新闻学》，史青译，广学会 1913 年版。
② 戈公振编译：《新闻学撮要》，商务印书馆 1929 年版。
③ ［日］杉村广太郎：《新闻学概论》，王文萱译，黄天鹏校，联合书店 1930 年版。
④ ［日］后藤武男：《新闻纸研究》，俞康德译，黄天鹏校，光华书店 1930 年版。

'贫贱不能移，富贵不能淫，威武不能屈'与顷者格拉士君所谓'报馆应有独立之精神'一语，敝馆宗旨似亦隐相符合。鄙人誓守此志，办报一年，即实行此志一年也"。[①] 同时格拉士还在新闻记者联欢会演讲中强调新闻记者的职业化观念，认为，新闻记者须先受良好之教育；新闻记者应尊重道德；新闻记者对于新闻应具极浓厚之兴味；新闻记者须具有良好之态度；新闻记者必富有自重心。[②] 还有当时美国《纽约时报》记者麦高森访华期间也曾在新闻记者联欢会的演讲中强调新闻记者的职业化观点，认为，新闻记者须虚怀若谷；贵有恒心；新闻记者须保全信用；须重视新闻记者事业；[③] 等等。

另一方面，国内报人通过参加国际报界大会或游历考察把西方报业管理理论带回国内。如我国代表许建屏代表上海日报公会及《大陆报》，董显光代表上海《密勒氏评论报》，钱伯涵代表天津《益世报》，黄宪昭代表广州《明星报》，王天木、王伯衡代表《申报》于 1921 年 10 月 10 日出席在美国檀香山召开的世界报界大会，并发表演说，介绍中国报业，同时把一些报业管理理论的国际通行做法引入国内。如请世界各国政府扶助各国报纸，将所有新闻一律发给登载，并请求所有各政府机关准允新闻记者出入，以便采择；请世界各国政府协助减少新闻电费，改良邮电交通诸机关，以期消息格外灵通。[④] 而《生活》周刊、生活书店主持人邹韬奋于1933 年至 1935 年流亡国外，到英、法、德、美、苏联等欧美发达国家游历考察，并有 10 篇专门介绍外国新闻事业和评论言论自由问题的通讯，曾批判西方报刊是"资产集团"操纵的，即使《泰晤士报》虽然新闻和言论独具特色，但其立场也是维护资产阶级利益的。[⑤] 还有成舍我在欧美游历考察归国以后，带入西方廉价报纸、小型报、报纸大众化等报业经营管理理论，并极力在国内新闻界呼吁与推动报纸的大众化、民众化。如1932 年，成舍我在燕京大学演讲的时候，他认为在中国的将来可以产生发行 400 万份的"国家报"。他觉得："地大物博的中国，应该可以产生

---

① 谢介子：《世界报界名人来华者之言论丛辑及予之感想》，载黄炎培《最近之五十季》，申报馆 1923 年版，第 45—56 页。

② 同上。

③ 同上。

④ 参见戈公振《中国报学史》，三联书店 1955 年版，第 289—291 页。

⑤ 参见方汉奇主编《中国新闻事业通史》第 2 卷，中国人民大学出版社 1996 年版，第 408页。

十个二十个设备完全的国家报,每报以每400人购买一份计,就可以销到400万份。"① 并进一步解释:"'国家报',这个名词,不是指由国家办的机关报,是指一个可以推行全国伟大的报纸。……能遍及各省市县镇,甚至一乡一村都有它的踪迹。"② 成舍我还认为"小型报"是在当时教育未普及、百姓购买能力弱的情况下真正报纸大众化、民众化的必然选择。这种小型报的内容是大众化,形式是小型,评价是通俗的。其特点:人人买得起,人人看得懂;雅俗共赏,的确代表多数的勤劳大众,替多数人说话。③ 所以"未来的真正民众化的报纸,是要将这种'小报'、'提倡'、'改良'面发达起来"。④ 并在上海创办的《立报》坚持"除国家币制,及社会经济,有根本变动外,我们当永远保持'一元钱看三个月'廉价报纸的最低价格,决不另加丝毫,以增重读众的负担"。⑤ 以期达到"全国国民,对于报纸,皆能读,爱读,必读,使他们觉到读报,和吃饭一样的需要,看戏一样的有趣……"⑥

在以上国内外新闻界的频繁交流互访活动中不断引入西方先进的报业企业管理的理论与经验,为当时国内报业管理学科的成立与报业管理学术理论体系的形成奠定了基础。

二 多元化报业市场体制的持续坚持

报业管理学是研究报业市场竞争、报业企业管理的学问,所以该学术研究存在的前提与基础就是报业市场的自由竞争。那么,中国近代报业管理学兴起与发展的前提与基础则是晚清民国时期在法律制度上和报业运营实践中所持续坚持的多元化的报业市场体制。

(一) 从法律制度上保证报纸所有制或创办主体的多元化

晚清时期由于在华外国人、以康有为等为代表的维新派以及以孙文为首的革命派所创办的报刊冲破了晚清政府严禁办报的禁令与传统,从而使《大清报律》等晚清政府有关报禁的法律制度形同虚设。而自从中华民国成

---

① 成舍我:《中国报纸之将来》,载燕京大学新闻系《新闻学研究》,良友公司1932年版。
② 同上。
③ 参见成舍我《三种报纸的出路》,《报展》1936年。
④ 成舍我:《中国报纸之将来》,载燕京大学新闻系《新闻学研究》,良友公司1932年版。
⑤ 成舍我:《我们的宣言》,《立报》(上海)1935年9月20日第1版。
⑥ 同上。

立以后,《中华民国临时约法》及其他相关新闻事业的法律、法令不仅在制度层面基本上建立了以言论出版自由为根本原则的新闻出版制度,而且还形成了报业商业运营的出版产业制度。虽然这一制度历经袁世凯及北洋政府《报纸条例》《出版法》等法律的扭曲与破坏,甚至还经历了南京政府的新闻统制的限制与制约。如根据南京国民政府1930年颁布的《出版法》及1931年出台的《出版法实施细则》,政府对报纸实行出版登记许可制度,其中对报刊发行人或编辑人的资格条件的限制规定在国内无住所者、禁治产者、剥夺公权尚未复权者或被处徒刑或一个月以上之拘役在执行中者都不得为新闻纸或杂志之发行人或编辑人。① 也就是说,必须符合这一规定的公民、法人单位才可以自由申请登记,获得许可以后才可出版报纸。而在战乱时期虽然根据1937年《修正出版法》,政府把报纸的"登记"改为"审核"制度,且对发行人或编辑人的资格条件限制还附加了两点,即"因违反出版品禁载事项之限制而受刑事处分者;因贪污或诈欺行为受刑事处分者"② 也禁止其为新闻纸或杂志之发行人或编辑人。同时规定报纸发行人的资格是"在教育部认可之国内外大学或专科学校毕业,得有证书者";或"在教育部认可之高级中学毕业,并服务新闻事业三年以上,有证书者";或"在新闻事业之主管机关服务三年以上,有证明文件者";或"服务新闻事业五年以上,有相当证明者"。③ 这就更为严格地限制了报纸发行人或编辑人的资格条件。虽然对报纸发行人或编辑人资格限制更为严格,但是这些条件仍然没有否定报纸创办者或所有者主体的多元化,相对来说,甚至对于报纸的创办主体还是较为宽泛的,因为根据《中华民国商业登记法》(1937年6月28日)第3条规定,出版业属于商业、营业种类之一。④ 也就是说毕竟还是作为商业的一种面向社会开放,而没有政府或政党垄断经营。所以在法律上还是保证了报纸所有制或创办主体的多元化。何况该法也仅在国统区得到执行,国统区已有的历史悠久的著名民营大报及外人在华创

① 参见《出版法》(1930年12月16日),载赵敏恒《外人在华新闻事业》,王海译,暨南大学出版社2011年版,第109—114页。
② 《出版法》(1937年7月8日),载[日]榛村专一《本国新闻法制资料》,袁殊编译,群力书店1937年版,第55—68页。
③ 《出版法施行细则》(1937年7月8日),载刘哲民《近现代出版新闻法规汇编》,学林出版社1992年版,第142—145页。
④ 参见《中华民国商业登记法》(1937年6月28日),载中国法规刊行社《最新六法全书》,春明书店1946年版,第173—174页。

办出版的报纸仍然继续存在。此外，在共产党控制的根据地及日本控制的沦陷区的报纸仍然大量出版发行，不受该法的制约。

（二）在报业实际运营中持续践行多元化的报业市场

从整个报业运营历史来看，民国时期的报业市场体制不仅延续了晚清时期由外人在华创办的宗教报刊、商业报刊及国内官报、民报、政党报纸等组成的多元化报业市场体制，而且还出现了日伪报纸、伪满报纸等特殊形态的报纸，同时政党报纸又分为国民党报纸、共产党报纸、民盟报纸、青年党报纸等。所以说，虽然国民政府多次修改《出版法》规范限制报纸的发展，但是整个民国时期的报业市场仍为多元化的报业市场体制。比如据有人统计发现，仅国人创办的报纸就有国民党党报系列、共产党与民盟党报系列、青年党党报系列、天主教报系与无党无派的民营报系（见表2.1.1）。此外，还有在华外国人创办的报纸，如上海的《字林西报》《大美晚报》《密勒氏评论报》等。

表 2.1.1　　　　　　　　　　　　民国主要报业类型①

各报经营者		报纸数量（家）	主要报纸	销数（份）
政府及国民党党报系	中央直接主办	21	《中山日报》（广州）、《华中报》（汉口）、《中央日报》（南京、上海、沈阳、福建、重庆、成都、贵阳、长沙）、《民国日报》（天津）、《华北日报》等	约85万
	省市党部主办	27（较有成绩者）	《苏报》（镇江）、《通报》（南通）、《徐报》（徐州）、《淮报》（淮阴）等	14万左右
	国民党同志所办	若干	《东南日报》（胡健中）、《申报》（潘公展）、《正言报》（吴绍澍）、《新闻报》（程沧波）、《正报》（杭州）、《大同日报》（杭州）、《华中日报》（汉口）等	40万左右
	军报	若干	《和平日报》（重庆、上海、台湾、广州、南京、兰州、沈阳）等	15万左右
	县市党部所办	数百家	湖南几乎每县都有县报	

销数共计115万份左右，占全国报纸销数二分之一以上

---

① 许孝炎：《我所见到的中国新闻事业——新闻讲座之二》，《新闻学季刊》1947年第1期。

续表

各报经营者	报纸数量（家）	主要报纸	销数（份）
中共及民盟党报系	若干	《解放日报》、《新华日报》、《华商报》（香港）、《民主日报》（重庆）、《文汇报》（上海）、《联合夜报》（上海）等	10 万以内
青年党党报系	若干	《中华时报》（上海）、《新中国日报》（成都）等	1.3 万左右
天主教报系	若干	《益世报》（天津、南京、重庆、上海、北平、西安等）	8 万
无党无派之民营报系	若干	《大公报》（上海、天津、重庆）、《新民报》（南京、上海、重庆、北平、成都等）、《新民报晚刊》（南京）、《世界日报》（北平、重庆）、《星岛日报》（香港）、《光华日报》（厦门）、《星华日报》（汕头）等	约 30 万

总而言之，虽然国民政府不断通过立法来限制报业的发展，但是报业的产业制度仍然坚持报业作为一种商业营业面向社会开放，从而保证了报业创办者与所有者的多元化、多样化，也就保证了民国时期报业市场的多元化竞争格局。

三　国内主流报业科学化企业管理的实践

从历史上看，晚清时期已经出现了民间京报贩卖等报业管理的活动，尤其国外宗教报刊进入以后，国内尤其在上海等港口城市还出现了《上海新报》《北华捷报》《申报》《字林西报》《新闻报》等在华外国人所创办的外文中文商业报纸的发行、广告、股份筹资等常见的报业管理实践。而自从中华民国成立以后，无论是外国人所创办的报纸、民营商业报纸，还是国民党党报系统都全面施行企业运营，推行科学化的报业企业管理，其中又以民营商业大报与国民党中央党报等主流报业的企业化运营与管理最为突出。尤其是抗战全面爆发前的民国虽然历经军阀的混战，但政治格局总体上相对比较安定，甚至南京国民政府成立后的前 10 年被称为"黄金十年"。这也为国内报业企业的快速发展提供了难得的契机。以《申报》《新闻报》《大公报》《新民报》《中央日报》等为代表的国内主流报业都全面推行企业化科学管理，都极力通过发展报纸发行、拓展报纸广告等商业化经营来实现报业公司的持续运营与盈利。其中《申报》在史量才进一步成功实行企业化经营以后，报纸销数由 1920 年的 3 万份增加至

1930 年的 14.8 万份。[①] 申报馆在出版《申报》的基础上，还开始向出版业和文化教育事业拓展，出版了《申报月刊》《申报年鉴》，创办申报流通图书馆、申报新闻函授学校、申报业余补习学校等。后来还投资五洲大药房、中南银行等化工业、银行业，成为一个多种经营并存的大企业。[②] 而《新闻报》的企业化经营也非常成功，报纸销数也由 1920 年的 5 万份增加至 1930 年的 15 万份[③]，并一度成为国内发行量最大且经济实力最雄厚的报业公司。

此外，最突出的是报业公司的股份制、报业托拉斯的尝试与国民党党报的企业化经营改制。其中一些大报馆纷纷实行股份制改造，组建股份制有限公司，如天津益世报社 1931 年改组为益世报股份有限公司[④]，新记公司《大公报》于 1937 年上半年在上海成立大公报社股份有限公司，《新民报》也于 1937 年上半年成立南京新民报股份有限公司。还有的报馆尝试报业托拉斯经营，比如 1929 年史量才秘密收购福开森《新闻报》1300 股股权力图兼并控制《新闻报》，引发了新闻报股权风波，最终迫使史量才让出 300 股，导致对《新闻报》收购失败，史量才报业托拉斯经营梦想也随之破灭。还有在张竹平的主持下，《时事新报》《大陆报》《大晚报》和申时电讯社于 1932 年联合组成"四社联合办事处"，设在《大陆报》馆的三楼，以此实现"三报一社"在新闻信息、生产资料、图书出版、发行等方面的协作与联合。"四社"还组织出版了《报学季刊》《申时经济新闻》《时事年鉴》和其他书籍。[⑤] 这在国内新闻界也一直被认为是中国报业集团的雏形。而成舍我自从 1924 年 4 月创办《世界晚报》以后，先后创办了《世界日报》《世界画报》、北平新闻专科学校、南京《民生报》、上海《立报》，也实现了"多报一校"系列经营。而更

---

① 参见方汉奇主编《中国新闻事业通史》第 2 卷，中国人民大学出版社 1996 年版，第 125 页。

② 参见王润泽《北洋政府时期的新闻业及其现代化（1916—1928）》，中国人民大学出版社 2010 年版，第 130 页。

③ 参见方汉奇主编《中国新闻事业通史》第 2 卷，中国人民大学出版社 1996 年版，第 125 页。

④ 参见罗隆基《天津〈益世报〉及其创办人雷鸣远》，陈树涵整理，《天津文史资料选辑》第 42 辑，1988 年。

⑤ 参见方汉奇主编《中国新闻事业通史》第 2 卷，中国人民大学出版社 1996 年版，第 320 页。

具有风向标意义的是南京《中央日报》的企业化改制，标志着长期依靠政府财政拨款与政党津贴生存的国民党党报系统开始实行自主经营的企业化、科学化管理。南京《中央日报》在 1932 年实行社长制以后，程沧波社长推行编辑专业化、经营企业化、服务社会化的改革，大力拓展广告业务，实现经济创收，减少亏损与负债。从而开启了整个国民党党报系统，甚至"中央社"及"中央广播电台"的企业化经营改革。

以上国内主流报业的企业化科学管理的实践也迫切需要报业企业管理的理论指导与支撑，同时也为当时报业管理学术理论的形成创造了现实环境与条件。

总而言之，也正是在民国时期报业商业多元化市场体制的前提下，民国时期的民营报业、国民党党营报业以及外国人在华报业等多种报业类型都全面施行企业化的科学管理。而这一切报业企业化的管理实践，一方面引起了报界和学界的关注与思考，甚至被逐渐总结、概括成报业管理的经验与理论，另一方面这些报业企业化管理实践又急需科学的理论支持与指导。所以，可以说所有这一切都为中国近代报业管理学的形成提供了现实环境与背景。

第二节　中国近代报业管理学形成的标志

在科学研究中，某一专门的研究是否成为学科而区别于经验，其根本的评价依据有二：一是该专门研究是否形成系统的理论体系，其标志在于专门性著作与教材的问世；二是能否得到社会的认可而给予学科的建制，其标志是能否作为一门专门学科的课程在社会上在学校教育中公开教育与传播。如果以此作为标准的话，中国近代报业管理学在民国前期已经形成，其学科的地位得到确立并成为显学。这表现在报业管理学研究不仅成为民国前期国内新闻学专业教学的基本课程之一，有了学科的建制，而且还有专门阐述报业管理学理论的专著或教材的问世，从而形成了学科的理论体系。

一　报业管理学课程在新闻专业教学中问世并逐步推广

一项专门的研究能否成为科学，其评价的根本依据之一就是该研究是否能够得到社会的认可，是否给予学科的建制。也就是说，能否把某一研究作为普遍的成熟的理论与规律来公开传授而教之于人，并作为一门专门的学问（也即学科）进行研究与教学，也即确立其作为学科的地位。中国近代报业管理学的形成与成熟的根本表现也就在于该学术研究在民国前期已经作为一门专门研究报业管理基本规律及其运用的科学在新闻学专业教学中首次问世并逐步推广。这也意味着报业管理已成为新闻学中一门独立的学科分支，报业管理学成为显学，更标志着报业管理学术理论已成为公认的科学与规律。根据目前有关民国新闻教育与校史文献考证，北平平民大学新闻学系是最早开设报业管理学课程传播报业管理学术理论的。该校新闻系于 1922 年创办开设，首任新闻系主任（或主持人）是徐宝璜，"该校为我国正式有新闻教育之始"。① 根据戈公振的记载，平民大学新闻学系第三学年开设"新闻经营法"，每周 1 课时。②

　　燕京大学新闻系则开设了"营业及印刷法"，该课程专门研究报纸与杂志之营业及印刷问题，对于会计、推销、组织、排版等各方面均详细讲解。③ 复旦大学新闻系则起先开设了"报馆组织与管理""新闻贩卖学""新闻广告研究""杂志经营与编辑"等系列报业管理课程，其中"报馆组织与管理"讲授组织与管理的理论及实际；"新闻贩卖学"讲授新闻发行的各种方法和理论的适用，研究国外各著名报纸的发行；"新闻广告研究"讲授广告学的原理、作用，新闻杂志广告的编作，注重练习；"杂志经营与编辑"讲授杂志编辑、经营的各种方法。④ 后来对这些报业管理课程做了调整，其中"报馆组织与管理"讲授本国各著名报馆的组织及管理方法，并介绍欧美日本各著名报馆的组织及管理方法，且一学期修完，共 2 学分；"新闻发行学"则讲授新闻发行的各种方法，注重推广的研究，介绍国外各报推广的方法，一学期修完，共 2 学分；而"新闻广告研究"讲授广告学的原理、作用，新闻杂志广告的图案、编作，注重广告经营，一学期修完，共 2 学分；还有"杂志经营与编辑"则讲授杂志的编辑与经营，一学期修完，共 1 学分。⑤ 而上海南方大学报学系则在大

　　① 卜少夫：《谈新闻教育》，《新中华》第 2 卷第 4 期，1944 年。
　　② 参见戈公振《中国报业教育之近况》，《国闻周报》第 3 卷第 10 期，1926 年。
　　③ 参见黄宪昭《燕京大学新闻学系概况》，载燕京大学新闻学系《新闻学研究》，良友公司 1932 年版。
　　④ 参见谢六逸《新闻教育的重要及其设施》，载黄天鹏《新闻学演讲集》，现代书局 1931 年版，第 15—44 页。
　　⑤ 参见谢六逸《复旦大学新闻学系概况》，《新闻学期刊》1935 年第 1 期。

学二年级开设"报馆管理",一学年修完,共 6 学分;在报学专修科二年级、三年级开设"报馆管理",一学年修完,共 6 学分。[1] 而此时中央政治学校新闻系则在大学三年级开设"报业管理与组织",每次授课 1 小时。[2] 刘觉民抗战前在此校讲授该课程,并根据该课程讲义于 1936 年编著出版了"报业管理概论"一书。还有上海沪江大学商学院新闻学科也开设了必修课程"报馆经营与管理",北平新闻专科学校报业管理夜班也开设"报业管理"课程,每周 2 学时,由教务主任兼英文、自然科学教授吴前模讲授。中国新闻学专门学校则在三年级开设了"报馆设计"课程,北平民国学院新闻专修科也开设了"报业管理",而申报新闻函授学校则开设了"报纸印刷术""报馆管理与组织""新闻发行学""广告学"等课程[3](见表 2.2.1)。

表 2.2.1　　　　1912—1937 年大学新闻系、新闻专修科与
新闻职业学校所开设的报业管理课程

新闻教育机构	有关报业管理的课程
北平平民大学新闻系（1922 年）	新闻经营法
燕京大学新闻系（1924—1927 年、1929—1937 年）	营业及印刷法
复旦大学新闻系（1929 年）	报馆组织与管理、新闻贩卖学、新闻广告研究、杂志经营与编辑
上海南方大学报学系（1925 年）	报馆管理
中央政治学校新闻系（1935 年）	报业管理与组织
北平民国学院新闻专修科（1933 年）	报业管理
沪江大学商学院新闻学科（1929 年）	报馆经营与管理
北平新闻专科学校报业管理夜班（1933 年）	报业管理
中国新闻学专门学校（1928 年）	报馆设计
申报新闻函授学校（1933 年）	报纸印刷术、报馆管理与组织、新闻发行学、广告学

---

① 参见戈公振《中国报业教育之近况》,《国闻周报》第 3 卷第 10 期,1926 年。
② 参见张学远《中央政治学校的新闻教育》,《中国新闻学会年刊》1942 年。
③ 参见《新闻教育机关概况》,《报学季刊》第 1 卷第 2 期、第 3 期,1935 年。

　　以上各新闻学教育机构都纷纷在新闻学专业中设立了报业管理学基本课程或系列课程。这些报业管理学课程的设立，意味着报业管理研究已经不再仅为办报经验的总结，而是上升为报业管理普遍的公认的基本规律，是科学。而专门研究报业管理的学问也就自然成为一门学科，是显学，并获得了合法的学科建制，具有合法的地位。

二　报业管理学专著或教材首次在民国前期出版发行

　　虽然在晚清时期便有报业管理理论的萌芽与非自觉地在西学东渐中引入，并在抗日战争爆发前的民国得到进一步的发展与自觉而全面引入，甚至作为报业管理的基本规律与科学在新闻学专业教学中广泛传播，但是直到20世纪30年代，报界学界为了满足当时国内报业管理实践的需要才开始逐步认识到报业管理理论的重要性，并通过学术论文、专业教材与学术著作等形式首次系统总结了国内报业管理的理论与观念，作为报业管理学术理论系统概括与总结的最重要的标志性成果，报业管理学专著或教材首次公开出版发行。

　　(一)　涉及报业管理理论研究的新闻学理论著作不断问世

　　在中国近代报业管理学形成与发展的历史中，中国近代报业管理学理论首先在新闻学理论著作中得到部分的总结与概括。在民国前期出版发行的新闻学理论著作中已经对报业管理理论中的报业发行、报业组织、报业广告、报业人事、报业制度等部分具体内容做了较为详尽的概括与总结。如徐宝璜的《新闻学》、邵飘萍的《实际应用新闻学》与《新闻学总论：国立法政大学讲义》、任白涛的《应用新闻学》、戈公振的《中国报学史》、张静庐的《中国的新闻记者》、黄天鹏的《新闻记者论》、李公凡的《基础新闻学》、曹用先的《新闻学》、吴晓芝的《新闻学之理论与实用》、谢六逸的《实用新闻学：申报新闻函授学校讲义之三》、刘元剑的《新闻学讲话》、孙怀仁的《新闻学概论：申报新闻函授学校讲义之一》、俞爽迷的《新闻学要论》等都或多或少含有报业管理的章或节（见表2.2.2）。

表 2.2.2 1912—1937 年新闻学著作中关于报业管理的章节

新闻学著作名称	有关报业管理的内容（章或节）
《新闻学》（徐宝璜，1919 年）	"新闻纸之广告""新闻纸之组织""新闻纸之设备""新闻纸之销路"等章①
《实际应用新闻学》（邵飘萍，1923 年）	"外交记者之地位""外交记者之资格与准备"等章②
《新闻学总论：国立法政大学讲义》（邵飘萍，1924 年）	"新闻记者之地位与资格""新闻社之组织"等章③
《应用新闻学》（任白涛，1926 年）	"新闻记者的地位与资格""新闻社的组织及报纸的制作"等章④
《中国报学史》（戈公振，1927 年）	"报馆之组织""广告""发行""销数""印刷""纸张""用人""团体""邮电"等节⑤
《中国的新闻记者》（张静庐，1928 年）	"新闻记者的地位""新闻记者的资格""新闻记者的养成与待遇""中国新闻记者的组合"等章⑥
《新闻记者论》（黄天鹏，1930 年）	新闻记者的"地位""资格""责任""教育""待遇""团体"等章⑦
《基础新闻学》（李公凡，1931 年）	"新闻机关之组织""怎样做新闻记者"等章⑧
《新闻学》（曹用先，1933 年）	"新闻记者的地位及其训练""报纸的发行""报纸的广告"等章⑨
《新闻学之理论与实用》（吴晓芝，1933 年）	"新闻社之组织""新闻管理之方法""发行""广告"等章⑩
《实用新闻学：申报新闻函授学校讲义之三》（谢六逸，1935 年）	"新闻记者""新闻发行"等章⑪

① 徐宝璜：《新闻学》，国立北京大学新闻学研究会 1919 年版。
② 邵飘萍：《实际应用新闻学》，京报馆 1923 年版。
③ 邵飘萍：《新闻学总论：国立法政大学讲义》，京报馆 1924 年版。
④ 任白涛：《应用新闻学》，亚东图书馆 1926 年版。
⑤ 戈公振：《中国报学史》，商务印书馆 1927 年版。
⑥ 张静庐：《中国的新闻记者》，光华书局 1928 年版。
⑦ 黄天鹏：《新闻记者论》，联合书店 1930 年版。
⑧ 李公凡：《基础新闻学》，联合书店 1931 年版。
⑨ 曹用先：《新闻学》，商务印书馆 1933 年版。
⑩ 吴晓芝：《新闻学之理论与实用》，立达书局 1933 年版。
⑪ 谢六逸：《实用新闻学：申报新闻函授学校讲义之三》，申报馆 1935 年版。

续表

新闻学著作名称	有关报业管理的内容（章或节）
《新闻学讲话》（刘元剑，1936 年）	"新闻纸的生产过程"一章中关于"印刷""发行"等节①
《新闻学概论：申报新闻函授学校讲义之一》（孙怀仁，1936 年）	"产业革命与新闻之大量生产""政府之新闻管理""新闻用纸及油墨""资本""管理执行机关""新闻财政之管理""读者及广告之获得""新闻之宣传（社会服务运动）与副业""新闻发行地之选定与营业""新闻之生产与消费之关系""新闻贩卖政策""新闻广告之特质""新闻广告之伦理运动"等章②
《新闻学要论》（俞爽迷，1936 年）	"新闻纸的广告""新闻社的组织""新闻社的设备""新闻纸的经营与销路"等章③

（二）研究报业管理学理论的期刊论文与学术论文集论文日渐增多

中国近代报业管理学理论还在新闻学期刊论文、新闻学学术论文集论文中得到部分的总结与概括。在新闻学专业学术期刊论文或新闻学术论文集论文中对报业生产、报业发行、报业广告、报馆人事、报业市场、报馆组织、报馆制度、报馆财务等具体的报业管理理论与观念也作了部分的概括与总结。其中就笔者的统计发现，在这一时期新闻学期刊所发表的关于报业管理研究的 132 篇论文中，有关报业生产管理的有 21 篇，报业发行的 2 篇，报业广告的 23 篇，报馆人事的 24 篇，报业市场的 30 篇，报馆组织的 10 篇，报馆制度的 9 篇，报馆财务的 3 篇，报业管理综合论文 10 篇（见表 2.2.3）。

表 2.2.3　　1912—1937 年新闻学期刊中发表的关于报业管理研究的论文数

期刊论文内容范畴分类	报业生产	报业发行	报业广告	报馆人事	报业市场	报馆组织	报馆制度	报馆财务	报业管理综合
期刊论文数（篇）	21	2	23	24	30	10	9	3	10
期刊论文总数（篇）	132								

---

① 刘元剑：《新闻学讲话》，乐华图书公司 1936 年版。
② 孙怀仁：《新闻学概论：申报新闻函授学校讲义之一》，申报馆 1936 年版。
③ 俞爽迷：《新闻学要论》，大众书局 1936 年版。

而新闻学术论文集中也有关于报业管理的论文，如张继英的《美国报纸之组织》，潘公弼的《报馆的组织》，黄逸民的《新闻广告》《奇异之推销报纸法》，张源鹏的《党报人材的训练》，邹毓秀的《报社组织刍议》，高青孝的《分类广告之研究》，等等（见表2.2.4）。

表2.2.4　　　　1912—1937年新闻学论文集中有关报业管理的论文

报业管理论文标题	报业管理论文来源
《美国报纸之组织》（张继英）	黄天鹏（主编）：《新闻学论文集》，光华书局1930年版
《报馆的组织》（潘公弼）	黄天鹏（主编）：《新闻学演讲集》，现代书局1931年版
《新闻广告》（黄逸民）	黄天鹏（主编）：《新闻学演讲集》，现代书局1931年版
《奇异之推销报纸法》（黄逸民）	王澹如（编）：《新闻学集》，天津大公报西安分馆1931年版
《党报人材的训练》（张源鹏）	王澹如（编）：《新闻学集》，天津大公报西安分馆1931年版
《报社组织刍议》（邹毓秀）	燕京大学新闻系：《新闻学研究》，燕京大学新闻系1932年版
《分类广告之研究》（高青孝）	燕京大学新闻系：《新闻学研究》，燕京大学新闻系1932年版

（三）　系统研究报业管理学理论的专著或教材首次出版发行

更为重要的是当时已经有新闻学者开始通过专著或教材（见表2.2.5）的形式对报业管理理论与观念首次作了系统的概括与总结。因为一般认为专著或教材是对某一学科或某一专门课题进行详尽系统考察、全面论述的最终学术成果，所以该学术成果往往内容广博、论述系统、观点成熟。因此专著或教材一般被公认为是重要科学研究成果的体现，具有较高的学术参考价值，甚至是某一学科或某一思想成熟的标志，具有里程碑的意义与成就。所以，报业管理学专著或教材的出版，对当时报业管理学学科或报业管理理论来说，不仅意味着我国报业管理学学科的诞生，也标志着国内报业管理学术理论与观念体系的形成。从目前文献来看，出版时间最早的报业管理学著作是吴定九于1930年4月由联合书店（上海）出版的《新闻事业经营法》。目前我们所能查阅的是该著作的第2版，于1932年由现代书局（上海）出版。全书分为纵论、编辑部、营业部及印刷部4编，主要通过各国编辑部的组织、各国新闻经营法、编辑部内部的设置、营业部的设置、广告、发行、印刷部的设备、印刷部的组织等章系统地概括与总结了当时的报业管理理论与观念。[①]

表 2.2.5　　　　　　　　1912—1937 年出版的报业管理专著与教材

报业管理教材或专著题名	出版者	出版时间
《新闻事业经营法》（吴定九）	联合书店（上海）	1930 年 4 月
《报业管理概论》（刘觉民）	商务印书馆（上海）	1936 年
《报馆管理与组织：申报新闻函授学校讲义之二》（钱伯涵、孙恩霖）	申报馆	1936 年
《新闻发行学：申报新闻函授学校讲义之九》（徐润若）	申报馆	1936 年

还有刘觉民编著的报业管理学教材《报业管理概论》于 1936 年由商务印书馆（上海）出版，该书主要通过叙论、报业组织的法律问题、报业组织的实际问题、印刷工场管理、材料管理、人事管理、财务管理、发行推广的实际、广告推广的实际、报业理财政策共 10 章系统地概括与总结了报业管理的理论与观念。[②]

另外，钱伯涵、孙恩霖编写的报业管理学教材《报馆管理与组织：申报新闻函授学校讲义之二》于 1936 年由申报馆出版，主要作为申报新闻函授学校的教材使用。该书主要通过绪论、报纸系商品、中国报纸发达的现象、报纸之种类及其区别、报馆的组织法、发行方法及组织、发行推销、报纸广告研究、怎样发展广告业务、各部事务管理概况、报馆用人与投资、结论共 12 章系统详尽地概括与总结了当时报业管理的理论与观念。[③]

值得一提的是在这期间还出版了专门研究报纸发行的教材，那就是徐润若编著的《新闻发行学：申报新闻函授学校讲义之九》于 1936 年由申报馆出版。该书主要通过绪言、发行科之组织、新闻贩卖份数之研究、美国新闻社发行科之组织及其活动、日本新闻贩卖界现状、决定发行地址之

---

① 参见吴定九《新闻事业经营法》，现代书局 1932 年第 2 版。

② 参见刘觉民编著《报业管理概论》，商务印书馆 1936 年版。

③ 参见钱伯涵、孙恩霖编《报馆管理与组织：申报新闻函授学校讲义之二》，申报馆 1936 年版。

要素、生产效率之研究、发行后如何收受报费、新闻纸张之来源及此后应改良之办法、广告收入与发行、报馆理财、关于出版、关于发送、售货术、职工管理、广告率、纯收入之决定、新闻之生产、编辑与发行、新闻教育之设施、公报与发行、结论共 22 章系统概括与总结了当时报业管理的理论与观念。①

第三节　中国近代报业管理学理论体系首次系统建立

在民国时期截至抗战爆发前，不仅报业管理学专业课程首次开设并逐渐推广，而且作为报业管理学学科诞生根本标志的报业管理学教材与专著首次出版。甚至在深入考察报业管理学研究的成果之后，笔者发现当时新闻学者们已经从报业制度、报馆组织、报业发行、报业广告、报馆人事、报馆财务等方面初步建立了中国近代报业管理学的基本理论体系。

一　报业产业化管理制度理论的初步形成

传媒制度是传媒产业存在与发展的根本制度，所以各国政府与新闻界都非常重视对传媒制度的设计与研究。

（一）报业产业化管理制度的法律依据

报业的管理体制是由政府的经济体制与新闻体制所决定的。民国时期的报业产业化管理制度的法律依据就是报业作为出版业的具体形式属于商业、营业的范畴。刘觉民认为，根据 1932 年 12 月 30 日司法院解释（院第 863 号）规定"按现行继续有效之商人通例第一条第五款出版业为商业之一"，即可认为报业的是一种商业。② 后来，根据《中华民国商业登记法》（1937 年 6 月 28 日）第 3 条规定，出版业属于商业、营业种类之一。③ 这是当时报业产业化管理制度形成的根本前提。

（二）报业股份有限公司制度理论

民国时期新闻学者从公司制度的选择、公司的设立、公司的组织制度等方面较为详尽地论证了报业股份有限公司制度理论。

---

① 参见徐润若编著《新闻发行学：申报新闻函授学校讲义之九》，申报馆 1936 年版。
② 刘觉民编著：《报业管理概论》，商务印书馆 1936 年版，第 23 页。
③ 参见《中华民国商业登记法》（1937 年 6 月 28 日），载中国法规刊行社《最新六法全书》，春明书店 1946 年版，第 173—174 页。

1. 报业股份有限公司经营制度的合理性

根据公司法及报馆的实际情况，报馆在小规模的时候宜独资经营，但是在规模大、业务发达的时候则须公司经营，尤其股份有限公司最适合。钱伯涵、孙恩霖认为，在独资经营、合资经营与公司经营三种营业体制中，小报纸适合独资经营，而报纸发达了就会变成合资经营或公司经营，但是在合资经营与公司经营这两种形式中，公司经营地位较为巩固，而合资经营随时有倒闭的危险。其理由是：

> 许多小报纸是由一个人独资创办的，等到他们营业发达了，亦就成了独资经营的事业。……所以常常一个资本，个人经营的报纸，等到发达了，就变成合资经营或公司经营的机关了。……但在报纸，合资经营，却有许多不相宜的地方。……合资经营的事业，是随时有倒闭的危险的，或是股东之一，他处营业失败了，或是股东死了，尤其是一个股东死了，合资就立即失效了，而那死者所负的债务，还须由其它股东分摊担负。但是公司经营的报纸，地位巩固得多了。倘使一个股东别的营业失败了，或死了，公司方面所担负的责任，极轻极轻，不过是些未支付的盈利而已。①

在此基础上，有人进一步主张报馆更适合组建股份有限公司经营报纸。刘觉民认为在无限公司、两合公司、股份公司、股份两合公司四种报业公司的组织形式中，报社以股份有限公司组织最为简便合理。他的解释是：

> 无限公司是全以无限责任股东组成，就是公司财产不足清偿公司债务的时候，股东全体对于公司债权人，须负有连带无限的责任……两合公司是以无限责任股东与有限责任股东组织而成的……股份两合公司亦是以无限责任股东与有限责任股东组成……股份（原文为股分，以下同）有限公司全以有限责任股东组织而成……②

---

① 钱伯涵、孙恩霖编：《报馆管理与组织：申报新闻函授学校讲义之二》，申报馆 1936 年版，第 21—22 页。

② 刘觉民编著：《报业管理概论》，商务印书馆 1936 年版，第 24 页。

他进一步解释说："报社以股份有限公司的形式组织最为简便合理，因为经营报业的报社资金的筹集应当是由社会多数投资人而来，如此不但筹资易集，而且深合报业为公众服务的宗旨。"① 也就是说，建立报业股份有限公司既方便资本筹集，又使公司经营方在有能力承担有限责任与债务的情况下较为容易进行实际操作与运营，从而有利于整个报业产业的发展与繁荣。

2. 报业股份有限公司的设立与股票的发行

根据公司法的规定，报业股份有限公司的设立及股票的发行必须符合法定的程序及相关资格要求。

首先，报业公司的设立。根据公司法规定，报业股份公司之设立首先须有 7 人以上的发起人，其次还须有公司的章程，获得营业执照后方可成立公司，发行股票募集资本，并到所在地有关主管官署申请发行登记，获得登记证方可发行报纸。

其次是报业公司的股票发行。报业股份有限公司所发行的股票必须包括的内容有由董事 5 人以上签名盖章，编制号数并载明公司名称；设立登记之年月日；股数及每股金额；股款分期缴纳者每次分缴的金额。② 并且报业股份有限公司的股票销售也有别于普通企业公司的股票，钱伯涵、孙恩霖根据当时的现实情况作了这样的解释："报纸的股份，和别的商行的股票微有不同。就是报纸的股票，普通是不在市面上公开兜售的，买股票的人的政治关系，亦是在股票过户时应考虑的重要问题之一。"③

3. 报业股份有限公司的组织制度

报业股份有限公司的组织制度主要包括股东大会、董事会、监察人、会计、公积金、利息和红利的分派、公司债务等方面的法律与制度。

第一是股东大会与股东的权益。股东大会是公司的最高意志机关，由董事召集，但监察人认为必要时亦可召集，股份总数二十分之一以上的股东，可以书面记明提议事项和事由请求董事召集股东临时会，召集临时会之请求提出十五日内，董事不为着急的通知时，股东可以呈经主

---

① 刘觉民编著：《报业管理概论》，商务印书馆 1936 年版，第 25 页。

② 同上书，第 30 页。

③ 钱伯涵、孙恩霖编：《报馆管理与组织：申报新闻函授学校讲义之二》，申报馆 1936 年版，第 23 页。

管官署许可，自行召集。① 股东的表决权，以一股一票为原则，但每位
股东的表决权及其代理其他股东行使的表决权，合计不得超过全体股东
表决权五分之一；股东因特别事故不能莅会，可以出委托书委托代理人
出席；股东对于会议事项有特别利害关系的，对于那种事项的议决，不
得加入表决。② 股东会的权力范围是：通常决议事项（主要包括盈余的
分配、利息的分派、董事的选任及解任、监察人的选任及解任、董事监
察人报酬的议定、监察人的选任、董事监察人的控告及诉讼代表的选
任、簿册的承认、清算人的选任及解任、清算的承认等）和特别决议事
项（主要包括公司债的募集、章程的变更、资本的增减、公司的解放、
公司的合并等）。③

　　第二是董事会制度。董事会是代表公司执行业务的常设机关，董事的
选任资格，民国法律规定由股东会就股东中选任，董事的选任及解任权属
于股东会。④ 董事的人数最少限度为 5 人，任期最长不得过三年，董事缺
额达总数三分之一时，应立即召集股东临时会补选，如果因特别事故来不
及补选的话，必要时可由原选次数多的被选人代行职权。⑤ 董事会是公司
的理事机关，对内执行业务，对外代表公司，董事会执行业务的权限，除
章程有规定外，都是用过半数的决议行使。关于经理人的选任及解任亦
同，公司可照章程或股东会的决议，特定一个董事或几个董事代表公司，
代表公司的董事，关于公司营业上一切事务，仍然有办理权。⑥ 董事对于
公司有报酬请求权，报酬数额，若章程不曾订明，应由股东会议定。同时
董事的义务主要是：股票交监察人保存在公司里，公司基本资料的备置，
亏折情况的报告，禁止参与同行业竞争，宣告破产的申请，解散的
通知。⑦

　　第三是监察人制度。监察人是公司的监督机关，监察人必须是公司的
股东，因为他的职责是监督执行业务的董事、经理人等，所以他不能同时
兼任董事或经理人。监察人由股东会选任及解任。监察人数民国法律不设

① 参见刘觉民《报业管理概论》，商务印书馆 1936 年版，第 33 页。
② 同上书，第 34 页。
③ 同上。
④ 同上书，第 34—35 页。
⑤ 同上书，第 35 页。
⑥ 同上。
⑦ 参见刘觉民编著《报业管理概论》，商务印书馆 1936 年版，第 35—36 页。

限制，但任期为一年。其职权包括调查报告、临时召集股东会和临时充任公司代表。①

第四是会计制度。会计是公司财政的基本，会计最大的任务就是在每营业年底的时候，做好营业报告，报告一年中营业情形；资产负债表，分别记载公司的积极财产和消极财产；财产目录，详细登载各项财产；损益计算书，精密计算营业的盈亏。以供董事于股东常会30日前提交监察人查核。在股东会承认以后，15天内呈报主管官署查核。②

第五是报业股份有限公司的公积金制度。公司的公积金是公司营业所得的盈余，为公司资本的后盾，民国法定公积金提存的办法有：一公司在分派盈余之前应提出十分之一为公积金，但公积金已达资本总额二分之一者不在此限；股票为超值发行的溢额，应全部作为公积金，至于任意公积金的提存，多由股东会决议执行。③

第六是报业股份有限公司的股息与红利的分派制度。股息与红利的分派，必须在以利润弥补损失及依法提出公积金以后，公司如无盈余不能分派股息及红利，但公积金已超过资本总额二分之一，或由盈余提出的公积金有超越该盈余十分之一的额数，为维持股票的价格起见，可以超过部分充派股息，至于股息及红利分派的标准，除章程另有制定外，以已缴股款的多少为比例。④

第七是报业股份有限公司的债务。公司债务是公司依照募集程序以发行债券为募集方式的特种消费借贷，公司债务的募集须先得股东会的决议，决议以后，董事会发布募集公告。公告内容为包括公司名称、债务总额及每张金额、利率、还债方法及期限、尚未偿还的公司旧债、债券发行的价格或其最低价格、公司股本总额及已缴股款总数、公司现存财产总额、公司债募足的预定期限并逾期得由应募人撤销其应募的声明。⑤ 公司债的总额不得超过已缴股的总额，如公司现存财产小于已缴股款的总额时，公司债总额不得超过现存财产的总值，债券每张的金额

---

① 参见刘觉民编著《报业管理概论》，商务印书馆1936年版，第36—37页。
② 同上书，第37页。
③ 同上书，第38页。
④ 同上。
⑤ 同上书，第40页。

最低以二十元为限。①

　　(三) 报业发行登记制度理论

　　在民国抗战爆发前国民政府对报业的发行施行登记制度,其主要内容涉及发行登记、变更登记与注销登记制度三方面的内容。

　　首先是发行登记制度。发行登记是报纸或杂志的发行人经所在地地方主管官署核准,获得内政部发给登记证,然后将登记申请书抄送中央宣传委员会。

　　其次是变更登记的限制。即按照出版法第九条规定,在七天以内为变更登记之申请,在未合法的登记前,自不能继续发行该报纸或杂志,至原发行人转让给受让者,但受让者尚未取得继续发行的地位时无权再转让。②

　　最后是注销登记。报纸或杂志在废止发行的时候,原发行人应按照登记时的程序,申请注销登记,报纸逾所定刊期已满三个月,杂志逾定刊期已满六个月,尚不发行时,就视为发行的废止。③

　　(四) 报纸出版的行政管制制度理论

　　民国抗战爆发前报业出版行政管制制度理论主要涉及行政管制的必要性、行政管制的内容与国外行政管制的经验介绍等方面的问题。

　　1. 报业出版行政管制的必要性

　　从历史上看,由于报业的社会影响力大,所以报业出版的行政管制是伴随报业出版的产生而出现的,只不过在不同的时代、不同的国家与地区呈现出不同的形式与内容而已。从社会现实来考察的话,报业出版过度自由泛滥对国家、社会、他人会造成诸多负面作用。所以,民国时期新闻学者徐润若认为虽然世界各国对报纸出版的限制有检阅和自由两大主流观点与原则,而文明国家都采用自由主义原则,但出版作为表达思想的文化产品对其进行适当的限制是有必要的。他解释说:"对于监督出版物之主义有:一曰预防主义或检阅主义,即于出版以前,先将出版物,送呈官署检阅,使不致有违法或妨害公安。二曰自由主义,或除害主义,即出版以自由为原则,惟有违法或妨害公益时,则禁止其颁布,或处罚之,现今文明

---

① 参见刘觉民编著《报业管理概论》,商务印书馆1936年版,第40页。

② 同上书,第42页。

③ 同上。

各国，大概采第二主义。"① 但是"出版虽为发表思想增进文化之要具，然若流于滥用，小则侵害个人法益，大则影响一国之治安，所以一方面固属允许有刊行之自由，设一定之保护。而他方面尤当于维持公安之必要范围内，对于出版自由权，加以相当之限制"。②

2. 报业出版行政管制的内容

民国抗战爆发之前，国民政府主要在创办人，出版物形式、内容，注册资本，处罚法则等方面对报业出版加强行政管制。

首先是发行人或编辑人的限制。各国政府为了规范报业的发展都会对报业的发行人、编辑人或创办者设立相应的准入门槛。徐润若认为出版人限制的内容主要有著作人、发行人、编辑人与印刷人等出版的关系人。③其中国民政府对发行人或编辑人的限制主要是，"在国内无住所者；禁治产者；被判徒刑或一月以上之拘役，在执行中者；被夺公权尚未复权者"。④《报纸条例》规定报纸发行人、编辑人、印刷人应是本国人民年满二十岁以上，且在国内有住所或居所者，非精神病者，非剥夺公权尚未复权者，非海陆军人，非行政司法官吏，非学校学生。同时规定"编辑人、印刷人不得以一人兼充"。⑤

其次是出版物形式的行政管制。各国政府为了出版业本身的发展与社会管理的需要都会以法律的方式对出版物的形式进行统一的规定。徐润若认为，"须记载的内容有著作人姓名、籍贯；发行人及编辑人之姓名、住址及发行之年月；印刷人之姓名、住址，及印刷之年月，其印刷有名称者，并其名称"。⑥ 而《报纸条例》规定报纸形式必须具备"名称，体例，发行时期，发行人、编辑人、印刷人之姓名、年龄、籍贯、履历、住址，发行所、印刷所之名称、住址"。⑦

再次是出版物内容的行政管制。根据国民政府相关法律规定，出版物

---

① 徐润若编：《新闻发行学：申报新闻函授学校讲义之九》，申报馆 1936 年版，第 149—150 页。

② 同上书，第 149 页。

③ 同上书，第 150—151 页。

④ 刘觉民：《报业管理概论》，商务印书馆 1936 年版，第 43 页。

⑤ 《报纸条例》（1914 年）。

⑥ 徐润若编：《新闻发行学：申报新闻函授学校讲义之九》，申报馆 1936 年版，第 150—151 页。

⑦ 《报纸条例》（1914 年）。

内容"意图破坏中国国民党或三民主义者；意图颠覆国民政府，或损害中华民国利益者；意图破坏公共秩序者；妨害善良风俗者；禁止公开诉讼之辩论，不得登载"。出版物若"揭载军事外交，及其它官署机关之文书或图画，须经该官署之许可"。① 《报纸条例》规定禁止刊载的内容主要有："淆乱政体者，妨害治安者，败坏风俗者，外交、军事之秘密及其它政务经该管官署禁止登载者，预审未经公刊之案件，及诉讼之禁止旁听者，国会及其它官署会议，按照法令禁止旁听者，煽动、曲庇、赞赏、救护犯罪人、刑事被告人、或陷害刑事被告人者，攻讦个人隐私，损害其名誉者。"即使在外国发行的报纸如果刊登"淆乱政体者，妨害治安者，败坏风俗者"也不得在国内发卖或散布。② 此外，还有地方相关法规也会对所辖区域报纸出版进行内容管制。如民国时期上海市教育局曾设立小报审查委员会对小报的审查规程，其中第五条规定：凡出版小报有下列各款之一，经本局审查合格者，准其发行销售，并褒奖之。

宣传中国国民党党义，引导民众努力国民革命者。

研究生活问题及风俗习惯，而有领导民众除旧革新之志趣者。

传播知识或学术，而有益于全社会或某社会者。

发挥文学美术，予民众或一部分人以精神上之愉快者。③

第七条规定：审查结果认为有下列各项之一者，禁止其发行或销行，并得惩戒发行人或编辑人。

违反党义，煽惑舆论者。

诡词诲盗，有防治安者；

迹涉淫亵，足以诱惑青年者；

摘人隐私，毁人名誉，专事诮讪谩骂者。

专载妄诞，以淆惑观听者。

专事投机，意在敲诈者。

---

① 徐润若编：《新闻发行学：申报新闻函授学校讲义之九》，申报馆1936年版，第152页。

② 《报纸条例》(1914年)。

③ 汤炳正：《小型报的缺点及其改善办法》，《报学季刊》第1卷第4期，1935年。

文辞隐晦，适合上述六项恶意之一者。①

又次是对不法出版的处分。不法出版的处分主要有：

> 禁止发行，违反出版限制之出版品，警察官署有禁止其发行之
> 权，在外国发行之文书图画有违犯时，得禁止其进口；扣押出版品及
> 其底版，违反出版法之出版品，警察官署认为必要时，得扣押其出版
> 品及底版。惟依其体裁，可分别者，得分割其一部分扣押，此即前述
> 警察权之行使，须以引起危害原因为限度之旨也。刑罚，因违反出版
> 法之禁止而应处罚者，其处罚之原因，已涉及刑事范围，所以必须经
> 司法官署之判决。惟出版法上各罪，不适用刑法累犯及并合论罪之规
> 定，且各罪之起诉权，愈一年而不行使者，因时效而消灭。②

此外，"新闻纸杂志不登记而出版者，自应受出版法第二十条之行政
处分，但县政府发现此项出版物时，可否即加以处分，抑或必须呈转省政
府或市政府行之"。③

最后是出版公司最低注册资本金的限制。《报纸条例》规定须缴纳押
保费，"日刊者三百五十元，不定期刊者三百元，周刊者二百五十元，旬
刊者二百元，月刊者一百五十元，年刊者一百元。在京师及其它都会商埠
地方发行者，加倍缴纳保押费。专载学术、艺事、统计、官文书、物价报
告之报纸，得免缴保押费"。④

以上仅为民国抗战爆发之前国民政府对报业出版行政管制的相关政策
与法规，在之后随着抗战的全面爆发及战后形势的变化都有相应变化与
调整。

3. 国外报业出版行政管制经验的研究

为了更好地提高国内报业出版行政管制的有效性，借鉴国外的相关经
验与实践是很有必要的。根据吴凯声对英国、法国、比利时、美国等新闻

---

① 汤炳正：《小型报的缺点及其改善办法》，《报学季刊》第 1 卷第 4 期，1935 年。
② 徐润若编：《新闻发行学：申报新闻函授学校讲义之九》，申报馆 1936 年版，第 152—
153 页。
③ 同上书，第 153 页。
④ 《报纸条例》（1914 年）。

违法责任问题的介绍，英国报纸及各出版物，均受普通刑律之裁判，而不受任何特别法之支配。若著作人、编辑人、发行人、印刷人、发卖人对于出版物之违法记载，须连带负责，视作普通犯法行为无异。法国现行法则规定报纸之经理人对于违法之记载，以主犯论，著作人仅科为从犯，其余不论罪也。比（比利时）国规定如报纸有违法之记载，仅著作人一人负责，著作人不可侦查时，则由编辑人负责；编辑人不可侦查时，则由印刷人负责；印刷人不可侦查时，则由发行人负责；若发行人又不可侦查时，则由发卖人负责。美国规定报纸如有违法之记载，仅由报馆主笔负责。若稿末注明由著作人负责者，报馆遂不负任何责任，仅有侦查著作人所在地之必要。① 此外，当时日本对新闻言论的限制也很严厉。据介绍，日本宪法第二十九条规定："日本臣民于法律范围内，有言编著作印行机会及结社之自由。"新闻纸法第二十七条规定："陆军大臣、海军大臣、外务大臣，关于军事或外交事项之揭载，对于新闻皆得以禁止或限制之，若新闻揭载违反此项命令或紊乱安宁秩序或妨害风俗之事项，有冒渎皇室之尊严，变更法律或紊乱朝宪之事项，裁判官当处罚之时，得禁止新闻之发行。"同时该法第二十三条规定："内务大臣对于新闻纸所揭载之事项，认为紊乱安宁秩序或妨害风俗时，得禁止其发卖及颁布，于必要时，并得扣押之。"②

（五）党报新闻政策理论

民国时期中国国民党党报长期处于主导与统治地位，无论是数量、规模还是质量或影响力都代表与体现了当时的最高水准。所以新闻界对党报新闻政策的研究也是非常常见的。

首先是新闻政策的含义。新闻政策与新闻事业的对立统一关系，赵叔雍认为新闻政策和新闻事业是不一致的，甚至是相悖的。他解释说：

新闻事业，为公众之事业，初不仅与政治上之嬗衍迁移，有若干之消长，实于一切公众事业又社会环境，负莫大之关系。故业此者之标准原则，必大书特书以示人曰：惟忠惟实，不倚不偏，有闻必录。盖所以示其大公者至笃，而阅者庶几得于满纸纷披之际，获得所谓正

① 参见吴凯声《新闻纸违法纪载之责任问题》，《报学月刊》1929年第2期。

② 顾洒湘：《日本新闻事业》，《新闻学期刊》1934年第1期。

确之消息焉。①

　　至于持新闻之政策者则不然，以发布新闻为职，而以宣传利用为志，举其畸轻偏重之心，势将以新闻纸为刍狗。凡一消息或尚在酝酿之秋，或复疑似之际，因微见著，殊不必以迅捷之手段，勤加采访，但将其可为利用之点，传布以之，即其消息为事实，而词令之间，亦有抑扬，或多举废，终将引多数人士之观听，以集中于其身，益视新闻事业之职志正相径庭矣。②

　　其次是党报新闻政策。国民政府一以贯之地支持与发展中国国民党党报，尤其是中央直辖党报、地方党报或准党报。并于1928年6月中国国民党中央常务委员会第144次会议通过并颁布《设置党报条例》《指导党报条例》与《补助党报条例》，这就为后来党报的发展提供了法律、制度与政策层面的依据。其中还有学者也呼吁要求通过具体政策和措施来强化党报的建设与发展。其中根据严慎予的介绍，陈德征曾提议从以下几方面发展党报：充实中央党报的力量，使中央党报之质与量，能超出乎全国各地之报纸；充分发展直辖于中央机关之准党报，私人组织而受党津贴之报纸，并保障其安全；充分扶助各地方党报之发展；扶植中央通信社，使得充分发展，且使负有国际宣传的重任；限制外国报纸之发行，严厉取缔造谣挑拨侮辱我国之外国报纸；保障中央党报、准党报、地方党报及党通讯社工作人员生活及工作之安全，非反动有据，不得撤换及拘捕；制定优遇新闻记者之条例；制定出版法保障出版自由。③

　　（六）关于报业所有制问题的理论争论

　　关于报业所有制问题，首先有学者对报业所有制的演变规律进行概括总结。如有人认为对应新闻纸流变的个人时代、政治化时代与营业化时代三个时期，报业历经个人所有制、政党所有制与股份所有制。④而戈公振认为其演进规律是官报、政党报纸、商业化报纸、资本化报纸、团体化报纸、公有化报纸（见图2.3.1）。

---

① 赵叔雍：《新闻事业与新闻政策》，《报学月刊》1929年第1期。
② 同上。
③ 参见严慎予《党应确定新闻政策》，《报学月刊》1929年第2期。
④ 参见刘元剑《新闻学讲话》，乐华图书公司1936年版，第59—64页。

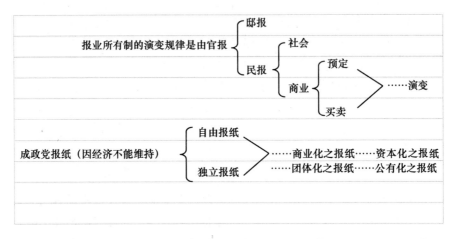

图 2.3.1　戈公振报纸所有制演进规律

资料来源：戈公振：《报纸的将来》，载黄天鹏《新闻学演讲集》，现代书局 1931 年版，第 63—72 页。

其次是对中国未来报纸所有制趋势的预测。有人认为由于新闻托拉斯内部组织存在有计划的经营、国有化、国际化、工人办报运动的勃兴、殖民地新闻事业的发展等矛盾，这些矛盾反映了报业国有制、工人所有制等新的倾向。[1] 而戈公振在总结报业所有制演变规律以后认定报业公有制的趋势，但是对此没有信心，认为"中国的报纸，现在已达到商业化的境域，资本化亦将形成，想不久定可变为团体化。但公有化的实现期，仍是遥遥无涯的"。[2] 也有人认为中国将来报纸应该是国有制和团体所有制，其解释是"中国将来报纸的趋势，在组织方面，定不外两种方式。一种是报纸国有，一切报纸，都由国家来经营，或指导，不许任何私人，握有如此伟大的舆论权威。另一种，是虽许可私人经营，但其资本，惟以在报馆任有工作者为限，自社长以至工人，均为主权者，均有分摊报馆责任分享报馆利益之权，非工作员不坐分红利。换言之，即不劳而获之大资本家，概在屏除之列。"[3] 而徐宝璜认为新闻事业将来要实行报纸公共化、

<hr />

① 参见李兴《资本主义新闻事业的危机》，载管照微《新闻学论集》，汉文正楷印书局 1933 年版，第 213—222 页。

② 戈公振：《报纸的将来》，载黄天鹏《新闻学演讲集》，现代书局 1931 年版，第 63—72 页。

③ 成舍我：《中国报纸的将来》，载燕京大学新闻系《新闻学研究》，良友公司 1932 年版。

报社商业化。徐宝璜在论及新闻事业的将来时特别强调因为将来政治为多数人的政治，新闻事业为重要的教育机关，新闻事业乃为社会宣传机关，所以报纸必将公共化；同时因为"报纸销售大，广告营业广。更普以言之，今日新闻社，大半集股以成，多属有限公司，则其商业性质，早已成立。年终则有红利，股票则有行市，谋其营业之拓展……"① 所以报社必将商业化。李公凡也认可报业公共所有制，或以社会为本位，同时反对报业资本家所有制、团体所有制、国家所有制。其中反对资本家所有制的解释是：

> ……新闻事业的营业本位，就成了近世一般经济家实业家所公认的法则。一方面既可获得利益，另一方面又促事业进步，在效率上是非常有力的一说。这诚然是片面理由的主张。从事于营业本位的新闻事业，第一就要有很大的资本。因为很大的资本也就要求很大的利益，在无形中，已经走入资本主义的旋涡。这样的结果，新闻事业就只求利益而不顾本身的责任了。为了此，我反对新闻事业的营业本位的主张。②

反对团体所有制的解释是，"不过，我们晓得凡是团体的组织，必定是根据这一群人的特殊利害和特殊目的。虽然在表面上说是为了社会的公益，但究竟这是不是公益？本身已经成了问题，当然更说不上所经营的新闻事业。所以这一说，也还是不能成立的。"③ 反对国家所有制的解释是：

> 但我们要问，新闻事业移入国家机关之手，言论是不是可以自由，记事是否可以翔实？一切如这一说的主张者所说是否可以做到？我们不能不发生疑问。新闻事业是代表民众的，要是移入国家机关之手，岂不是所代表的是国家了么？新闻事业负有监督政府的责任，这样，它对政府还能监督么？只有确定新闻记者和大学教授、司法官同等地位这一点，还说得过去，不过，我们就是不将这事业交给国家，

---

① 徐宝璜：《新闻事业之将来》，《报学月刊》第 1 卷第 1 期，1929 年。
② 李公凡：《基础新闻学》，复兴书局 1936 年第 2 版，第 201—202 页。
③ 同上。

难道新闻记者就不能取得那样的地位么？此外的理由，更是做不到的。想在国家机关的经营中保全言论的自由……我们不能不说是缘木而求鱼，并且，根本上，这种主张就是反新闻事业之本质的。因此，我觉得这一说不是新闻事业所应采取的。①

所以他认为报业应该为公共所有，其理由是"新闻事业应以社会本位。新闻事业是一种社会事业，它的目的在使社会向善的进化，在使人民有稳固的自由平等的权利，同时更积极地督促政治的清明，它应该是社会上的大多数分子所经营的事业。所谓股东，所谓社长，都是社会推举出来代表经营的人，他们本人不应具有什么特殊目的"。②邵飘萍也赞成报业"公有"而不认可报业"国有"，他对报业"公有"是这样解释的：

> 学者欲救营业本位之失，于是有创为"公有"之说者，谓新闻事业应使于法人组织之下经营之，所谓法人者，如民法中关于祭祀、宗教、慈善、学术、技术及其他公益事业之社团或财团非以营利为目的者。得主务官厅之许可而组织为法人。新闻事业若使法人经营，则于严密监督之下，亦如学校、宗教团体等纯以公益为目的，无营业本位资本主义之弊害。虽不敢完全无弊，而可设种种方法以监督之，如广告及发行之竞争，应加禁止或以限制。新闻记者之地位则可使比诸现在为巩固，于适当的拘束之下，在社会上发挥最大之权威，既不专以营业为目的，然后社会木铎国民机关之任务，乃得而完成。言论之尊严，乃得而认识。同时，且希望一般读者之觉醒。对于新闻纸，有鉴别选择之能力，广告不得无限增加，宁出比现在定价为高之新闻纸费，而排斥广告本位之新闻。能如是则新闻纸与政权金权结托之事可以防止，诈欺恫吓之机关，无由发生，新闻记者之地位更自然可以向上焉。③

他反对报业"国有"的解释是：

---

①　李公凡：《基础新闻学》，复兴书局 1936 年第 2 版，第 203—204 页。
②　同上书，第 204 页。
③　邵飘萍：《新闻学总论：国立法政大学讲义》，京报馆 1924 年版，第 246—247 页。

　　此外更有所谓"国有"之主张，将新闻事业移于国家机关之下，然如此则凡言论之自由，记者之权威等等，今日新闻社中之生命或难免有丧失之虞。故事实上如何运用此种主张，自有严密考虑之必要，但主张国有者，决非有使新闻纸成为官报之意。仍须以许多方法，保全言论之自由，记事之翔实，趣味之丰饶。惟于竞争营利发生弊端之一点，欲以此矫正之，彼所主张的方法之一部分，谓新闻纸既移诸国家经营，则当先居新闻记者于大学教授及司法官之地位，公认其职务与思想之独立，同时设严重之服务规律，使记者有明确之责任与义务。何以比之于大学教授？例如学问艺术上，保障其理解之自由，又拟之于法官，则凡维持个人之名誉财产及社会之秩序、风纪，皆与以独立之权限。此皆主张国有者之理想也。①

　　他还认为，"但事实上各国有多数新闻社欲移于国有，恐无法可以办到。且大有利未见而害先形之虑。然则亦不过聊备一说而已"。② 而且报业所有制的决定是随社会的经济等制度的变化而变化的，他认为，"余个人之所见，新闻经营之方法，与其他经济制度有密切关系。故将来纵有变化，亦必随社会其他制度以变迁"。③

　　此外，还有学者反对报业国家所有制。如甘家馨就反对苏俄用国家所有制限制新闻自由。其理由是：

　　俄国因以共产主义经济组织为构成社会之基础，故不以新闻企业当为私营经济的营利事业而经营的。新闻纸不以私经济的企业为对象，乃由共产党、劳动组合、自治团体等之公企业的管理而计划出版的。此种新闻纸于营利之外，另有目标。又因生存于公营，准公营的企业形态之下，故其职能完全表示其为公共机关的机关报纸。但报纸既为机关报，则报纸所必具的报纸的自由，全被封锁，因此所谓报纸上的言论自由，出版自由的概念，在俄国颇受限制。④

---

①　邵飘萍：《新闻学总论：国立法政大学讲义》，京报馆 1924 年版，第 247—248 页。
②　同上书，第 248 页。
③　同上。
④　甘家馨：《欧美新闻界鸟瞰》，南京民族通讯社 1933 年版，第 79 页。

尤其"塔斯社（Tace）是苏俄政府独霸新闻界的总枢纽，亦即垄断剥夺所谓言论出版自由的大本营。在俄国除此国营的通讯机关外，不能有私人的通讯事业存在，故无同业竞争的对手，此为举世无匹的现象"。①

最后，有学者总结现有报业所有权的多元化。许孝炎根据各报经营者之背景及政治立场把全国各大报纸分为政府及国民党报系、中共及民盟报系、青年党报系、天主教报系、无党无派之民营报系等国家、政党、宗教及民营等所有制形式。②

二　报馆组织管理效率化理论的初步建立

随着报馆自身业务与规模的扩大，报馆组织的建立与管理日渐重要，甚至会影响报馆全局。所以在民国抗战全面爆发之前，新闻学界非常重视报馆组织管理的研究与思考，并努力从报馆组织效率化设置的前提与要求、报馆组织机构管理效率化的权责划分以及报馆组织管理效率化的架构模式分析三方面建构报馆组织管理效率化的初步理论。

（一）报馆组织效率化设置的前提与要求

报馆组织管理效率化理论是一个系统理论体系，首先要处理的是报馆组织管理效率化设置的前提与要求。

1. 报馆组织设置的前提条件以及相关因素

在民国抗战爆发前，新闻学者主要从报业发展、体制、资本、政策等方面讨论报馆组织设置的前提条件及相关因素。

首先，有人从报业发展变革的历史考察了报馆组织产生的必然前提是报业发展的营业化与规模化。他认为在报纸发展的个人时代、政治化时代与营业化时代三个时期当中，个人化时代由于一切报纸事务均由自己或少数几个人承担而无须设立组织机关，在政治化时代由于报馆规模小从而对报馆组织的设置也没有过多的关注与重视，只有在营业化时代随着报馆规模的壮大及分工的精细，于是报馆内部的职能部门越来越多，报馆的组织问题变得日益重要，甚至各大报馆为了获得资本与赢得市场竞争而纷纷采

---

① 甘家馨：《欧美新闻界鸟瞰》，南京民族通讯社 1933 年版，第 91 页。
② 参见许孝炎《我所见到的中国新闻事业——新闻讲座之二》，《新闻学季刊》1947 年第 1期。

取股份公司的组织。① 所以，在报业发展刚起步的个人企业阶段或低水平发展的早期，几乎不会谈及或关心报馆组织的设置问题，只有在大规模发展、内部分工细微、职能部门繁多且报馆之间市场竞争激烈的时候，报馆组织的设置变得异常重要，甚至其设置得科学与否决定了报业的生死存亡。

其次，更多学者从微观的角度具体地考察了报馆组织设置的体制、资本、政策等前提条件与决定性因素。其中刘觉民认为组织的基本要件是确定经营政策、分割权力系统、规定各部职责、选用适当职工，其业务条件是业务规章和细则的厘定、业务改进方法及其系统、各种记录的保持。具体而言，他认为报馆的社论政策决定了报纸的言论立场与政治色彩，营业政策决定了报纸定价、广告定价以及信用推销，权力系统的分割决定了报馆组织形式的选择，各部职责的规定决定了关系到组织内部分工的标准、运行效率、管理成本、营业的成败，职工的选用只能根据组织岗位的需求因事用人，业务规章及细则的厘定是在指示主管人和职工的范围，业务改进方法是管理经营的指针，各种记录的保持是未来改进业务的重要参考。② 而还有人认为报馆组织设置的前提条件是货品、资本、体制、地点、机器、政策，具体地说，就是报纸货色好且必须适合一个地方的环境与人民，报纸资本实力决定组织规模的大小，是独资经营、合资经营或公司经营的体制决定了报馆组织的种类，地点关乎组织运营的成本，机器关乎组织功能部门的设置，政策决定报馆的政治见解、新闻方针与广告政策等。③

此外，也有人认为报业的所有制决定了报馆组织的设置，比如经营新闻内容的市场化报纸为了追求营业的发展坚持政治超然独立而往往采取股份公司，政党大报组织的设置则取决于政党的意志与利益。④ 而戈公振认为，"报馆之组织，采公司制度者，常较完备。然事务有繁简之异，则设科用人，即有多寡之殊"。⑤

---

① 参见刘元剑《新闻学讲话》，乐华图书公司1936年版，第59—64页。

② 参见刘觉民《报业管理概论》，商务印书馆1936年版，第45—47页。

③ 参见钱伯涵、孙恩霖《报馆管理与组织：申报新闻函授学校讲义之二》，申报馆1936年版，第18—33页。

④ 参见潘公弼《报馆的组织》，载黄天鹏《新闻学演讲集》，现代书局1931年版，第45—53页。

⑤ 戈公振：《中国报学史》，三联书店1955年版，第199页。

2. 报馆组织设置的原则与要求

那么什么样的报馆组织是好的、优秀的呢？评价好坏的标准是什么？有人认为报馆组织应该是一个"有机体"，也有人认为优秀的报馆组织应该是简单高效的。其中潘公弼对"有机体"标准的解释是，健全的毫无病态的报馆组织，最低限度须备先决条件为：报馆内一切职员，须能充分地联络、分工和合作；报馆须有一个统一的意识；报馆中的职员，应尊重个人的个性；报馆中各部分须充分联络；使报馆成为一"有机体"之组织。① 也就是说报馆组织内部应该既分工又合作，既独立又统一，是有机的组合系统，绝非简单的拼凑。而刘觉民对"简单高效"标准的看法是，报业组织设计的原则是：上层组织务求简单，使指挥运用灵活；下层组织的分工务求经济；各重要部门的联络，必须紧凑，宜采会议式的精神；各单位部门的管理指挥，宜采直线功能合并式的精神；凡不属于编辑部的事务，或须直接隶属于社长室的事务宜统归营业部指挥。② 换句话说，就是报馆组织机构的设立既要合乎实际需要又要尽量简单，各部门之间权责明晰又联系紧密，力求简单、经济、高效，防止机构臃肿重叠、职能交叉、权责不一等不良现象。

(二) 报馆组织机构管理效率化的权责划分

报馆为了提高生产效率、节省成本和增加利润往往需要根据生产、管理实际分工的需要设立相应的专业部门或机构，并规定各部门或机构的权利、职责范围，以确保整个生产线的统一。换句话说，就是报馆组织内部的规章、制度或俗称的组织法。而"报馆组织法，简而言之，就是将全报馆各部分的如何分配，各部分各主干人员所担任的任务，以及他们管领之下的职员的工作分配"。③ 具体而言，就是对报馆社长或出版人或发行人、主笔、总编辑、总经理等高管，编辑部、营业部、印刷部、总管处等部门及其相关领导、干部的权利职责范围的划分。

1. 编辑部：报馆的战斗机关

编辑部，就是报纸新闻采访、编辑、评论的生产部门，是报纸的生产

---

① 参见潘公弼《报馆的组织》，载黄天鹏《新闻学演讲集》，现代书局 1931 年版，第 45—53 页。

② 参见刘觉民《报业管理概论》，商务印书馆 1936 年版，第 55—56 页。

③ 钱伯涵、孙恩霖：《报馆管理与组织：申报新闻函授学校讲义之二》，申报馆 1936 年版，第 39 页。

车间。该机构"采编新闻，撰著社论，及他种稿件如书评戏评等属焉"。①
且"新闻纸之善良与否，在于编辑部编辑之得法，与取材之丰富"。② 所
以其地位非常重要，有人认为，"报纸之主务在编辑，故为报社业务技能
原动力者，编辑部是也。编辑部之在新闻社，犹如吾人之神经系，新闻事
业之所以异于寻常营业，而具有极高尚之威权者，赖有此耳。故得健全之
报纸，必先有健全之编辑部，是为新闻事业成立之第三要素"。③ 甚至被
誉为"报馆的战斗机关"，如有人认为，"编辑部优（犹）之军队之战斗
部队，卫锋接战之任务属也"。④ 也有人认为，"编辑部采访消息，编制新
闻，以和他报较一日的短长，就是军队冲锋破阵的先锋队"。⑤

　　编辑部一般分为新闻部与社论部，并在编辑部设立主任，在新闻部和
社论部分别设立总编辑和主笔全权负责本部门事务，其中"地位最高者
主笔，授各记者以整理纸面之根本方针，遇有重大问题，则定本社社论主
张之方向，对外为本社之代表者。其次，编辑长，指挥部内各记者自当整
理纸面之任"。⑥ 新闻部还根据新闻区域性又分为本埠新闻股、外埠新闻
股与特别新闻股，根据新闻内容行业又分为政治系、经济系、文艺系、通
信系等下属部门，有人认为，"新闻门，专司采编新闻之事"⑦，其中"编
辑除督率并指导访员、阅稿员、画师及照像师外，还决定访员的进退，实
行报社的政策，采集临时发生的要闻，创造新闻（制造新闻，也就是在
编辑新闻中寻找和提供新闻线索——引者注)"。⑧ 而社论部配有主笔和编
辑若干，"其职务为以新闻门所得之新闻为根据加以批评，发表对于时事
之意见"。⑨ 且两部门为并列机关，彼此不受节制，不相干涉。此外有的
报馆还发行星期增刊，于是增设"星期增刊部"，专门负责编撰星期增刊
事宜。在"编辑部中有不问何职皆须共遵之要件，则时间之必须严守不
能误其分刻是也。盖新闻社之竞争每在时间分刻之间，一人违之，则将使

---

① 徐宝璜：《新闻学》，国立北京大学新闻学研究会 1919 年版，第 72 页。
② 吴定九：《新闻事业经营法》，现代书局 1932 年第 2 版，第 53 页。
③ 伍超：《新闻学大纲》，商务印书馆 1925 年版，第 167—168 页。
④ 吴定九：《新闻事业经营法》，现代书局 1932 年第 2 版，第 3 页。
⑤ 陶良鹤：《最新应用新闻学》，复旦大学新闻学会 1930 年版，第 31 页。
⑥ 邵飘萍：《新闻学总论：国立法政大学讲义》，京报馆 1924 年版，第 53 页。
⑦ 徐宝璜：《新闻学》，国立北京大学新闻学研究会 1919 年版，第 72 页。
⑧ 同上书，第 73 页。
⑨ 同上书，第 72 页。

全部皆受其害，故新闻记者平时必养成严守时间之习惯"。① 也就是说，为了保证新闻的及时，编辑部中必须遵守铁定的纪律就是遵守时间。

2. 营业部：报馆的营养机关

营业部，也就是报馆经营报纸、广告买卖的部门，是报馆直接营利的机构，负责"招登广告，发售报纸，收发银项，及报务行政属焉"。② 所以是报馆经济收入的直接来源，即"钱袋子"，是"报馆的营养机关"。"新闻社之有广告部与发行部为营业方面之主脑，且一社之维持与发展，亦端赖此两部措施之得其宜也。"③ 且"新闻社之存亡兴废，则在营业部营业之得宜，与管理之精密"。④ 因此有人认为，"营业部优（犹）之军队之粮台与辎重，为报社之营养机关也"。⑤ 也有人认为，"营业部推销新闻纸，招揽广告，以树立全社物质的基础，就是军队运粮输弹的辎重队"。⑥ 还有人把营业部比喻为"粮库"，"新闻社的营业部是一个粮库，编辑部和印刷部的消费，都赖着营业部的维持，所以营业部的完善与否，差不多可以说是新闻社的生命所寄托。在以营业为本位的新闻社，她的位置每每超过编辑部的"。⑦ 甚至"此部之重要，在欧美新闻界中人视之，不亚于编辑部。因新闻纸如欲尽其应尽之职务也，须先谋经济之独立，而经济之究竟能独立与否，则大半于营业部之办理若何也"。⑧

营业部一般分为广告部、发行部与会计部，由总经理直接指挥管理，掌握报馆的经济命脉，所以总经理的人选非常关键，甚至有人认为"总而言之，一间报馆的总经理，须对于营业有经验，报学有心得的人才，才能够担任"。⑨ 在营业部设立主任，在广告部、发行部和会计部设立经理（或部长），全面负责本部门事务。其中广告部，"不仅司理出售广告事宜，且打招揽广告之人，劝商家登载广告，又有计划广告之人，为商家编

① 邵飘萍：《新闻学总论：国立法政大学讲义》，京报馆 1924 年版，第 55 页。
② 徐宝璜：《新闻学》，国立北京大学新闻学研究会 1919 年版，第 72 页。
③ 邵飘萍：《新闻学总论：国立法政大学讲义》，京报馆 1924 年版，第 59 页。
④ 吴定九：《新闻事业经营法》，现代书局 1932 年第 2 版，第 53 页。
⑤ 同上书，第 3 页。
⑥ 陶良鹤：《最新应用新闻学》，复旦大学新闻学会 1930 年版，第 32 页。
⑦ 同上书，第 61—63 页。
⑧ 徐宝璜：《新闻学》，国立北京大学新闻学研究会 1919 年版，第 75 页。
⑨ 潘公弼：《报馆的组织》，载黄天鹏《新闻学演讲集》，现代书局 1931 年版，第 45—53 页。

辑广告"；发行部则"司理新闻纸之批发零售与预定诸事"；会计部"司理收付银项，保存银钱，购买货物等事"。① 此外，也有建议在营业部增设计划科，也即企划推广部门，负责报纸、广告的营销推广。他认为："计划科，则尤未见之一见，计划科之组织，与日本报纸之计划部相同，专为对外而设，如由报馆发起运动会、音乐会、演讲会等，择成绩优美者，给以奖金或奖品，其目的在：启发民智；提高读者兴味；创造新闻；使一般人脑海中有本报之印象；增高本报在社会上之地位。"②

3. 印刷部：报馆的工程机关

印刷部，也称为机器部或印刷工场，是报纸由新闻大样直接变成成品的施工机构。"印刷雕刻事宜属焉。"③ 主要包括排字、铸字、制版与印刷的工序，其中"排字组为由新闻原稿变为新闻纸面之机关，印刷组为由新闻纸面印为新闻纸之机关，铸字组则专司鼓铸各种铅字及花边铅线等之工作，制版组则为从事于将新闻版打成纸版，而浇为铅版之工作"。④ 所以有人认为"印刷工场乃优（犹）军队中之工程队也"。⑤ 陶良鹤也认为"印刷部排印稿子，印制新闻纸，就是军队的工程队"。⑥ 但一些实力较弱的报馆往往印刷设备不完备而不得不依赖于其他报社印刷。有人对其弊端概括为"则时间不能正确"，"则不能保消息之绝对秘密（在未发行时为他社所窃取）"，"有突发消息时不能自由拆毁插入"。⑦ 所以报馆绝不可以缺少印刷工场。

4. 总管理处：报馆的总机关

随着报馆规模的扩大，有的报馆设立总管处统领整个报馆的所有事务。总管理处，就是统领与协调整个报馆各项事务的总机关。主要由社长或出版人或发行人或董事会直接管理，并设有主任负责日常事务，其中"社长或董事会总揽指挥全社的一切事务，就是军队发布命令的总指挥部"。⑧ 所以有人解释说，"总管理处，是管理全报馆一切事务的总机关，

① 徐宝璜：《新闻学》，国立北京大学新闻学研究会1919年版，第75页。
② 周孝庵：《最新实验新闻学》，时事新报馆1930年第2版，第198页。
③ 徐宝璜：《新闻学》，国立北京大学新闻学研究会1919年版，第72页。
④ 吴定九：《新闻事业经营法》，现代书局1932年第2版，第115页。
⑤ 同上书，第3页。
⑥ 陶良鹤：《最新应用新闻学》，复旦大学新闻学会1930年版，第32页。
⑦ 邵飘萍：《新闻学总论：国立法政大学讲义》，京报馆1924年版，第57—58页。
⑧ 陶良鹤：《最新应用新闻学》，复旦大学新闻学会1930年版，第31页。

如编辑部的方针，营业的进展，银钱的支出，财产的添置，人员的支配等等，都要经过管理处的考虑和通过"。① 据记载，《申报》报馆总管理处下设业务、文书、设计、会计、稽核及总务六股。其中业务股的职务，系调拨编辑、营业及进货三项事务，应由一个资望最深、权柄最大的人去主持，申报由总理自兼。文书股的职务，系掌管馆内一切印信、图记，各项机要文件，保管馆内各种档案，以及对外一切函牍电讯的收发，或称秘书处。设计股的职务，系调查、推广、编制统计以及造制各项表册等项。这差不多系全报馆的一种立法机关，在进步的大报馆里，这规划条陈全馆一切事务的机关，是不能付之阙如的。会计股的职务，是主管预算、资金、不动产，以及进出各项账目。稽核股的职务，是审查稽核全馆的一切事务及账目。总务股所管理的事项，是其他各部分所不及的一切事务，如中级以下人员的馆内调动、工人的处理、职员的请假、医药及其他一切庶务。大凡总务股主任的工作，就是经理的职务，直接秉承经理的命令办理全馆一切比较次要的事务。②

此外，有人建议在总管处增设审理部，也就是负责检查、监督与考核的部门，他介绍了《纽约世界报》曾为了"增进正确与公道，纠正粗心之处，并排除弊端与弄弊者"而增设审理部，设立一名主任，两名副主任。③

5. 各部门之间的关系

报馆所设置的各部门机构之间是相互配合、紧密联系的，而不是孤立的。所以有人认为，"编辑营业印刷三部充分的联络，协作的精神，也应像军队的样子，才能够日臻完善，达到理想的新闻社"。④ 尤其编辑部与营业部的关系，有人认为，"故以地位，编辑部与营业部同为经营新闻社之重要分子，二者乃相辅而行，相得而益彰者也。以实质言，则编辑部为消耗的，营业部为生利的"。⑤ 所以，"就大体而言，则编辑与营业为新闻社组织上之两大系统，而其各局部之配置，乃依新闻纸如何制成之顺序，

① 钱伯涵、孙恩霖：《报馆管理与组织：申报新闻函授学校讲义之二》，申报馆1936年版，第39页。

② 同上书，第39—41页。

③ 徐宝璜：《新闻学》，国立北京大学新闻学研究会1919年版，第77页。

④ 陶良鹤：《最新应用新闻学》，复旦大学新闻学会1930年版，第32页。

⑤ 吴定九：《新闻事业经营法》，现代书局1932年第2版，第54页。

以谋各部衔接办事手续之种种便利"。① 但在商业化报纸当中营业部的地位得到进一步凸显,"故欧美各国新闻社之营业部,其权势与地位,殆有凌驾编辑部之上而左右编辑部之倾向。是盖以求新闻社之健全,当先谋经济之独立。而欲求经济之独立,则不得不先求营业之发展也"②。

(三) 报馆组织管理效率化的架构模式分析

从企业组织发展的历程来看,这一时期报业企业仍然处于现代企业发展的早期阶段,所以普遍采纳或主张采用管理层级集中控制的企业 U 形架构 (United structure) 模式。但在具体运营中又出现了直线架构、职能架构与直线职能架构等模式。当时有学者就对报馆的组织架构模式进行分类归纳,概括为阶级式 (也即军事式,其实就是直线架构——引者注)、会议制 (也即职能架构——引者注)、阶级议会制 (也即直线职能架构——引者注),他认为,

> 新闻机关之组织,可分为三种。一为阶级式组织,若军旅然,在上者对于工作管理,有绝对之主权,该式多为小规模之报社采用之。二为会议制之组织,乃工作上由各人分司其职,各不相涉,遇有重大问题时,则召集各部之委员会讨论决定之。其组织之大者恒采用之。三为阶级议会制之组织,乃各部之重要问题,由各部委员会讨论决定,向由在上之部署执行之。③

还有学者从工商企业的角度把报馆组织架构模式归纳为直线式、功能式、直线功能式、分部式 (也即事业部式——引者注) 及会议式 (其实类似于控股型——引者注),他的解释是:

> 我们知道工商企业的组织内形,从他的权力分配原则来说有各种不同的形式。第一是所谓军队式或叫直线形的组织,他的权力是自上而下,在上的意思就是最后的决定犹如军官对士卒的命令是最后的意思一般,这种组织形式在简单的工商业里常常可以见到;第二种是功

---

① 邵飘萍:《新闻学总论:国立法政大学讲义》,京报馆 1924 年版,第 48 页。
② 吴定九:《新闻事业经营法》,现代书局 1932 年第 2 版,第 54 页。
③ 邹毓秀:《报社组织刍议》,载燕京大学新闻系《新闻学研究》,良友公司 1932 年版。

能式的，他是以功能为标准而划分各部的一种组织形式；第三种是前两种的合并形式，这个组织形式在许多大企业里可以找到；第四种是分部式，这和第二种组织形式差不多，不过这种所谓分部式是以事物的类别为标准而分部，许多大百货商店多采这种组织；第五种是会议式，第三种的组织实际上含有会议的意味，不过这是指一切的设施必须由负责人会议决定的一种形式。①

也有学者把当时报社的组织架构模式概括为民营报业的"内容组织"及官营报业的"党报组织"，其解释是：

> 普通报馆的组织，大别可分为二种：一为内容组织，有类股份公司；一为听命于党之指挥大党报。前者对于新闻事业本身高尚的使命，未加注重而兢兢然日谋其营业方面之发展，使经济能够独立，而以国家之利害，为立论之出发点；超然立于一切党派之外。后者取材论著，完全以党之意志，以党之利益为前提。②

其实综合看来，基本可以归纳为直线型、职能型及直线职能型三种具体的 U 形组织架构模式。

1. 报馆组织直线架构（Line structure）模式

直线架构的组织模式，就是沿着命令链进行指挥各种作业，每个人只向一个上级负责，必须绝对地服从这个上级的命令。这种模式适用于规模小、生产技术简单的初级企业，而且其管理者是"全能式"的，特别是企业的最高管理者须具备生产经营全部知识和经验。当时有学者建构了具体的架构模式，如日本学者介绍早期欧美新闻社的直线型组织架构③（见图 2.3.2），还有吴定九的军队式组织架构④（见图 2.3.3）。

---

① 刘觉民编著：《报业管理概论》，商务印书馆 1936 年版，第 52 页。
② 潘公弼：《报馆的组织》，载黄天鹏《新闻学演讲集》，现代书局 1931 年版，第 45—53 页。
③ 参见［日］松本君平《新闻学》，载余家宏等《新闻文存》，中国新闻出版社 1987 年版，第 16 页。
④ 参见吴定九《新闻事业经营法》，现代书局 1932 年第 2 版。

社主（单独社主或团体组织）

发行人

| 会计局 | 编辑局 | 文选部 | 印刷部 | 发送部 |
| （事务主任） | （主笔记者、编辑事务记者） | | | |

图 2.3.2　欧美大新闻社组织

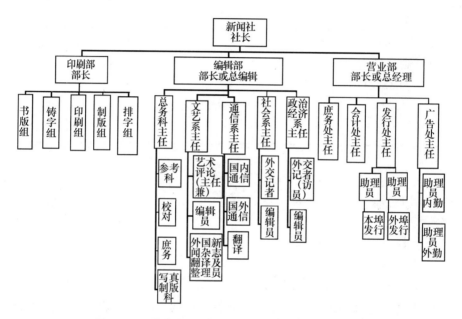

图 2.3.3　吴定九所设计的报馆组织军队式架构模式

2. 报馆组织职能架构（Functional structure）模式

职能架构的组织模式，就是按职能实行专业分工的办法进行较为科学与专业的管理，以弥补直线架构的全能式管理。其主要特点就是下级既要服从上级主管人员的指挥，也要听从上级各职能部门的指挥。当时就有学者建构或介绍过报馆职能架构的组织模式，如徐宝璜所设计的新闻社内部之组织[1]（见图 2.3.4），还有人介绍的日本新闻社之组织[2]（见图2.3.5），刘觉民所设计的大报社的组织系统[3]（见图 2.3.6），等等。这

---

[1]　参见徐宝璜《新闻学》，国立北京大学新闻学研究会 1919 年版，第 72 页。

[2]　参见邹宗孟《日本新闻界》，《新闻学刊》第 1 卷第 1 期，1927 年。

[3]　参见刘觉民《报业管理概论》，商务印书馆 1936 年版，第 45—46 页。

些都是当时报馆职能架构模式的代表与典范。

编辑部	营业部	印刷部
（新闻门、社论门）	（广告门、发行门、会计门）	（排字房、铅版房、印刷房、雕刻房）

图 2.3.4　新闻社内部之组织

编辑处	事务（或营业）处
（主笔、编辑长、各部长、普通记者、校正部、印刷部等）	（广告部、贩卖部）

图 2.3.5　日本新闻社之组织

执行部	编辑部	广告部	发行部	机械部
（出版人、总经理、审计员、出纳员、庶务员）	（主笔、总编辑、新闻编辑）	（主任）	（主任）	（活版、铸版、写真制版、印刷）

图 2.3.6　大报社的组织系统

3. 报馆组织直线职能制（line and function system）架构模式

直线职能制架构的组织模式，就是直线架构模式与职能架构模式的结合，这样的话，既保证了直线统一指挥的效率，又充分发挥专业职能机构的作用。所以，从企业组织的管理角度来看，直线职能是企业 U 形组织最为理想的管理架构模式。这也是当时随着报馆规模的壮大而进行组织变革的过程中极受推崇并广泛采用的组织架构模式。起初报馆都是以社长、发行人或出版人为最高管理者的直线职能架构模式①（见图 2.3.7），吴定九所设计的报馆直线职能架构模式②（见图 2.3.8），李公凡所设计的报馆直线职能组织模式③（见图 2.3.9），刘觉民所介绍的美国大型报社的组织机构④

---

① 参见陶良鹤《最新应用新闻学》，复旦大学新闻学会 1930 年版，第 37 页。
② 参见吴定九《新闻事业经营法》，现代书局 1932 年第 2 版。
③ 参见李公凡《基础新闻学》，复兴书局 1936 年第 2 版，第 132—133 页。
④ 参见刘觉民《报业管理概论》，商务印书馆 1936 年版，第 54 页。

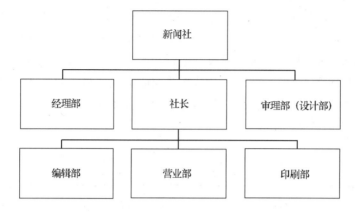

图 2.3.7　陶良鹤所设计的报馆社长独裁制直线职能架构模式

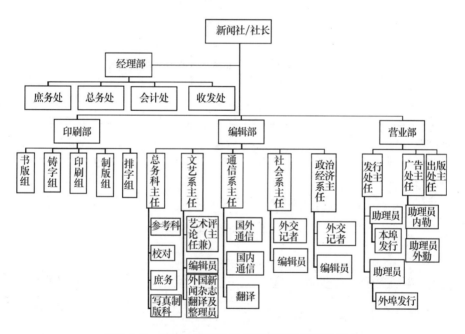

图 2.3.8　吴定九所设计的报馆直线职能架构模式

（见图 2.3.10），钱伯涵、孙恩霖所设计的报馆直线职能组织架构模式[①]（见图 2.3.11），等等。后来随着各大报馆股份制公司的改造，报馆直线职能制组织架构又出现了股东大会或董事会为最高管理机构的会议制直线

---

① 参见钱伯涵、孙恩霖《报馆管理与组织：申报新闻函授学校讲义之二》，申报馆 1936 年版。

职能架构模式，如陶良鹤所设计的报馆董事委员制直线职能组织架构模式①（见图2.3.12），刘觉民所设计的报馆董事会制直线职能组织架构模式②（见图2.3.13），邹毓秀所设计的报馆委员会社长混合直线职能架构模式③（见图2.3.14），等等。这些直线职能组织架构不仅对当时报馆组织管理的实际具有指导意义，即使对今天的国内传媒组织管理、集团管理来说仍然值得借鉴与思考。

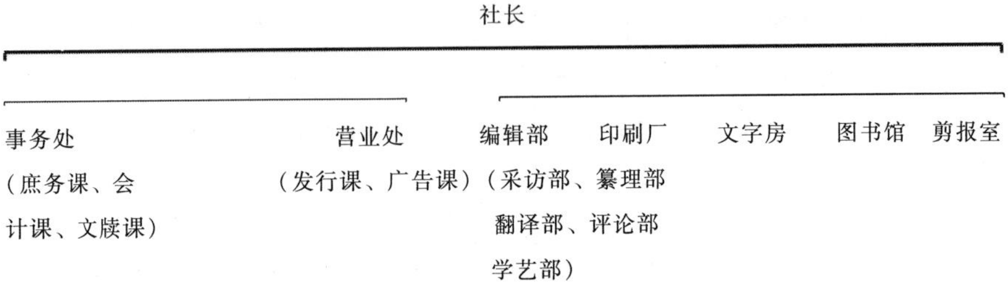

社　长

事务处　　　　　　　　营业处　　　编辑部　印刷厂　文字房　图书馆　剪报室

（庶务课、会　　　（发行课、广告课）（采访部、纂理部

计课、文牍课）　　　　　　　　　　翻译部、评论部

　　　　　　　　　　　　　　　　　学艺部）

图2.3.9　李公凡所设计的报馆直线职能组织模式

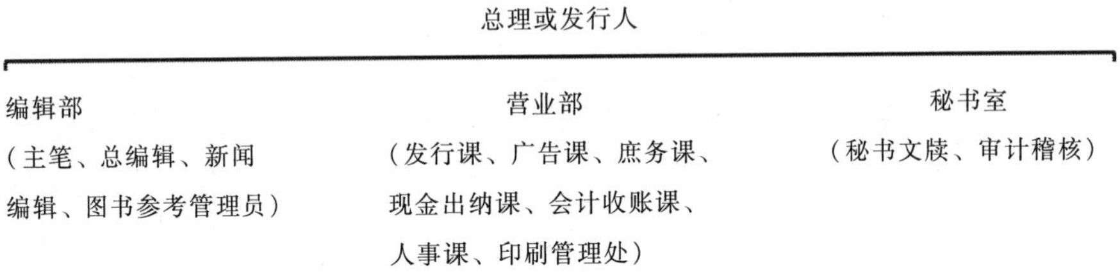

总理或发行人

编辑部　　　　　　　　营业部　　　　　　　　　　秘书室

（主笔、总编、新闻　　（发行课、广告课、庶务课、　（秘书文牍、审计稽核）

编辑、图书参考管理员）　现金出纳课、会计收账课、

　　　　　　　　　　　人事课、印刷管理处）

图2.3.10　美国大型报社的组织结构

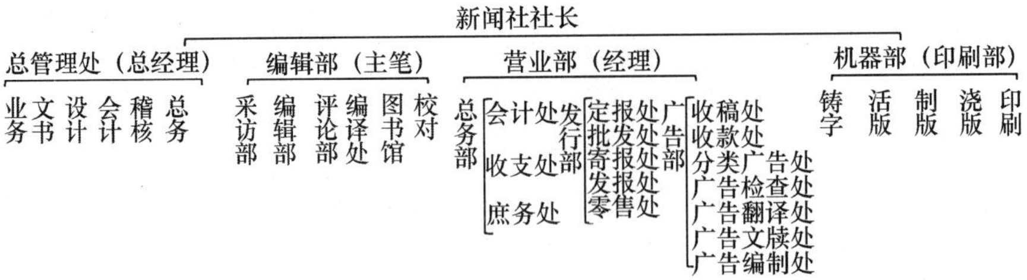

新闻社社长

总管理处（总经理）　编辑部（主笔）　营业部（经理）　　　　　机器部（印刷部）

业 文 设 会 稽 总　采 编 评 编 图 校　总 会 发 定 报 广 收 收 分 广 广 广 广　铸 活 制 浇 印

务 书 计 计 核 务　访 辑 论 译 书 对　务 计 行 批 发 告 稿 款 类 告 告 告 告　字 版 版 版 刷

　　　　　　　　　部 部 部 处 馆　部 处 部 发 寄 部 处 处 广 检 翻 文 编

　　　　　　　　　　　　　　　　　　收 支 售 报 　　　　告 查 译 牍 制

　　　　　　　　　　　　　　　　　　庶 务 处 零 　　处 处 处 处 处

图2.3.11　钱伯涵、孙恩霖所设计的报馆直线职能组织架构模式

---

① 参见陶良鹤《最新应用新闻学》，复旦大学新闻学会1930年版，第54—56页。

② 参见刘觉民《报业管理概论》，商务印书馆1936年版，第55页。

③ 参见邹毓秀《报社组织刍议》，载燕京大学新闻系《新闻学研究》，良友公司1932年版。

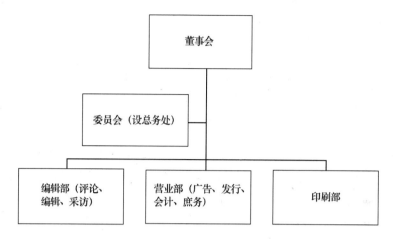

图 2.3.12　陶良鹤所设计的报馆董事委员制直线职能组织架构模式

董事会

总理处 （总务科、文牍科、 稽核科、会计科、 收发科、庶务科）	编辑部 （外埠科、本埠科、经济科、 教育科、文艺科—杂俎股及 图书股、电讯科、翻译科、 采访科、整理科、校对科、 考核科、藏书科）	印刷部 （印刷科—印报股、承印股、 活版科—新闻股、广告股、 刻字科，浇铸科—浇版股、 铸字股，制版科—铜锌股、 木工股，机械科）	营业部 （广告科—收 稿股、编校 股，发行科— 定报股、批售 股、票签股、 售版股，推广 科，承印科， 收账科）

图 2.3.13　刘觉民所设计的报馆董事会制直线职能组织架构模式

股董委员会
设计委员会
社长

营业部 （广告股、 发行股、 庶务股）	编辑部 （本埠新闻股、 电报新闻股、 其他各股、 整理处）	社论部 （助手）	稽查部 （稽查员）	会计部 （发行会计股、 广告会计股、 庶务会计股）	秘书处 （书记）	印刷部 （活版股、 印刷股、 制版股、 铸字股）	图书室 （图书部、 储版部、 储稿部、 杂项文、 字部）

图 2.3.14　邹毓秀所设计的报馆委员会社长混合直线职能架构模式

三　报业发行市场化管理理论基本形成

在报业企业化运营实践的推动下，在民国时期抗战爆发前新闻学者积极在报业发行的地位、报业营销及报业发行的监管与评价等方面不断研究，试图建立民国时期报业市场化发行管理的基本理论，以便反过来指导新的报业发行实践。

（一）报业以发行为基础的理论初步形成

随着社会商业的兴盛，报馆经营报纸又获得了广告这一新的经济来源。不仅如此，广告还逐步成为报业经营的主要来源、最大收入，于是原本报业经营的"发行本位"逐渐被"广告本位"所取代。但是报纸经营仍然离不开发行，因为发行是报纸根本职责实现的前提与基础，也是广告的前提与基础，所以报业发行虽然不是"本位"，但处于基础地位。

1. 报业的"发行本位"被"广告本位"替代

按照一般商业规则，报馆的经营收入也应该是依靠卖报纸产品，也即有学者所言："从理论上言之，新闻社之营养应专恃发行之收入。盖制造所谓新闻纸之商品以出售，即于出售此种商品时获得利益而维持发展其机关，似属当然之事。"① 但是随着社会商业的发达与繁荣，报纸开始获得了广告这一新的经济收入，尤其在以"便士报"诞生为标志的大众化报纸兴盛以来，广告收入在数量上甚至远远超过了报馆发行所得，各大商业报馆的主要经济来源都是广告所得。当时新闻学者也逐步意识到报业这一经营模式的转变，如吴定九对此是这样叙述的："在昔经营新闻事业者，以发行报纸——销售报纸——为其主要之财源，近则以广告为主要之财源，而销售报纸反有为新闻社之损失者矣。"② 不仅如此，当时学者还逐渐发现报馆发行所得不仅日益减少，甚至亏损。如陶良鹤所言："新闻社的营业，分为二种：一是发行；一是广告。最初广告尚不发达，收入只靠发行来挹注。自从商务兴盛了，广告的收入骤然增了许多，成为新闻社唯一的财源。"③ 也有人认为："按目下情况，以发行为本位者报纸难销行至全国，不足以维持经济之稳固。所以多数报纸采取以广告为本位的营业方针。"④ 也有人认为："近年各国新闻营业，为引起多数之读者起见，报纸销路竞争，售价低廉，成本过昂，开销更大，往往报纸售价，不足以抵补纸费，发行愈多，赔累更甚，不得不改变方针，注重于广告之收入，以偿

---

① 邵飘萍：《新闻学总论：国立法政大学讲义》，京报馆 1924 年版，第 59—60 页。

② 吴定九：《新闻事业经营法》，现代书局 1932 年第 2 版，第 5—6 页。

③ 陶良鹤：《最新应用新闻学》，复旦大学新闻学会 1930 年版，第 61—63 页。

④ 郑瑞梅：《报纸营业之方针》，《新闻学期刊》1934 年第 1 期。

发行之损失。"① 还有人认为："然苟衡诸各国新闻社之实状，即见理论与事实之不一致，因新闻纸售价特廉，而如编辑费、营业费、通信费、电报费、纸张印刷费等支出乃非常繁重。若页数多者，区区售价所获，每不足以支纸价，然则仅恃发行之收入必致经费亏累甚巨，不待言矣，既有此种显著之事实，于是各国新闻界营业之方针，莫不亟亟于图广告之发达。广告部遂占营业方面之第一重要位置。"② 邹韬奋也认为："不过销数愈多，在代销零销各方面的亏折也随之俱增，唯一的维持方法是希望因销数增多而广告也可有相当的增多，藉资挹注，否则销数愈多愈难于维持。"③ 因此，原本处于报业经营本位的发行已经被广告所替代。

2. 报业发行是广告的前提与基础

既然报业发行所得甚少甚至亏损甚大，那么报馆经营报纸还需要卖报纸吗？能否直接依靠广告而不再发行报纸呢？当时新闻学家布郎说，销数是一个报纸的生命要素，没有读者的报纸是根本不能存在的，而没有多的销数的报纸，广告地位就不能推销。④ 有人认为："发行科第一非为创造广告价值而贩卖报纸不可，'新闻用纸'是仅有'纸'的价值，'纸'化成真的贩卖份数后，才能产生广告费，才能获得与发行收入相并而构成新闻收入二大要素的广告收入。"⑤ 所以发行的重要目的就是完成报纸的职责，增进广告的价值。⑥ 由此可见，报馆经营报纸还依旧需要发行，因为发行是报纸之所以成为新闻纸、完成报纸根本职责的前提。如果没有发行的话，报纸将不成其为报纸。那么报业发行与广告又是什么关系呢？有学者是这样解释的，"广告之能得巨大刊费，须有多数之广告，广告欲得多，须报纸销路广。故业新闻者，以经营新闻之策略，宁愿牺牲发行上之损失，取得多数读者，以求广告之增加。"⑦ 也有人认为："报纸销路既广，读者益多，广告效力，亦随之增加，广告愈增加，价目愈提高，此自

---

① 吴晓芝：《新闻学之理论与实用》，立达书局1933年版，第165页。

② 邵飘萍：《新闻学总论：国立法政大学讲义》，京报馆1924年版，第59—60页。

③ 邹韬奋：《编后随笔》，《生活》周刊第5卷第9期，1930年。

④ 参见刘觉民《报业管理概论》，商务印书馆1936年版，第223页。

⑤ 徐润若：《新闻发行学：申报新闻函授学校讲义之九》，申报馆1936年版，第76页。

⑥ 参见钱伯涵、孙恩霖《报馆管理与组织：申报新闻函授学校讲义之二》，申报馆1936年版，第98页。

⑦ 郑瑞梅：《报纸营业之方针》，《新闻学期刊》1934年第1期。

然之理。"① 还有人认为:"所以广告的推销实际等于出售销数,销数大的报纸是不愁没有广告的销售,第一须要先行推广报纸的发行。没有销路的报纸的广告地位恐怕还不及他的白纸地位的成本,惟其是白纸地位而又有大的销数然后才能建立起高的广告价目。然后才能增加报业的收入。"② 还有人认为:"但自报社一方言之,欲吸收多数之广告,自当先求发行之广大。欲求发行之广大,由根本上言之,自当先求报纸内容之丰富,消息之灵通,而减低报纸之价值,实为推广销路之快捷方式。"③ 不仅如此,"实则新闻纸销路广,广告亦增多,在登广告者固择销行最广之新闻纸以刊载,是以广告多寡与报纸销路,颇有因果。而执新闻纸业者亦不歧视之,善营新闻业者必精其内容,美其印刷,阅者既多,销行自广矣"。④ 由此可以发现,报业发行是广告的前提与基础,报纸只有销售出去让读者阅读产生影响才能吸引广告主来刊登广告,而且要吸引数量更多的广告就需要具有更大的销数才能实现。

此外,"报馆之经营虽以广告为本位,而发行之收入亦殊可观,且广告之增加,亦以发行为正比例,是至堪注意也"。⑤ 所以有学者认为发行与广告的关系是这样的:"故由新闻事业之本质言之,当以发行为本位。于其策略而言,则又当以广告为本位也。"⑥ 但从报业经营的模式来看,报业已是"广告为本"了,发行则是报业经营的前提与基础。

(二)报业市场营销理论逐步建立

在这一阶段新闻学界关于报业市场营销的理论探讨主要从建立自主发行网络、报馆各部门通力合作提升报纸质量与市场化创新性营销方式三方面展开的。

1. 建立自主发行网络

报馆自主发行网络的建立主要包括城市自主发行网络与全国自主发行网络两个方面。其中最重要的一方面是建立城市自主发行网,吴定九主张直接售卖或直接发行,他把发行分为直接发行与间接发行,其中"凡读

① 吴晓芝:《新闻学之理论与实用》,立达书局1933年版,第165页。
② 刘觉民:《报业管理概论》,商务印书馆1936年版,第210—211页。
③ 吴定九:《新闻事业经营法》,现代书局1932年第2版,第6页。
④ 徐宝璜:《新闻事业之将来》,《报学月刊》1929年第1卷第1期。
⑤ 黄天鹏:《中国新闻事业》,联合书店1930年版,第84页。
⑥ 吴定九:《新闻事业经营法》,现代书局1932年第2版,第6页。

者直接向发行处订阅，由新闻社派人分送或邮寄及向发行处购买者，谓之直接售卖"。① 其实一般意义上的自主发行是不借助于包括邮局在内的社会网络来递送的，也就是说，"直接发行之办法则在昔由新闻社雇佣送报夫若干人，每晨令其按照定阅之数，按户分送，然徒步以行，至为迟缓。故今则都由新闻社用自行车若干辆，令送报夫骑车送报，既迅速而又便利，使读者于晨起即得见报，盖较前为进步矣"。② 另一方面是在全国重要城市设立分馆。分馆是由新闻社认为某地有设立的必要而派人前往组织，并聘人或派人主持分馆事务。分馆是"新闻社之直属机关，一切管理、经费及报费收入等等，均须新闻社直接处理"。③

2. 报业营销的根本方式：报馆各部门通力合作提升报纸质量

报纸怎样才能卖得好而又有影响力呢？这是报纸营销中不可回避的关键问题。当时有人认为："新闻纸之销路广远，不胫而走，固全赖消息灵通，内容充实，能得社会之信仰。"④ 而且"使一报所登之材料，不惟品质精美，而且分量丰富有各界人士所注意者，别旧订者自愿续订，即新订者亦必源源而来，此事之当然者也"。⑤ 也就是说，报纸质量高自然销售广、销量大，不仅可以留住已有订户读者，还可以吸引新的订户。然而，如何提升报纸的质量呢？这是报纸促销与推广的根本与前提。首先，从宏观上，要求报纸做到新闻灵确、评论公正、广告真实、材料丰富、编辑精良等。如有学者认为："……像立论严正，为多数人的福利着想，消息灵通，材料丰富，编制合理化等等，都能获得读者的青睐，使销数上增。"⑥ 而徐宝璜认为，"故就品质言，一报所登之新闻，应确为多数阅者所注意之最近事实，所载之社论，应确为对于时事所下之正当透辟之批评，所收之广告，应确为毫无欺骗性质之商业与人事的消息。就分量言，材料应极丰富，不限于一界，不拘于一地，凡各地人各界人所注意者，莫不有之。"⑦ 也就是说，报纸的新闻、评论、广告、编辑等基本内容有了基本

---

① 吴定九：《新闻事业经营法》，现代书局1932年第2版，第58页。

② 同上书，第67页。

③ 同上书，第68—69页。

④ 同上书，第79页。

⑤ 徐宝璜：《新闻学》，国立北京大学新闻学研究会1919年版，第80页。

⑥ 钱伯涵、孙恩霖：《报馆管理与组织：申报新闻函授学校讲义之二》，申报馆1936年版，第116页。

⑦ 徐宝璜：《新闻学》，国立北京大学新闻学研究会1919年版，第80—81页。

质量的保证,那么报纸销售问题也就迎刃而解了。其次,从微观上,要求报纸适当刊载读者需要与感兴趣的内容,如特载作品、增刊、读者问答等。其中有人建议,报纸刊载特载文字或图书作品来吸引读者,尤其是出于名家的署名纪事,利用作者的名气,吸引读报的人。甚至还可以学习外国报纸刊载照片、通信、纪事、市场消息、时装、戏剧、电影等纪事,人像画、讽刺画、滑稽画,等等。① 还可以出版各种特刊,像本埠、电讯、汽车、医药、国货、妇女、无线电等,名目很多,甚至还可以学习外国报纸重视星期刊,星期刊是平日的两三倍,载有文学、国际问题、金融消息、服装、美术等种种。② 这样可以集中为读者提供感兴趣的材料,吸引读者,以期增加发行份数。还有"甚至为迎合社会心理以推广销路起见,于附张中或附印小报、登载'花国新闻'、香艳诗词、道淫小说及某某之艳史等件"。③

此外,又由谁来提升报纸的质量以保证销售的胜利进行呢?"我们认为任何推广办法的成功,必须符合一个基本原则,即报馆的各部份(分)必须全力合作,通盘运用。发行部应当根据版面特点,充分加以发挥;编辑部亦当在发行部全力推广之时,在版面上益发加上特点,以资号召。如此合作无间,推销就易奏效。"④ 报纸是整个报馆各部门集体合作生产的产品,非某个人或某个部门能独立完成的商品,所以为了实现报纸的好销路,"发行部、编辑部与广告部之间的密切联系,通力合作,发行部内部职工的密切合作,相互促进与帮助,为共同目标一起奋斗"。⑤

3. 市场化创新性营销方式:低价、竞赛、赠品、广告与服务等

在报纸有质量保证和各部门密切合作的前提下,即可以采用低价、竞赛(也称悬赏或投机)、赠品、广告、社会服务与读者服务等市场创新性促销与推广办法来提高报纸的发行。

(1)低价法

低价是市场竞争的铁律。任何商品都可以以降价或低价的方式来促

---

① 参见钱伯涵、孙恩霖《报馆管理与组织:申报新闻函授学校讲义之二》,申报馆1936年版,第133页。

② 同上书,第134页。

③ 徐宝璜:《新闻学》,国立北京大学新闻学研究会1919年版,第6页。

④ 刘觉民:《报业管理概论》,商务印书馆1936年版,第136—137页。

⑤ 钱伯涵、孙恩霖:《报馆管理与组织:申报新闻函授学校讲义之二》,申报馆1936年版,第141页。

销与推广。报纸作为市场销售的文化产品自然也不例外。具体做法包括定价低廉、折扣优待与捆绑销售等常见形式。自从英美一便士买一份的"便士报"问世以来，低价销售更是成为报纸竞争与促销的惯用手段，报纸廉价也已逐渐成了社会的惯例。同样也正是廉价报纸才首次实现报纸销售的大众化，销量百万份。民国时期成舍我在上海创办的《立报》也曾实行"一元钱看三个月"的低价销售措施，该报坚持"除国家币制，及社会经济，有根本变动外，我们当永远保持'一元钱看三个月'廉价报纸的最低价格，决不另加丝毫，以增重读众的负担"。①

（2）竞赛法

竞赛，就是通过组织一些比赛活动，吸引众多人的参与，对优胜者给予奖励的做法，也称"悬赏"或"投机"。② 这种方法是利用人的投机心理吸引众多读者参与，并购买报纸，从而拉动报纸的发行。所谓读者的竞赛，就是为了吸引更多读者购买或阅读报纸，组织竞赛或悬赏，让优胜者获得奖励，并设立不同等级的奖励。这些奖励也多种多样，据钱伯涵、孙恩霖记载，在外国报馆里，奖励的东西有大洋刀、玩偶、脚踏车、储蓄折子、书籍、无线电收音机、小马、薄衫、浴衣、棒球足球用具以及名胜地的旅行等。③ 还有更新奇的悬赏，比如，据记载，伦敦20年都销行最广的《托比托》杂志专门设置工作室处理悬赏事务，以招徕顾客，每期都用悬赏新法，以汇集新闻。有一次伦敦的祭日，"遗写真技细数人，奇装异服，捣器具游于从人之中，不论何人，遇则摄影，归则以影登于杂志。凡见登者赠金若干。是以是日游人咸来购阅。希可见赠也"。④

（3）赠品法

赠品，就是为鼓励购买或订阅报纸，给购买或订阅报纸的读者送实物

---

① 成舍我：《我们的宣言》，《立报》（上海）1935年9月20日第1版。

② 当时很多学者认为竞赛包括两种，一种是针对卖（或送）报人的，尤其是报童子，另一种更普遍更常见的，是针对读者的。但笔者认为针对发行人员的竞赛是生产竞赛，更强调的是发行的激励与管理，更适合作为发行的渠道或人员管理来论述。而在此分析针对读者的竞赛，也就是作为市场营销上的促销与推广措施的竞赛。

③ 参见钱伯涵、孙恩霖《报馆管理与组织：申报新闻函授学校讲义之二》，申报馆1936年版，第125页。

④ 《无奇不有的推销杂志法》，载王澐如《新闻学集》，天津大公报西安分馆1931年版，第125页。

礼品，以刺激和提高报纸的发行。赠品方法，又可以分为直接赠品、保险①、赠券三种基本形式。其中直接赠品主要是日常家用物品，但也多种多样、五花八门，如书籍、杂志、文具、肥皂、无线电收音机等。据马星野介绍，伦敦报纸对新订户送《狄更司全集》，送的日常用具有电气洗衣机、瓷制茶具、电气熨斗、棒球拍子、照相机、字典、百科全书、现代文艺、自来水笔、铅笔全套、袜子、衬衫、手表、睡衣、枕头、铝制的锅子、刮胡子的刀、时钟等。② 此外，最有诱惑力，也是最有价值的是送保险（或"役务法"③），普遍送的是人身意外伤害保险。如伦敦每月邮报快报等有免费保险，以吸引读者，凡订阅该报的人，如因意外而致死伤，可得恤金5000—50000元，并刊布死者照片，以资证明。④ 又如美国《芝加哥讲坛报》《康萨斯明星报》等宣布保险人不须医生检查亦不限性别，只须将保险单填好从报上剪下附寄一元保险费，就可保险身体意外损伤若干元一年。这种推广发行的方法获得了良好结果。⑤

(4) 广告法

广告法，就是通过各种广告手段来推销报纸。报纸作为最有效的广告媒介之一，其自身也可以通过广告的方式来推销发行。广告推销发行一般包括直接广告与间接广告两种形式。其中直接广告主要是为了发展新的订户，向未订该报纸的家庭免费送相当时期的报纸让他们试看，或者送订报广告传单，然后上门游说订阅。这种用来赠阅的报纸也叫推广报或赠阅报。如日本新闻社另外给派报社相当数量的推广报，让贩报夫赠与未订阅的家庭试看，然后游说其订阅，效果非常好。⑥ 上海《申报》曾对期满停阅读者寄提醒读者继续订报的传单，同时向读者进行广告宣传，鼓励读者继续订报。还通过订报介绍单来规范管理新介绍发展而来的新订户。⑦ 此

---

①　当时很多学者都把"保险"作为直接赠品的一种具体形态，但是送保险来推广报纸确实非常特殊、非常有效，又与直接赠品中的日常用品不一样，所以刘觉民把它称为"役务法"。"送保险"其实送的是义务和责任，而不是一般意义上的日常用品。因此本书把"送保险"单列作为赠品法的一种形式来分析。

②　参见马星野《欧美报纸之销路推广术》，《新社会》第6卷第8期，1934年。

③　参见刘觉民《报业管理概论》，商务印书馆1936年版，第232—234页。

④　参见《奇异之推销报纸法》，载王潜如《新闻学集》，天津大公报西安分馆1931年版，第113页。

⑤　参见刘觉民《报业管理概论》，商务印书馆1936年版，第232—234页。

⑥　参见吴定九《新闻事业经营法》，现代书局1932年第2版，第80页。

⑦　同上书，第80—83页。

外，另一种广告法就是间接广告，即借助自己的或别家报纸、杂志、无线电广播等各种广告媒介及户外广告牌、电车、火车、轮船、公共场所等发布广告来推销发行。据介绍，《纽约太晤士报》（即《纽约时报》——笔者注）为使大众易于识别，加深印象，曾经设计标语"拢总新闻是适宜于刊载的"（也即"刊载一切适宜刊载的新闻"——引者注），《芝加哥讲坛报》则以"世界上最大的报纸"为号召。[1] "天津《大公报》且仿外国办法，将今天重要新闻提载于路旁注目之处，以引起行人购买，且广劝读者之续定，法颇善也。"[2] 这其实就是我们今天所谓的报纸或报馆所做的形象或品牌广告。

（5）社会服务法

社会服务法，就是以报馆或报纸的名义为社会提供力所能及的服务，尤其是公益服务，以增强报纸在社会公众心目中的印象，获得社会公众的好感与信任，从而达到促进报纸销售的目的。这种做法一方面是为社会尽了报纸的责任与义务，另一方面在服务过程中让公众了解了报馆或报纸，替报馆或报纸本身做宣传。这实际上就是促进销路的一种方法。所以凡是可以为公众做服务工作的地方，或能赢得大众同情心的，报馆需要努力地去做，绝不要错过服务的机会。从服务的内容来看，报馆的社会服务包括法律、经济、社会、公益慈善、文化教育等各种社会事务，只要是为社会公共事务、公益事业等，都应尽可能地努力做。最著名的如《申报》开办的补习学校、流动图书馆等，而欧美、日本的报纸曾经举办烹饪学校、募集慈善基金、教育主妇持家方法、举行园艺比赛、揭露官吏的腐败、悬赏探险及奖学救贫等。[3] 所以当时有些报馆往往会专门设立"社会事务部"或"企划部"促进报纸发行，由"企化（划）部策划与组织种种社会活动，如讲演会、音乐会、游览会、运动会、巡回病院、巡回图书馆、博览会、品评会等事业，间接地以图订阅者的增加，以促进新闻纸销售"。[4]

---

① 参见钱伯涵、孙恩霖《报馆管理与组织：申报新闻函授学校讲义之二》，申报馆 1936 年版，第 132—133 页。

② 黄天鹏：《中国新闻事业》，联合书店 1930 年版，第 84 页。

③ 参见钱伯涵、孙恩霖《报馆管理与组织：申报新闻函授学校讲义之二》，申报馆 1936 年版，第 131—132 页。

④ 俞爽迷：《新闻学要论》，大众书局 1936 年版，第 128 页。

（6）读者服务法

"顾客是上帝"的商业法则在报纸市场发行领域也是适应的。可以说"读者就是上帝"，因为读者是报纸存在的前提与根本，如果没有读者的阅读，报纸将失去存在的意义与理由，所以报纸对读者服务是理所当然的。尤其在报业发行大战中，为了争取更多的读者订户，各大报纸都尽量为读者提供细微、周到的服务。如对快要到期的订户寄订阅提醒单，征求读者的意见，甚至为读者提供其他的便利，等等。更值得注意的就是当时有人主张报纸发行部通过对读者满意度或意见的调查来改进服务的做法。如谢六逸列举了 10 个问题征求读者意见① （见表 2.3.1）。

表 2.3.1　　　　　　　　　　　　读者意见调查表

序号	问题
1	印刷方面满意与否？
2	对刊登照片，凡印象佳者可列举出来。
3	喜欢何种长篇小说，何种性质，为何喜欢？
4	文字中之插图（美术作品）你喜欢谁人的作品？
5	对一般记事有何意见？
6	对于报中的记事与小说，有无意见？
7	对各种附刊有何希望？
8	经济新闻，看得懂么？要如何改良始看得懂？
9	对报中漫画有何意见？
10	运动记事照目前的登法满意否？

（三）报业发行监管与评价理论的突破

报业发行究竟应该达到怎样的水准才是科学有效，甚至是最理想的目标与效果呢？这个难题直到现在也仍然未能解决。但是当时新闻学者在国内报业企业化经营的初期便开始从理论上探求报纸科学有效发行的评价标准与评价方式。

1."净发行"理论与"质发行"理论的提出

关于怎样发行才是理想的发行？民国抗战爆发前新闻学者们提出了

---

① 谢六逸：《实用新闻学：申报新闻函授学校讲义之三》，申报馆 1935 年版，第 298—299 页。

"净发行"与"质发行"两种全新的理论。

(1)"净发行"理论的提出

由于在报业发行市场竞争中存在大量免费派送报纸的现象，如果把这些不收费或者少收费的报纸销数也计算在总发行销数的话，这对广告主和报业之间的竞争是不公平的，所以当时有学者开始反思市场化发行中存在的问题并提出净发行的标准。所谓净发行，也就是报纸通过正当途径且已经按标准付费的方式销售出去，从而所得的总销数。因为"要新闻纸发行数多，若不要钱。去散发则什么也无需了。不取钱的新闻纸，大抵是很不堪的新闻纸，要完成新闻纸的使命，无论如何非要被买而堪看不可。因此任何新闻社，都视现实购买部数的增加，比单发行的部数的增加重要多了。贩卖部努力于斯，而广告部欢迎之，这是当然的事"。①

所以，当时法国著名新闻记者加沙亚克氏（Paul de Cassagnac）于1901年鉴于减少订报之危险状态而提出的"加沙亚克氏之定例"，也即"报纸须从独立与诚实上着手，无论何时，如不以信用为主，则易减少卖报与定报之数。盖定报足以支持经费，并可望其兴旺，若读者抛弃订阅，临时买报，则为报社之不幸之事也"。② 也就是说，通过付费销售而获得的发行量是有效的，同时也是可信的。于是还有学者便非常强调报纸发行的信用，如新闻学者孙怀仁先生所举出的新闻发行的四个要素：要新闻不说诳，不虚报，不说非常识的话，同时应该拥护社会大众之利益；要获得读者的信用，必须对于新闻之外观要使之整然庄重；新闻要获得新闻读者的信用，必须要有一定不变之妥当的定价；假若要获得读者的信用，那么应随时随地顾及于读者之便利。③

此外，甚至有学者在强调净发行的基础上为报业发行制定了相应的标准。如钱伯涵、孙恩霖提出报业发行的理想标准是"长""广""厚"，并根据自己的理解对此作了归纳与解释，他们认为，"近代讲报纸发行的，都说报纸的发行具有三部曲：长、广、厚"，并进一步解释，"长""就是拿它净付费的发行份数来估量"；"广"即"报纸销售地的幅员，不

---

① ［日］杉村广太郎：《新闻学概论》，王文萱译，黄天鹏校，现代书局1932年版，第184—185页。

② 吴晓芝：《新闻学之理论与实用》，立达书局1933年版，第168页。

③ 转引自朱司晨《新闻纸之广告与推广问题》，《晨光周刊》第4卷第24期，1935年。

论乡镇城市，各区都要计算在内"；"厚""是读者对于它的信仰如何，也就是报纸的声望"。① 也即报纸净付费销数要大，发行区域范围要广，而且还有信用。其实这个标准即使在今天的传媒市场竞争中关于报纸杂志发行量、广播电视收听收视率、网络点击率的科学统计中也仍然是没有过时的。

（2）"质发行"理论的提出

在一味追求报纸发行数量的同时，当时也有学者开始质疑发行量大的有效性与科学性，并提出"质发行"理论。有学者认为："广告效果未必常单依贩卖部数的多寡的。例如购买力多的上流家庭所看的新闻纸，然贩卖部数较少。但是比只被购买力缺乏的贫苦人看的新闻纸的广告效果多。贩卖部数的多是好的，那是没有错的，但单是数是不成的，读者的本质是最有重大的关系。'质'的贩卖部数，非比过'量'的贩卖部数不可，这是才发现的事。"② 还有人认为："有八十万份贩卖份数的新闻纸，其广告费从收益的点上看来，当然在新闻社方面及投登广告者方面，均较仅有五十万份贩卖份数者远为有利，这是不消说的。可是这是以读者之素质为同一前提之原因，读者之素质下劣，购买力缺乏的新闻贩卖份数，其广告价值未必能与素质较好之新闻贩卖份数的广告价值作比例计算。"③ 也就是说，报业发行不能只看发行数量，还要考虑读者的定位，尤其是读者的购买力，报纸读者是否与广告目标消费者一致。如果报纸读者与广告目标消费者一致的话，即使销数小但精准度高，那么其发行也是理想的、有效的。这是至今仍未过时的传媒市场规则。

2. 重视发行的日常监管

报业发行的日常监管有很多，比如对发行员的监管、退报的处理、读者投诉的处理以及每日销数的监控等。但在这些日常监管项目中，当时新闻界学者特别重视退报的处理与每日销数的监控这两方面的研究。其中关于退报的处理，有学者建议妥善处理退报，并提出退报的条件是，"第一，因当晚有特别消息而发送远地的晚报，倘若没有完全卖完，

---

① 钱伯涵、孙恩霖：《报馆管理与组织：申报新闻函授学校讲义之二》，申报馆 1936 年版，第 143 页。

② ［日］杉村广太郎：《新闻学概论》，王文萱译，黄天鹏校，现代书局 1932 年版，第 185—190 页。

③ 徐润若：《新闻发行学：申报新闻函授学校讲义之九》，申报馆 1936 年版，第 76 页。

其未卖完份数可以退回。第二，发送本地的午报没有完全卖完可以退回，以免与当晚晚报和次日晨报之发送上有所障碍。但发送远地的午报则不能退回，因为远地既有晨报或晚报，无须再阅午报，是读午报者，自有其特别缘因，所以不能退回。"[①] 而关于每日销数的监控，有人建议借鉴国外报馆每日销数监控的经验与具体做法，每日发布销数变动的动态报告，要求报馆发行经理人每天应收到停止订阅报告、新订阅报告、每日总销数报告（见表 2.3.2）及城市发行、附郊发行、乡村发行、服务报、不付费报纸等方面的详细数据报告。根据数据的变化，及时采取应对措施，或及时报告总管处和董事会，作出决策处理遇到的各种问题，以确保报纸发行的稳定高效。

表 2.3.2　　　　　　　　　　每日总销数报告[②]

项目	内容		总数		
城市	城市送报夫、报纸贩卖商、街售、门市、城市邮寄	共计城市已付报费	城市及附郊总数		
附郊	报夫、贩商、邮寄	附郊总份数			
乡村	报夫及贩商、邮寄、特别或赊销	共计乡村已付报费	共计净付报费份数		
服务报	广告户（"证明报"）、雇员、通信员、城市雇员、邮局及铁路雇员	服务报总份数			
不付费报纸	广告社、交换、邮寄赠阅、样报、办公室参考用	不付费报总数			
总计	总支配数	污损份数	不计算份数	印刷数	张数
					收费总数
					到期收费总数

3. 建议设立国内报业发行稽核制度与稽核机构

当时国内新闻学者在借鉴与考察欧美的报业发行稽核的实践经验之后，建议根据国内报业发行的实际设立国内报业发行稽核制度与稽核机构。

---

① 徐润若：《新闻发行学：申报新闻函授学校讲义之九》，申报馆 1936 年版，第 160 页。
② 参见钱伯涵、孙恩霖《报馆管理与组织：申报新闻函授学校讲义之二》，申报馆 1936 年版，第 138—139 页。

（1）美国报业发行稽核局（A. B. C.）发行稽核经验的借鉴

美国报业发行稽核局每半年对会员报纸的发行份数稽核一次，在稽核时会员必须给局方调查员提供各种有关的簿据账单。稽核时调查员先阅各报所填具的报告，然后根据调查的事实逐条加以对正。查完之后，再填入稽核处所制备的表格内。稽核员将各地各报的发行情形审查完毕，即填表交回稽核处总办公处，稽核处再详加审查，如认为与定者符合，且所填写者确实无误时，再交回该报馆负责人。十日内，该报如认为表格中有不满之处，得提出辩护，或请求修改。十日后即由稽核处全权发表，不得再有任何修正。调查的内容主要有每日报纸印刷份数、销售区域及销售方法。

其一，每日报纸印刷份数。查阅报馆方面的印刷处报告和销售报告，然后相比较而得出毁污耗损的纸张数。再查阅报馆方面的购纸发票和运输凭单，报纸重量尺寸都有规定的，把每日刊出页数的报纸量进行计算，除去耗损就可以明白实印份数。

其二，销售区域。其中包括报名、地址、创立时间、每日出版早报与晚报、报告调查日期、本城人口、附（城）郊人口、每日平均净付费发行数（见表2.3.3与表2.3.4）。

表2.3.3　　　　　　　　　　　销售情况分析①

销售区域	销售情况
城市	城市送报夫、报纸贩卖商、街售、门市、城市邮寄、共计城市已付报费
附郊	报夫、贩商、邮寄、附郊总份数、城市及附郊总数
乡村	报夫及贩商、邮寄、共计乡村已付报费、特别或迟销、共计净付报费份数。未付费之份数、六月以上未曾付费者、短期欠费者、簿记未付费、总数
服务报	广告户（"证明报"）、雇员、通信员、城市雇员、邮局及铁路雇员、服务报总份数
不付费报纸	广告社、交换、邮寄赠阅、样报、办公室参考用、不付费报总数、总支配数、污损份数、不计算份数、印刷数、张数、收费总数、到期收费总数

---

①　参见高青孝《报纸发行稽核处》，载燕京大学新闻系《新闻学研究》，良友公司1932年版。

表 2.3.4　　　　　　付款情况统计表（订户付款情形按百分计）①

发行类别 / 付报费情形	城内				近郊			外埠	
	报差	报贩	分销	街头叫卖	报贩	分销	邮寄	分销	邮寄
预付报费									
现付									
按周付费									
半月付费									
按月付费									
按季付费									
欠费在六月以下者									

　　其三，销售方法。应当注意固定送报人逐日发送报纸的路线簿，及报贩的销售地点。对于报纸的批售零卖价目、退报、佣金及付费办法等，均须一一调查明白（见表2.3.5）。

表 2.3.5　　　　　　　　　　销售方法分析②

销售方法	销售情况
订报费	邮寄：全年收入，每月收入；专差送：全年收入，每月收入
零售每份价格	
退报	除城市报贩当日可退报外，其余一概不准
奖励与竞赛	报贩或儿童介绍订户若干，则奖以各种用具玩物或享予看电影一次
佣钱	介绍定户若干酬以百分之若干之佣钱
不准由别报社转介绍订户	

（2）建议国内设立报业发行稽核制度与稽核机构

　　在美国报业发行稽核局的成功实践的感召之下，当时国内新闻学者开

---

① 参见高青孝《报纸发行稽核处》，载燕京大学新闻系《新闻学研究》，良友公司1932年版。

② 同上。

始逐渐意识到了报业发行稽核的重要性及可行性。如有人认为"况且由于稽核局的报告，各报纸对于发行上，能知缺点所在，加以改革；这样于一方面能确证报纸广告的价值，一方面又能促进各报的改良与进步"。①所以国内确有实行报业发行稽核的必要。于是有些国内新闻学者积极建议设立报业发行稽核组织，建立报业发行稽核制度。其中刘觉民认为，

　　A. B. C. 的一种组织在中国很有需要，尤其在报业落后的中国更有必要。中国报纸很多不能维持的原因，大多在于广告收入不丰。而广告收入不旺的原因，又在于商人不明白各报的发行情况的缘故。如果大家坦白的报告他的销数是怎样的分布，本埠多少，外埠多少，送到家庭的多少，送到公共机关的多少等等能完全有个报告，登广告的商人必定要多起来，哪怕你的销数只有三千，如果有二千五百份是由家庭定阅的，那商人就很放心的来登广告了。因为报纸必须是送到家庭里去的，商业广告才会发生效力。②

　　刘觉民进一步强调中国急切需要这种报业发行稽核制度。他指出，"所以诚实的报告销数情况，是一件最基本而重要的事，但要使社会能完全相信你的报纸销数宣传是确实，那就非有一个公开的机关负责稽核各报的发行情况不可。所以美国的 A. B. C. 制度中国有急切采行的必要"③。也有学者直接认为在报业发达的大城市有采用 A. B. C. 组织的可能，"报纸发行稽核处（A. B. C.），此种组织创始于美国依利孝依省（Illionois），距今 19 年，已风行各地矣。就我国沪、平、津、粤等处报纸广告之现状而言，此项办法已有采用之可能"④。

　　此外，也人主张采用会计师检查或其他调查方法。如邹韬奋建议采用会计师证明，他建议，"本报为保证广告之效力计，按时请会计师检查销数，正式公布，广告价格依实际销数而随之增加"⑤。而谢六逸主张尝试

　　① 钱伯涵、孙恩霖：《报馆管理与组织：申报新闻函授学校讲义之二》，申报馆 1936 年版，第 147 页。

　　② 刘觉民：《报业管理概论》，商务印书馆 1936 年版，第 237 页。

　　③ 同上书，第 237—238 页。

　　④ 高青孝：《报纸发行稽核处》，载燕京大学新闻系《新闻学研究》，良友公司 1932 年版。

　　⑤ 邹韬奋：《创办〈生活日报〉之建议》，《生活》周刊第 7 卷第 9 期，1932 年。

采用一年内报纸发行增减之程度、元旦日之份数（以五年或十年为标准）、六七月最低份数、某日的份数（每月平均数）、某月的份数（每年平均数）或自称份数等方法来调查报纸的发行份数。① 这些观点在当时是先进的，也很有参考价值与建设意义。其实即使在今天，这些方法虽然已经过去几十年了，但仍具有借鉴意义，尤其在至今国内传媒市场竞争仍然没有公认的评价机构与评价制度的情况下，其现实意义就更为明显了。

四　报业广告科学化管理理论基本建立

随着报业"广告本位"经营模式的确立，报馆广告的营销、设计与制作等方面的管理也日益要求科学化、专业化。同时针对报业广告竞争中产生的广告欺骗等乱象，报业广告的自律与他律理论也日渐产生。

（一）报业"广告本位"经营理论的确立

民国时期报业经营并非如欧美报业在经历了"发行本位"之后直接进入"广告本位"，而是额外历经了"津贴本位"才向"广告本位"转型。

1. 报业从"津贴本位"到"广告本位"的转型

"津贴本位"，顾名思义，就是报馆的收入主要来源于津贴，或者说津贴是报馆的大宗收入，这种以津贴为主要经济收入的报纸经营模式被称为"津贴本位"。纵观中国报业发展历史，我们发现中国报业其实一直就有接受津贴办报的不良传统，比如晚清的官报、维新派及革命派所创办的系列报刊、民国时期的系列党报都是依靠政府或政党的津贴创办与运营的。这系列报纸都是"宣传本位的，靠着政党津贴来养活，自然不大注意营业了"。② 而从经营的角度来说，这些报纸就是实行"津贴本位"的经营模式。于是在当时很多国人看来办报拿津贴，拿津贴办报并不稀奇，是理所当然的事情，甚至在民国初年国内整个报界出现了津贴成风、津贴泛滥的局面。有人对此曾谴责说："……更有多数无聊之新闻社，可名为津贴本位之新闻社。甘受其（即北京送报人之团体——引者注）蹂躏者，遂增加发行上不少困难。"③ 除了光明正大地接受津贴以外，后来还有的

---

① 参见谢六逸《实用新闻学：申报新闻函授学校讲义之三》，申报馆 1935 年版，第 301—302 页。

② 天庐主人：《天庐谈报》，光华书局 1930 年版，第 30 页。

③ 邵飘萍：《新闻学总论：国立法政大学讲义》，京报馆 1924 年版，第 72 页。

报纸变相接收津贴，如"北方报纸所载之官营业广告，如铁路广告、银行广告等，实为津贴之变相，足以养成报馆贪惰之风，此皆广告不能发达之大原因也"。[①] 有人感叹，"盖华北报纸，除小报尚能经济独立外，鲜有不靠津贴过活者"。[②] 这样一来，就逐渐形成了中国特有的报业"津贴本位"经营模式与经营观念。所以，有人对这一时期的报纸营业总结为，"就经营方面而言，除少数能独立自给的报纸而外，多数报社专靠他人的津贴，对于管理和经营的方法与政策，他们简直不注意"。[③]

　　但是随着民国时期南京中央政权的统一，政党林立局面的结束，原有依靠政党津贴而生存的"津贴本位"报刊失去了经济来源，再加上国内商业的不断兴盛，国内企业化经营的报纸不断出现而且成功运营，这都客观上促使民国报业逐步由"津贴本位"向"广告本位"转型。有学者对此是这样叙述的，"近代新闻事业由政论本位进而为新闻本位，由津贴本位进而为营业本位，此殆东西各国所略同，故其成为一种文化之营业，乃属最近之趋势，营业欲谋发达，则必求其制作之精良，与营业之方法。制作属于编辑方面，营业则为营业部之责任。营业之致力不外二道，即发行与广告，二者互为因果"。[④] 反过来看，又因为："营业是报馆所以维持生命之源泉，如不趋重之，则不能维持生命，生命如不能维持，又焉为公众发言"，所以"'营业'二字，如能办好，还可经济独立，办报而能经济独立，外面之津贴，可以不拿，万恶之竹杠，可以不敲，在任何方面，可以不致被人收买，岂非洁身自好之一好办法乎?"[⑤]

　　2. 报业"广告本位"经营模式的确立

　　据有关记载，英国于1745年有所谓"一般广告者"（General advertiser）之"广告新闻"出现，从此开启了新闻广告的新纪元。"在此以前，新闻与广告，如风马牛不相及，新闻仅依发行之多少以为营业之目的，自有广告新闻，而广告费乃成了新闻社之一财源。其他报社群起而模仿，新闻的经营，遂益见其发达。其方法体裁则罗列广告五十件乃至六十件，于

　　① 戈公振：《中国报学史》，三联书店1955年版，第212—213页。
　　② 张一苇：《华北新闻界》，《报学月刊》1929年第1卷第2期。
　　③ 刘觉民：《报业管理概论》，商务印书馆1936年版，第10页。
　　④ 黄天鹏：《中国新闻事业》，联合书店1930年版，第58—59页。
　　⑤ 郭箴一：《上海报纸改革论》，复旦大学新闻学会1931年版，第29—30页。

广告中间，插入若干之记事，形式极幼稚。"①这是最早的广告。从此以后新闻与广告关系密切，相辅相成，以至于报业经营全面依赖广告，最终形成"广告本位"经营模式。如"英美报社类以广告为本位，盖英美以商立国，货物之推销，全赖广告之宣传。商家每不惜糜耗巨额之广告费，新闻纸亦恃此为唯一之养料，读者以时间与经济之所需，日常所用，每求之于广告。因供给者与需要者之所求，英美经营新闻业者遂以广告本位为方针矣"。②有人对美国新闻社"广告本位"的解释是，一方面，"美国以商业立国，其国民之目标几全在于商，为商者最善之一招徕方法，为在新闻纸上刊登广告"。另一方面，"美国国民生活日趋文明化，而尤尊重时间之经济。故都市人民，日常生活之需要，几罔不求之于百货公司与其它之商店。情势所趋，乃致欲知家具、衣服、食品及其它凡百商品之品质与价格之高下者，都求之予新闻纸上刊登之广告"。③

那么"广告本位"的本质是什么呢？其表现如何呢？所谓"广告本位"，就是报馆的经济主要以登载广告为大宗的收入，广告收入是报馆的根本收入、主要财源，以广告营业为重心的体制就是"广告本位"经营体制或模式。自从报业"广告本位"经营以后，报业营业发生了重大变化。其中广告收入成为报馆的最大收入，甚至决定报馆的命脉。有人认为，"广告为新闻社收入最大之源泉，新闻纸之生命几全赖之以维持。故新闻纸为自身利益计，实有谋其广告发达之必要。"④"而报纸之支出，亦多仰给于广告。故在欧美发达之报纸，其广告费常占收入十分之九而强。"⑤所以"一报之有告白与否，尽足以定一报之运命。今美国报馆，进款之半数，皆出于告白费。至定阅报章之资、仅供购致纸墨邮票之用而已。报馆人物之俸给、以及其它支持馆务之费，皆取给于告白费也"。⑥这样一来，"用广告营业以维持报纸生活，此殆已成近日新闻社之公例。然如何使广告发达，则也新闻者固有所企望于普通社会上一切商业之蓬勃，非大商行必不能出巨赀（资）以刊广告。新闻纸乃从而受其影响，

---

① 邵飘萍：《新闻学总论：国立法政大学讲义》，京报馆 1924 年版，第 62 页。
② 黄天鹏：《中国新闻事业》，联合书店 1930 年版，第 59 页。
③ 吴定九：《新闻事业经营法》，现代书局 1932 年第 2 版，第 7 页。
④ 曹用先：《新闻学》，商务印书馆 1933 年版，第 83—84 页。
⑤ 戈公振：《中国报学史》，三联书店 1955 年版，第 212 页。
⑥ ［美］休曼：《实用新闻学》，上海广学会 1913 年版，载余家宏等《新闻文存》，中国新闻出版社 1987 年版，第 241 页。

商业愈繁盛，商战将愈猛烈，为争求主顾之原因，自非大张其广告不可。新闻纸上广告既多，则无须于津贴，议论亦归于纯正，消息因亦求其灵确，销路既然广，广告遂亦臻上乘矣"。[①] 同时 "新闻纸最要之收入，为广告费，至其卖报所得，尚不足以收回其成本，此世所熟知者也。故一报广告之多寡，实与之有莫大之关系。广告多者，不独经济可以独立，毋须受人之津贴，因之言论亦不受何方之缚束，且可扩充篇幅，增加材料，减轻报资，以推广其销路也。又广告如登载得当，其为多数人所注意也，必不让于新闻。故广告加多，直接亦足推广一报之销路也。故为一报自身利益计，实有谋其广告发达之必要"。[②] 于是 "营业部为新闻社之收入机关，而广告处尤为营业部中收入之大本营"。[③] 因此有报人曾感叹，"有人来信叫我们减少广告，甚至有人对我们建议完全不要广告，全登文字，在建议者固为好意（因为要增加文字篇幅，便是承他们重视本刊的内容），但在事实上非关门大吉不可"。[④]

（二）报业广告科学经营理论的出现

当时报业广告的科学经营主要体现在报业广告个性化推销、专业化设计制作、开发分类广告以及借鉴国外广告价格的科学计算方法等方面。

1. 报业广告个性化营销理论的形成

当时报业广告个性化营销主要体现为广告员上门推销、中介推销、广告与调查一体化营销、策划营销等主要营销方式。

（1）广告员上门推销

人员上门推销或电话推销，这是一种传统而有效的推销方法，也是我们日常所说的推销员推销。一般来说，广告兜揽员必须熟悉市场情形、交游广泛，同时要善于辞令，勤劳敏捷，以便推销广告业务，还要长期维护好广告客户的关系，确保广告业务的长期往来。[⑤] 但其有效的前提是报纸要能吸引广告主。那么报纸怎样才能吸引广告主呢？一般地，要从报纸的名声地位及其在社会上的势力、报纸的外表、广告政策、发行份数、读者

---

① 徐宝璜：《新闻事业之将来》，《报学月刊》第 1 卷第 1 期，1929 年。
② 徐宝璜：《新闻学》，国立北京大学新闻学研究会 1919 年版，第 68 页。
③ 吴定九：《新闻事业经营法》，现代书局 1932 年第 2 版，第 87 页。
④ 邹韬奋：《〈生活〉五周纪念特刊预告》，《生活》周刊第 5 卷第 52 期，1930 年。
⑤ 参见钱伯涵、孙恩霖《报馆管理与组织：申报新闻函授学校讲义之二》，申报馆 1936 年版，第 73—74 页。

的购买力、读者的性别等方面满足广告主的需求。① 也就是说，得凭报纸自身的综合实力来吸引广告主，要有大的销路，因为"登广告者，多觅销路最广之新闻纸登之，因其效力最大也。故销路广者广告多，销路狭者广告少，而求一报广告之发达，应先求其销路之推广也"。② 此外，要想比较完美地吸引广告主，报纸还要特别注重：树立广告之信用；提高广告之技术；谋商业新闻栏之充实。③

（2）中介推销

中介推销，也即间接推销，主要包括广告捐客、特约经理处或广告社介绍等形式。其中广告捐客，一般是由与报馆有长期较为信任的广告推销业务合作但不属于报馆聘任的人员向报馆兜揽广告，报馆向其支付一定薪金或佣金报酬或回扣。各大报馆为了扩大广告业务，一般都会有一支广告的捐客队伍。而特约经理处，"系委托各都市间的特别代表，代表报馆接洽收受广告。并随时负责向请求登载广告者，加以适当的解释和帮助。他们服务的代价或支薪金，或扣回佣，看当地情形，及各家报馆的办法而定"。④ 而广告社介绍则不同，广告社，也即广告代理公司，是一种独立经营的广告推销经纪人，是专门的独立的广告设计制作与代理的企业组织。与报馆只有广告业务交往，没有任何附属关系，完全是采取回扣的制度。一般的回扣标准是15%至20%。⑤

（3）广告与调查一体化营销

欧美报馆的广告部一般设有调查股或研究设计科，专做社会市场调查，为广告商详细提供针对性极强的商情报告，并为广告商提供广告服务计划。尤其是"专门调查营业失败的商家，替他们计划营业的步骤，专在报纸广告中作宣传，谋他们营业上的新出路"。⑥ 所以汪英宾特别建议，"办报人宜扩大广告之范围，以商业之智识，为商人解决推销之问题，如

① 参见钱伯涵、孙恩霖《报馆管理与组织：申报新闻函授学校讲义之二》，申报馆1936年版，第169—173页。
② 徐宝璜：《新闻学》，国立北京大学新闻学研究会1919年版，第68页。
③ 参见徐宝璜《新闻学概论（上）》，《新闻学刊》1927年创刊号。
④ 钱伯涵、孙恩霖：《报馆管理与组织：申报新闻函授学校讲义之二》，申报馆1936年版，第75页。
⑤ 参见刘觉民《报业管理概论》，商务印书馆1936年版，第268页。
⑥ 沙凤岐：《报纸与社会》，《新闻学期刊》1934年第1期。

是则报业有充足之进款，而报事业得日新月异矣"。①

（4）策划营销

策划营销，由报馆广告推广设计科随时随地根据环境变化，抓住时机，策划一些广告营销计划或营销活动，从而开拓广告市场，增加报纸的经济收入。策划营销没有固定的规律与方法，随机性大，时间与地域差异也明显。报馆广告策划营销有很多具体的营销计划或营销活动。比如"专栏利用"，也就是我们所说的报纸主题专刊。具体地说，就是在特殊的日子报纸往往出专刊或专栏，而许多商家却乐于在这个时期购买专刊上的广告位。② 当时国内也有过类似的策划营销，如上海《申报》与《时事新报》曾举行商标竞赛会来推销广告。③

总之，无论哪种推销方法，报纸广告的推销都要注意：

> 商家登载告白，其货品必应时之新物，而索值又宜略较市价为下，此事甚要，获赢之秘。此亦一端。报馆中承徕告白之人，宜时以此节提撕商家。若夫告白费之高下，乃第二事耳。苟商家以登载告白故，博得赢利，优于他法之所得。则告白费之高下，彼固不计。然告白之费，能低减最佳。刊长期告白者，尤宜减折。若报章流通未广，则告白费固宜略高，以为支持之计，且略高亦不为过，以读报之人大半即属购货之人故也。报馆亦可与商家订约，预定每岁至少登载告白行数几何，商家无论何时欲登告白，即可随意登之。④

也就是说，不管怎样，广告的推销要特别注意产品新颖、时机合适、效果明显、讲究信用、价格灵活、服务便利等。

2. 报业广告专业化设计与制作的理论

广告，其拉丁文表达为"Advertere"，意思是转移，英文表达为"Advertise"，意思为转移对方之心理，作普罗大众的通告。所以"凡一种

---

① 汪英宾：《中国报业应有之觉悟》，载黄天鹏《新闻学论文集》，光华书局1930年版，第29—44页。

② 参见刘觉民《报业管理概论》，商务印书馆1936年版，第272页。

③ 参见曹用先《新闻学》，商务印书馆1933年版，第88—89页。

④ ［美］休曼：《实用新闻学》，上海广学会1913年版，载余家宏等《新闻文存》，中国新闻出版社1987年版，第242页。

宣传，无论用何方法，能转移对方之心理，引起普众之注意，以达有利之目的者，就是广告"。① 因此，"报纸为买卖货物之媒介，杂志亦然，应设法引诱本国商人登载广告，为之计划，为之打样，为之尽力，必使商人不感困难，又排列务求美观，印刷务求清晰，地位务求明显，俾易入读者眼帘，使其出费小而收效大"。② 为了实现报纸广告的目的，尤其在广告已成为专门技术甚至成为专门学问（"关于广告宣传，知识与方法之系统的研究，就是广告学。"③）之后，报纸广告的设计与制作就更须尊重专业的规律，体现专业的水准，甚至"欲劝诱国人刊登广告，最好由广告部代为设计，代为编制，务使能引起阅者兴趣，而使之不忘"。④

首先要明确报业广告设计的专业要求。广告是吸引公众注意而达到预期目的的宣传，所以，从总体上看，优美的广告必须动人心目、引人兴味、令人信服。⑤ 还有人的解释是能引起读者的注意、引起读者发生兴趣、引起读者的欲望、引起读者的信心、引起读者的行动、满足购买人的要求。⑥ 还有人认为有美术意味的广告才是理想的广告，其具体要求是：措辞要忠实，不可离题太远，徒多废话，不可一味瞎吹，失人信仰；形式要庄重大方，不可因希望塞满篇幅之故而侧画图画，不可因无力安排格式之故而空隙太多；在广告地位方面，善撰广告者，不因地位高低显劣而分美丑，因其文字既简洁生动，格式亦活泼玲珑，所谓多多益善，少亦无妨也。⑦ 此外，也有人认为艺术化就是广告的专业要求，广告的艺术化是通过真实、选字、造句、地位、变换、附图来实现的。⑧ 其实对于报纸广告的制作要求，无论是引起读者注意，令人信服，还是追求艺术化，都只有一个目的，就是激起读者的购买欲望，达到广告宣传的目的。

其次是讲究报纸广告制作的专业技巧。报纸广告制作最根本的专业技巧就是如何运用广告文字、形式或其他报纸广告形式引起读者的注意，达

---

① 徐霄汉：《广告学与术（上）》，《新闻学刊》第 1 卷第 3 期，1927 年。

② 戈公振：《中国报学史》，三联书店 1955 年版，第 220 页。

③ 徐霄汉：《广告学与术（上）》，《新闻学刊》第 1 卷第 3 期，1927 年。

④ 曹用先：《新闻学》，商务印书馆 1933 年版，第 85—88 页。

⑤ 参见吴晓芝《新闻学之理论与实用》，立达书局 1933 年版，第 174 页。

⑥ 参见刘觉民《报业管理概论》，商务印书馆 1936 年版，第 247—249 页。

⑦ 参见骆无涯《广告话》，载王澹如《新闻学集》，天津大公报西安分馆 1931 年版，第 206—207 页。

⑧ 参见徐宝璜《新闻事业之将来》，《报学月刊》第 1 卷第 1 期，1929 年。

到令人信服的目的，也就是达到广告的目的。从报纸广告的文字写作手法上看，有很多不同的写法，比如接近法。接近法又包含了描写的接近法、叙述的接近法、想象的接近法、释绎的接近法和教导的接近法。同时描写的接近法又包含了直接描写法、效能描写法、类同描写法、触动描写法、机警描写法、推理描写法等，叙述的接近法又包含了直接叙述法、直接触动法（示意的、委婉的、命令的）以及物叙述法等。① 还得运用具体的广告体裁，如直写式、寓意式、图画式、对话式、信证式、新闻式、惊奇式等②，或图案广告（如化妆品、药品等广告）、勘误广告、诗歌广告、刺激广告、悬赏广告、纪事广告等。③ 尤其广告标题可以通过简要、特趣、切合、赞扬、疑问、惊奇、恐怖、囫囵、劝勉、催促等手法来引人注意。④ 还得讲究文字语句的结构与修辞，所有广告文字须简明、生动，大半字数少而含义广，除文字以外，尽量点缀图画，甚至多用图画，少用文字，更能引起读者兴趣。同时要求标题生动、文字通俗、插图连系、编排醒目。⑤ 广告的语句要主旨明了、次序有条理、字法通俗易懂、句法明白简略。⑥ 还要注意报纸广告的内容构成。一般报纸广告的内容有商品或服务的"名称"（尤其是著名品牌）、"品能"（即产品的性能、功用价值——引者注）。⑦ 所以，有人把报纸广告制作技巧概括为，"著作告白之文，须凝练而易刺人目，此秘术也。盖告白费最贵，故务宜以最少之字数出之。至如何而后易刺人目，亦自有法。其文必足以动人兴趣，激人观感者，于待售之品，必不宜只说吾肆售何物；须将品物之种类，与其佳处，一一言明，行文平易。自然人皆爱读"。⑧ 同时"既有告白之文，又附之以画，自足以动商家之心而生小试之意。读报购货之人，瞥见报中之画，尤足生其注意也"。⑨ 但是无论怎么写，用什么体裁，报纸广告最基本的

---

① 参见刘觉民《报业管理概论》，商务印书馆 1936 年版，第 249—250 页。

② 参见黄逸民《新闻广告》，载黄天鹏《新闻学论文集》，光华书局 1930 年版，第 125—129 页。

③ 参见邵飘萍《新闻学总论：国立法政大学讲义》，京报馆 1924 年版，第 64—65 页。

④ 参见俞爽迷《新闻学要论》，大众书局 1936 年版，第 83—94 页。

⑤ 参见紫微《制作报纸广告的基本条件》，《机联会刊》1936 年第 153 期。

⑥ 参见俞爽迷《新闻学要论》，大众书局 1936 年版，第 83—94 页。

⑦ 参见徐霄汉《广告学与术（下）》，《新闻学刊》第 1 卷第 4 期，1927 年。

⑧ ［美］休曼：《实用新闻学》，上海广学会 1913 年版，载余家宏等《新闻文存》，中国新闻出版社 1987 年版，第 238 页。

⑨ 同上书，第 242 页。

要求是不作虚伪的宣传，不言过其实而失去商誉信用，不失去广告的目的。所以"凡作告白，尤必以诚信为主。若徒推奖己货，道他家短处，语不由衷，事非真实，此为造谎欺人。报章登载之者，亦蒙其害；以人将推不信告白之心以不信报馆也"。①

此外，注意报纸广告编排的专业化。报纸广告版面位置编排的一般原则是醒目，吸引读者视线，甚至让读者不得不看。当时很多报纸都把封面和底页作为广告版面。比如有人认为用金字塔式来排列广告，能使广告的吸引力格外生效。② 也有人认为："新闻下面登性质相类之广告，使眉目分明，读者极易寻觅。"③ "最妙将广告杂排新闻之空隙中，则读者看广告与看新闻一样的要看，换句话说，使将广告变为新闻化。"④

总之，"写制广告的方法虽是有许多，可是他们的共通神髓不外这三点：诚实，信守，目的。所以不论用什么体裁都可以，最基本的须不要作虚伪的宣传；不要使广告言过其实而失去商誉信用；不要失去广告的目的"。⑤

3. 开发报纸新式的广告类型——分类广告

报业广告的科学经营还需要不断创新和推出广告的新形式，引入国外新式广告类型——分类广告。一方面，有人直接认为，"此种广告实乃小形之新闻"。⑥ 满足了部分读者的信息需求。另一方面，分类广告收费低廉，内容简单，效果明显，是报纸服务读者的园地。正如有学者所言，"其（指分类广告——引者注）最大之功用则为服务读者，为社会读者效劳也。苟某报之分类广告对社会读者服务最多，收效最大，则一般临时或短期读者必欲订购此报，非为专读新闻，乃阅读分类广告也"。⑦ 比如据记载："今日中国报纸之广告，即以上海各大报而论，不外乎声明之一种。商店之新开也，开幕声明；学校之开学也，招生声明；提单之失继

① ［美］休曼：《实用新闻学》，上海广学会1913年版，载余家宏等《新闻文存》，中国新闻出版社1987年版，第243页。

② 参见钱伯涵、孙恩霖《报馆管理与组织：申报新闻函授学校讲义之二》，申报馆1936年版，第163页。

③ 邹韬奋：《创办〈生活日报〉之建议》，《生活》周刊第7卷第9期，1932年。

④ 顾红叶：《新闻发展之新途径》，《新闻学刊》第1卷第1期，1927年。

⑤ 刘觉民：《报业管理概论》，商务印书馆1936年版，第250页。

⑥ 徐宝璜：《新闻学》，国立北京大学新闻学研究会1919年版，第69页。

⑦ 高青孝：《分类广告之研究》，载燕京大学新闻系《新闻学研究》，良友公司1932年版。

也，遗失声明；某公司急欲经理也，招请声明；此种声明广告，强数千读者读之，而其结果则为得一经理，得一提单等。此种广告，予谓之曰不生产之广告。"① 有学者甚至认为分类广告是最能促进报纸销路的广告形式，"分类之告白（如招请、待请、赁屋、待屋、遗失、待访之类）亦足推广报纸之销路。盖此种告白，不啻小形之新闻。自有一部分人，急欲得而读之，取价务宜极廉"。② 还有人认为："正当广告中之最足以推广一报之销路者，为分类广告。即将几种最普通之广告，如遗失、待访、招请、待请、招租、待租、新书出版、学校招生等，各为一类，聚于一处登之。此种广告实乃小形之新闻。每一种类，均有一部分人，急欲取而读之。故如取价甚廉，使其发达，则足以推广一报之销路，毫无疑义。"③ 尤其分类广告对报纸的零售影响大，有人认为，"报纸零星发行，实端赖此项小广告之读者。其关系报纸发行诚非浅鲜"。④ "报纸分类广告，苟能经营得法，非仅等广告者与读者得其益，报纸本身受其利，更为报纸提高其威权巩固其信用之良方也。"⑤ 但当时国内报纸普遍不重视分类广告。有学者调查统计过上海《申报》、天津《大公报》、上海《时事新报》、天津《庸报》、北平《世界日报》、北平《实报》、北平《晨报》、北平《群强报》所刊登的分类广告情况，发现在这 8 家报纸当中上海《时事新报》的分类广告最多，却也仅占普通广告的 10%，而天津《庸报》最少，不到 3%。⑥ 所以要发展报纸分类广告比较困难，甚至有学者认为应该培养民众看分类广告，鼓励、训练民众刊登分类广告，指导民众使用分类广告。⑦ 分类广告才能慢慢发达起来。

　　4. 借鉴国外报业广告价格的科学计算方法

　　由于国内报纸广告价格计算仅以行或字数来计算，价格基数的确定

　　① 汪英宾：《中国报业应有之觉悟》，载黄天鹏《新闻学论文集》，光华书局 1930 年版，第 29—44 页。

　　② ［美］休曼：《实用新闻学》，上海广学会 1913 年版，载余家宏等《新闻文存》，中国新闻出版社 1987 年版，第 243 页。

　　③ 徐宝璜：《新闻学》，国立北京大学新闻学研究会 1919 年版，第 69 页。

　　④ 高青孝：《分类广告之研究》，载燕京大学新闻系《新闻学研究》，良友公司 1932 年版。

　　⑤ 同上。

　　⑥ 同上。

　　⑦ 参见刘觉民《报业管理概论》，商务印书馆 1936 年版，第 250 页；高青孝《分类广告之研究》，载燕京大学新闻系《新闻学研究》，良友公司 1932 年版。

没有统一公认的标准，于是有学者主张借鉴国外报纸广告价格的科学计算方法。首先是借鉴国外报纸广告价格比率（Advertising Rates）的一般计算法。广告价格比率，指的是某报纸单位广告的平均价格，其计算公式为：广告价格比率 =（总费用 - 发行收入）÷ 广告刊登发行数（或方寸数）。所以广告价格比率决定的因素有纸张的成本、广告的分类、贩卖份数、尺寸的大小和所占篇幅的大小。在实际计算的时候，又分为无折扣计算法与升降计算法。其中无折扣计算法，就是按广告刊期、篇幅而毫无折扣的计算。而升降计算法，就是按广告刊期之长短和所占篇幅之大小而有伸缩或升降的计算。虽然有人极力坚持无折扣计算法，如当时美国学者布朗（B. O. Browne）认定报纸广告价目一经厘定之后，绝对不宜减削，只要所有的广告刊登者都是付一样的价格，一个报纸的广告价目即使定得高也不会产生广告推广困难的问题。[1] 但因为无折扣计算法一般被视为对广告主的不公平，所以大多数报馆一般采用升降计算法。按照升降计算法，广告所占篇幅大者，广告率一定较大；广告所占篇幅小者，广告率一定较小。广告登载日期长者，广告率一定较小；广告登载日期较短者，广告率一定较大。投登广告所占篇幅较大而日期长久者，即可减少广告率，于是投登广告者自愿长登较大的广告。广告登载日期较短而广告率较大，广告登载日期较长而广告率较小，于是投登广告者宁愿投登长期广告。[2]

其次是借鉴国外报纸广告价格比率的特殊计算法。比如当时美国学者瑟夫勒（J. C. Safley）认为广告价格比率的确定应当根据报纸的实际销数、报社的费用及最低限度的利润。同时要求在价目定好之后如果报纸的销数激增，不妨提高价率；但切不可因营业竞争而减小价率，否则会失去广告刊登者的信赖，以致广告推广困难。[3] 还有当时美国学者阿能（C. L. Allen）认为订广告合同的公司商店，在一年之内如能刊登一定数量的广告，不妨以最低的价目计算；不过分类广告的收费应当高于大幅的广告。[4] 而当时美国学者麦尔士（C. W. Mears）在他所著《报纸定价与发行

---

[1] 参见刘觉民《报业管理概论》，商务印书馆1936年版，第253—254页。

[2] 参见徐润若《新闻发行学：申报新闻函授学校讲义之九》，申报馆1936年版，第182页。

[3] 参见刘觉民《报业管理概论》，商务印书馆1936年版，第252页。

[4] 同上书，第252—253页。

分析》（*Newspaper Rate and Circulation Analysis*）一书中认为一个报纸的广告价目在表面上是看不出究竟是高是低的，必须用下面的三种方法去测度：第一种方法是分析每一百元广告费所买到的报纸销数的性质是什么（重要是本埠与外埠发行销数的差异）；第二种方法是测度广告价值高低，是求每一元广告费所买到的 L—C—D（Agate line circulation per dollar）（每行价格比率），计算公式为：L—C—D = 销数/每行价格；第三种方法是 7—2—1 定率法，就是将计算的定率依本埠发行、贸易区域及外埠发行的重要性而定为 7∶2∶1。①

　　总而言之，这些报纸价格的计算方法在当时是全新的，很有参考价值，其实即使在今天也仍然有启示与值得思考的地方。

　　（三）报业广告自律与他律理论的初步形成

　　随着报业广告竞争的激烈，当时有些报纸为了维持经济独立，追求营业收入，甚至不加选择地刊载各种虚假欺骗性质的广告、庸俗色情广告以及卖国广告。这不仅损害了广告读者的根本利益，也丧失了报纸的社会信用，甚至严重败坏了社会风气。于是当时新闻学者极力主张通过广告伦理与广告法制从自律与他律两方面来规范报业广告的刊登。

　　1. 强化报业广告的道德自律

　　为了净化报业广告，必须从报馆的自觉自律与报业行业的自律两方面强化报业广告的道德自律。首先，报馆自身应自觉地净化广告。对于任何广告都要从道德、信用与责任等方面预先审查是否危害社会，危害人群，对报馆的信用有无妨碍。尽量取缔一切含有赌博性质及诲淫的广告，如投机（speculation）、奖券（lottery）以及跑狗等赌博性质的游戏以及秘密卖淫窟的告示等。凡广告文字或图画含有欺骗性质、言过其实、有伤风化须一概拒绝。对于卖春药、治梅毒、名妓到京或种种骗钱的广告，宁愿舍去重金，也不能因此而违背道德、丧失信用。所以，尽管报馆要极力扩充广告地位，以增加报馆的收入，但是也要顾及社会的利害和读者的权利，不能以市侩的眼光，做唯利是图的行为。有许多与社会有害的，或有伤风化和欺骗读者的广告，报馆方面应当拒绝，不予刊登。② 比如日本、欧美等

　　① 参见刘觉民《报业管理概论》，商务印书馆 1936 年版，第 254—257 页。
　　② 参见钱伯涵、孙恩霖《报馆管理与组织：申报新闻函授学校讲义之二》，申报馆 1936 年版，第 36 页。

国的报纸特别注意不收欺诈性质的广告。其中"美国各大报，近对于广告，多采取廓清政策。既排除诲淫之广告，即虚伪欺人者，亦不收登。如是其广告、不啻商业新闻，深得社会之信任"。① 如史冬（Melville E. Stone）于 1875 年 12 月 23 日主笔创办真正独立的报纸《支城日报》，该报一直坚持"报纸的广告，不能影响编辑，反之，编辑者尽可根据读者的利益，严格选择广告，其有不合报纸条件者，尽管是报社怎么大的收益，编辑者俱可严加剔除，不予刊登"。② 还有《生活日报》对于广告的限制也非常严格，"凡是骗人害人的广告，一概拒绝不登"③；"凡不忠实或有伤风化之广告，虽出重金，亦不为之登载"。④ 在广告编排上，要求报纸自觉地拒绝各种不正当广告，净化报纸的广告。即使"广告性质之新闻，不可登于新闻栏内"。⑤ 这样"划定广告在版面上的位置，把广告的地位划定，勿使广告割裂了新闻，而结果却能使新闻和广告俱保持着美观"。⑥ 甚至有建议报纸组织广告检查部检查广告，如欧美有几家报纸曾提倡新闻广告伦理化，并联合组织广告检查部，自动实施严格的检查。⑦

其次是报业行业组织建立统一的广告伦理道德。为了规范报业的广告道德，不仅需要报馆自觉地净化广告，还需要报业行业组织来制定统一的广告道德标准，通过行业道德规范报纸广告。比如美国堪塞司新闻道德规范的"出版人部分"的"广告篇"对报纸期刊广告道德作了统一规范（见表 2.3.6）。⑧ 全国报界联合会也曾面向全国报界发布广告道德劝告禁载广告。报界联合会作为全国报界的中枢，也有纠正改良的责任，宜令在会各报一律禁载的广告有："如广告有恶影响于社会者，则与创办本社之本旨已背道而驰；如奖券为变相之彩票，究其弊可以凋敝民力而促其生计，且引起社会投机之危险思想；又如春药及诲淫之书，皆足以伤风败俗，惑乱青年。其类此者，亦宜付诸公决，禁止登载。此种广告，皆与社

①　徐宝璜：《新闻学》，国立北京大学新闻学研究会 1919 年版，第 7 页。
②　杨国良译：《现代广告事业》，《报学季刊》1934 年创刊号。
③　邹韬奋：《〈生活日报〉的创办经过和发展计划》，《生活日报》1936 年 7 月 31 日。
④　邹韬奋：《创办〈生活日报〉之建议》，《生活》周刊第 7 卷第 9 期，1932 年。
⑤　徐宝璜：《新闻学》，国立北京大学新闻学研究会 1919 年版，第 35 页。
⑥　邹韬奋：《〈生活日报〉创刊词》，《生活日报》1936 年 6 月 7 日。
⑦　参见谢小鲁《我国各大报纸面构成之分析及其批评》，《新闻学期刊》1934 年第 1 期。
⑧　参见蒋阴恩译《美国的新闻道德规律》，《报学季刊》第 1 卷第 3 期，1935 年。

会发生极大之恶影响，而报纸登载，恬不为怪。"① 与当时美国报业行业广告道德规范相比，这仅是导向性地指导会员报馆的广告刊登，并没有发布更详细具体的广告道德规则。

表2.3.6　　　　　　　　　美国堪塞司报刊广告道德规范

项目	具体内容
定义	广告就是营业的新闻或图画或者是一种职业的企业，它能直接增加利益或者营业
责任	广告主任的责任应该在契约上明白规定。在他未离职守以前，他应捉住读者的注意力
地位自由	我们主张出版人应该有权借重他的广告地位而变成一个土地、公债、租金和商业事件的捐客；但是我们却反对有任何举动来限制这种权利，因为出版人所以要自由出售他的广告地位，目的是拉拢买卖两方
报酬	我们反对签订任何契约，印行无量数的自由读物。我们反对以交换物品、商业支单或者通融办法代替付广告费；我们主张一切广告均须照付现款
价目	一切广告价目均须以每一千份为单位，并且登广告的人，应该完全熟悉他的销路，不仅在数量的方面，就连分配方面也应该注意。至于销路的报告应该指出正式订户的数目、交换的数目、优待的数目和售给报贩的数目，并且在可能范围内，大概说明本地的分配情形
优越地位	优越地位的契约应该比报纸所订的普通价目多征收一定的百分之几；但是，如果因为普通价目大减，优越地位的利益比普通价目特别高，而至没有地位时，就无须再订立契约了
比较	在报纸上，常常把自己的广告或者销路同他的对手比较，而致招人妒忌，这是有失出版人的尊严的
注意和选择	凡是商业物品的特别商名或者商人、制造者或者职业人的名字，而与他的物产、出品或者劳动有特别连带关系者，不应该泥杂在纯粹新闻故事之内

总之，各国报纸广告道德规范的目的是使报纸广告内容诚实、守信、高效。所以报馆最起码应该拒绝的广告主要是：有损其他同业竞争者的宣传；有违反公共利益的宣传；有妨害公共秩序及安宁的宣传；有伤风化的照片图书及宣传；未经注册的医药宣传。②

2. 严格报业广告法律制度

为了规范报业广告的刊登，除了要从伦理道德上自觉自律之外，还须

---

① 《全国报界联合会通过劝告禁载有恶影响于社会之广告案》，载戈公振《中国报学史》，三联书店1955年版，第221页。

② 参见刘觉民《报业管理概论》，商务印书馆1936年版，第244页。

通过国家相关法律以及报馆内部的规章制度等方面进行强制性他律。

首先，遵守国家广告法律。虽然当时国民政府还没有颁布成文的广告法规或有关法律的相关条款，但当时报业发达的上海却率先发布地方广告管理条例，以加强对报业广告的法律管理。1930年上海市公安局、社会局、教育局和卫生局联合发布的《上海特别市取缔报纸违禁广告规则》。其规定有：

> 第一条，凡在本特别市内发行报纸及登载广告于报纸者，对于本规则均应遵守之。第二条，下列各项广告，报馆不得刊载：宣传诲淫书画有伤风化者；宣传药物，言过其实，迹近欺骗者；刊登猥亵图书，刺激青年视觉者；诱惑欺骗希图诈取财物者；刺激危险有妨秩序安宁者；其它经主管官署通知禁止者。第三条，报纸刊载宣传淫猥药物广告者，依照本市取缔淫猥药物宣传品暂行规则办理。第四条，报馆对于广告认为有涉本规则第二条第一款至第五款之嫌疑者，应令送登广告人先送经社会局核准后方得登载，如认为有涉同条第四款之嫌疑者，得令送登广告人觅具妥实保证后登载之。第五条，广告一经刊登，即由报馆负责。如查有触犯本规则第二条各款之一者，勒令停登。如仍违命登载，按照违禁法第三十三条处十五元以下之罚金，或十五日以下之拘留，如屡犯不悛，得依照违警法第十八条勒令歇业。第六条，本规则自特别市政府公布之日施行。①

这是当时国内唯一一部专门关于报纸广告的地方法律规范，也是当时国内较为具体而全面执行的少有的报纸广告法规之一，它对上海报纸广告的规范管理作用巨大，而且对全国报纸广告的法制管理也影响不小。

其次，严格执行报馆内部有关广告的制度章程。为了报业广告营业的长远发展，当时国内外著名报纸纷纷发布广告制度规范，严格规定报纸广告的刊登。其中当时美国《芝加哥讲坛报》规定接受刊登的广告主要有：注册登记的医药书籍及刊物；政府卫生机关核准之各种预防疾疫方法及药物；卫生用器；不损伤皮肤的肥皂及其他清洁素；调节室温及通气方法或用具；矿质水类；清洁卫生食品；一切医药（除规定的各类外）及必须

---

① 曹用先：《新闻学》，商务印书馆1933年版，第90—91页。

获得政府核准者，斟酌刊登。① 该报规定拒绝刊登的广告主要有：

> 医师，外科医生，及药剂师；堕胎师，堕胎方法，堕胎器具，避孕方法器具及药品；政府检定为不合联邦食品药物法的一切治疗方法及用具；政府卫生局，制药公司联合会，医师公会，药房联合会或牙医师公会等所举发无效之一切治疗方法药品及用具；含有海洛英、吗啡及古加龄等内服药或能致瘾癖的药物；一切含有木质酒精、铅质、古加龄及其它毒质之妇女卫生用具、油膏、颜料、香水、擦剂等；隐约不明之医药报纸；一切有反联邦食品药物法的精神而为过甚的宣传之广告；除联邦食品药物法第七条所规定之汤剂等外之其它内服药；牙医广告。②

另外，当时美国《纽约时报》曾规定拒绝刊载的广告主要有：作伪或不可靠之生财广告；股票债票赌博店；私人攻击；大而无保之股东赢利；赠物不索报者；包治疾病；摩挲法（以手术治疾）；求婚；算命看相者；不正当之书籍；不雅观之医药广告。③ 还有当时美国《星期六周报》（*Saturday Evening Post*）与《妇女家庭报》（*The Ladies Home Journal*）也规定拒绝刊登的广告主要有：巫医；酒类；迹近不道德之事件；事之鄙猥或太贱者，与广告之言辞或所言之物使人不愉快者；广告用意隐僻者；广告赠物而实则不然者（凡以物与人，须受者作某事或购某物为报者，皆不得曰赠）；含赌博性质之银钱事业；攻击同业。④

总而言之，为了促进报纸广告真实，各报馆应当明确的主要制度有：

> 凡是不著名公司之招考职员，予以拒绝，即须登载，至少应派人实地调查，并令其觅一殷实铺保；拒绝诲淫的广告（如诲淫的小说及春药花柳药等），遇到此种广告，须查阅此书的内容，并请医生检验药品，认为可靠，然后登载；对怀疑之广告，须由登广告者觅殷实

---

① 参见刘觉民《报业管理概论》，商务印书馆1936年版，第244—245页。
② 同上书，第245—246页。
③ 参见《广告与道德》，《科学》第4卷第2期，1918年；钱伯涵、孙恩霖编《报馆管理与组织：申报新闻函授学校讲义之二》，申报馆1936年版，第166页。
④ 参见《广告与道德》，《科学》第4卷第2期，1918年。

铺保，或竟不登；删除广告中言过其实的宣传文字；照欧美报纸的成法，聘请律师，审查广告中有关法律的文句或事实；随时注意别种不真实的广告，并检查商店新出物品是否名副其实。①

五　报馆人事企业化管理理论的确立

民国时期报业是按照产业规则商业运营的，所以报馆对人事的管理也是企业化制度。由于当时报业之间竞争激烈，新闻专业人才又紧缺，所以各大报馆都非常重视新闻人才的管理，甚至新闻理论界也提出"人才是报馆的灵魂"的观点，可以说也就是我们今天所言的，人才是报业的核心竞争力。此外，当时新闻学者还就新闻人才的专业要求、权益保障、招考录用、养用结合等方面作了较为深入的理论探讨。

（一）"报馆譬之人体，人材则灵魂"的理论

民国时期报业发展的最根本问题就是新闻人才普遍紧缺，当时有人对此是这样认识的，"盖我国现在之新闻界，其腐败幼稚，毋庸讳言。而根本问题，由于人才之缺乏、品类之不齐"。② 也有人认为，"就是从大体上视察起来，新闻事业幼稚病的症结，可以说是由于专门人才的缺乏"。③ 还有人认为，"我国新闻事业最感困难者，即缺乏人才是也"。④ 所以人才对于报业的发展与竞争都非常重要，甚至是报馆竞争的灵魂与核心，其中民国著名新闻学者戈公振提出"报馆譬之人体，人材则灵魂"的理论，他认为，"报馆譬之人体，人材则灵魂也。故报纸之良不良，可自其人材多寡而知之"。⑤ 其实当时很多人都意识到了新闻人才对报馆、报业的重要性。戈公振还认为，"才难之叹，自古已然。况甫具萌芽之报界乎？今后之办报者，欲卓然有所树立，将不在资本之募集，而在专材之养成"。⑥ 并强调，"我们要想编一种良好报纸，就要有良好的编辑人才"。⑦ 而黄天鹏认为，"执役报馆之职工，为一报之灵魂，倘有巨额之资本，与完善之

① 周孝庵：《最新实验新闻学》，时事新报馆1930年第2版，第405—406页。
② 邵飘萍：《新闻学总论：国立法政大学讲义》，京报馆1924年版，第249页。
③ 陶良鹤：《最新应用新闻学》，复旦大学新闻学会1930年版，第72页。
④ 吴晓芝：《新闻学之理论与实用》，立达书局1933年版，第225—226页。
⑤ 戈公振：《中国报学史》，三联书店1955年版，第244页。
⑥ 同上书，第246页。
⑦ 戈公振：《新闻学泛论》，载黄天鹏《新闻学演讲集》，现代书局1931年版，第1—8页。

设备，而用不得其人，则犹无从言发展也"。① 陶良鹤也认为，"要一种专门事业的发展，第一需要着专门的人才。所以新闻事业伟大的前程，迫切的待专门人才的出来担任"。② 而邹韬奋也在实践中意识到了新闻人才的重要，认为，"一人的精神材力无论如何奇伟卓越，总有限制，故事业的规模愈大而内容愈繁者，其成败兴衰的枢机愈在用人之得当与否"。③ 甚至有人建议报馆在人事科专门设立招工股、训工股、卫生股、安全股、研究股、服务股等管理职工的雇佣训练，工作的考勤以及办理职工的储蓄或其他事务。④

（二）报馆新闻人才的专业要求及权益保障

新闻人才既然如此重要又相当紧缺，那么该如何培养和利用好新闻专业人才呢？一方面要根据新闻人才的学识要求教育培养新的新闻专业人才；另一方面要对新闻人才的行业权益进行维护与保障。

1. 报馆新闻人才的学识要求

首先要明白新闻专业人才的学识要求，既然新闻已成为一种专门职业，那么新闻人才就应有相应的专业学识的要求。所以有人认为，"新闻事业者，今已成一种之职业。从事者需专门之教育，应有特别之嗜好，又必能耐劳苦，若仅欲略知一大报之组织与办法，其事固属易易也"。⑤ 甚至还有人说，"就现在各国培养新闻记者的现况看来，我们知道新闻记者不是可以随便从事的，没有真正的学识就不能担任新时代的记者的任务。所以中国未来的新闻记者，应该脚踏实地的研究新闻学。如果认定新闻记者为自己的终身职业，就应该以此为'专业'，不可再兼他种业务"。⑥

那么新闻人才具体需要什么学识呢？一般认为要有"高等的常识"。邵飘萍对"高等的常识"有更具体的理解：

　　所谓"高等的常识"者与世人所称之常识比较有异，盖世人所

① 黄天鹏：《中国新闻事业》，联合书店 1930 年版，第 92 页。
② 陶良鹤：《最新应用新闻学》，复旦大学新闻学会 1930 年版，第 71 页。
③ 邹韬奋：《用人的三种制度》，《生活》周刊第 5 卷第 26 期，1930 年。
④ 参见徐润若《新闻发行学：申报新闻函授学校讲义之九》，申报馆 1936 年版，第 170—171 页。
⑤ ［美］休曼：《实用新闻学》，上海广学会 1913 年版，载余家宏等《新闻文存》，中国新闻出版社 1987 年版，第 168 页。
⑥ 谢六逸：《实用新闻学：申报新闻函授学校讲义之三》，申报馆 1935 年版，第 36 页。

称之普通常识，大约中学毕业或与之有同等学力者，即可称有普通常
识之人。然苟以之充职务较为繁重之新闻记者则嫌其不足，必也对于
专门学者之意见有充分了解之程度，对于专门的事件之记述有明确观
察之识力。而尤在平时即有头脑明晰之素养。其所具理解足为裁量多
数事物之尺度。①

其实也可以认为应该有高等教育的文化常识。而在品德上要达到
"贫贱不能移，富贵不能淫，威武不能屈，泰山崩于前，麋鹿兴于左而志
不乱"② 的境界。所以很多学者都从学识、品德与体格三方面来确定新闻
记者的资格条件，如谢六逸认为，"新闻记者为一种知识劳动者，所以充
当新闻记者的唯一条件是学识丰富，勤苦耐劳，再加上'责任心'与
'伦理观念'，然后可以称为一个完全的新闻记者"③；李公凡认为新闻记
者的资格条件是具有高等的常识、完美的德性与强健的体格④，具体地
说，就是必须是大学或专门学校毕业的，必须是能随时做自省功夫的，必
须是能随时注意体格训练的⑤；曹用先也认为，"普通访员必须有广博之
知识，特别访员必须有专门之研究"⑥；戈公振认为做新闻记者的条件是
有高等的教育、热心、文字的清顺、身体强健⑦，等等。

2. 主张通过职业团体维护新闻人才的基本权益

新闻作为独立的职业就应该通过建立自身的行业自治组织来保障新闻
人才的基本权益。虽然"中国之结会，有五年生命者几百不得一，新闻
记者对于本身职业问题，尚如此散淡，望报业之发展可乎"，但因为"凡
事合则成，分则散，报业亦然，况报业之成职业，尚属幼稚时代，一切信
条规例以及促进报业发展种种问题，皆须联合为之"。⑧ 新闻从业人员被

① 邵飘萍：《新闻学总论：国立法政大学讲义》，京报馆1924年版，第31—32页。
② 邵飘萍：《实际应用新闻学》，京报馆1923年版，载肖东发、邓绍根《邵飘萍新闻学论
集》，北京大学出版社2008年版，第18页。
③ 谢六逸：《实用新闻学：申报新闻函授学校讲义之三》，申报馆1935年版，第34页。
④ 参见李公凡《基础新闻学》，复兴书局1936年第2版，第154页。
⑤ 同上书，第158页。
⑥ 曹用先：《新闻学》，商务印书馆1933年版，第18页。
⑦ 戈公振：《告有志于报业者》，载王漱如《新闻学集》，天津大公报西安分馆1931年版，
第152—158页。
⑧ 汪英宾：《中国报业应有之觉悟》，载黄天鹏《新闻学论文集》，光华书局1930年版，第
29—44页。

迫努力联合，组建行业职业组织，实行同业互助，并维护团体自身根本权益。如有人认为在劳资关系紧张条件下，新闻记者只有组织自己的团体组织实现团结一致，以保障权益，维护记者的地位与人格。具体而言：

> 今当新闻业亦在资本主义旋涡中之时代，记者乃一精神劳动之劳工，而资本主义之压迫使其生活时时动摇，使其人格时时被夺。殆各国所胥不能免之事实。我国今之营新闻业者，对于记者地位之观念尤有轻视冷酷之习性。其结果倔强者悉遭摈斥，蒙宠遇者，乃半属先意承志乞怜摇尾之徒，是人格既先破产，尚安能保其社会公人与第三者地位之资格。各国新闻记者团有鉴于此，乃有种种团体之组织，专以互助之方法，保障生活地位人格之安全。此层我国亦决不可少，而新闻记者之所以能团结一致，又与人才问题有关。盖必先自认识其地位人格，乃方有使资本主认识其地位人格之余地也。①

李公凡也认为，"关于新闻记者的生活地位人格安全的保障，近来各国新闻记者自身有了许多组织。我觉得这是唯一的办法，我们中国也应采取，像英国的新闻记者财团（基金会——引者注）、新闻记者协会、国民新闻记者同盟等"。② 也有人认为为了改善新闻记者的社会地位与经济状况，必须组织自己的职业组织。

> 新闻记者是一种劳工，既是劳工就须设法改善自己在社会上的地位和经济状况。在大都市的报馆服务的新闻记者，他们的地位比较可以安定，但是依旧是不可靠的。新闻记者的报酬甚薄，所以在物质方面常感到不足。他们的工作时间又极没有规则，大多数在夜间工作，对于身体的健康，时时受到威胁。因这些原故，新闻记者非有组织不可。有了组织，大家可以同心协力研究改善地位增进福利的方法。③

还有人就新闻行业职业团体对新闻人才应保障基本权益内容进行了较

① 邵飘萍：《新闻学总论：国立法政大学讲义》，京报馆 1924 年版，第 250 页。
② 李公凡：《基础新闻学》，复兴书局 1936 年第 2 版，第 205—207 页。
③ 谢六逸：《实用新闻学：申报新闻函授学校讲义之三》，申报馆 1935 年版，第 38 页。

为深入的论述。其中邵飘萍认为新闻行业职业组织为保障新闻记者的地位应做的事项主要有：

> 保有职务上精神之自由，不能视为机械的或其他被雇之使用人员；非有自身不职或道德上之缺陷，不得以感情爱恶藉口撤换之，而如年限契约等，亦宜有一定之办法；失业记者之介绍救济，定少年记者、老年记者等每周给费之最低额；调查关于新闻业之法规惯例，为欲达新闻记者行使职务之圆满，努力于立法之修正良改；设置新闻记者公共之图书馆及集会建筑物等；准据《国民保险条例》，营新闻记者之储蓄保险事业；依一切法手段以图新闻记者地位之增高与意志之团结。①

而陶良鹤认为国内新闻记者团体亟待解决的问题有人格的独立、职业的保障、地位的提高、公益设施的建设、同业的互助、优待的条例、保险的预备等②，具体内容见表 2.3.7。

表 2.3.7　　　　　　　　中国新闻记者团体亟待解决的问题

人格的独立	新闻记者虽服务于一个新闻社，立于受雇佣的位置，但在人格上是应当独立的，在职务上应当是自由的。资方倘有不合理的压迫，应团结起来，维持本来的尊严
职业的保障	新闻记者的职业，应依海关及邮局的办法，以人才为本位，以年俸加进例为奖励，使其无职业的疑虑，或生活不安的痛苦，非有不称职的行为，或不名誉的行动，不能受馆主或上级职员，随喜乐而予取予夺，故订约及解约应有一定的办法
位置（地位）的提高	新闻记者应受相当的高等教育，而有丰富的职业经验，才能负了这么大的责任。尊重自己的学养人格，以博社会的同情。使社会了解记者位置（地位）的高贵，而知所尊重
公益设施的建设	为促进记者的德智体三育，而对于会所内种种的设施，如德育的修养、学行的相励、图书馆的开办和体育场的设施，都有必要的。再如消费合作的事业，以及关于记者的公益事宜
同业的互助	关于同业的待遇先立一相当的标准，并积存基金，以为失业记者的救济，年老记者的补助，而凡同业意外的身死教养，也应为有力的救助，以及职业的介绍

---

① 邵飘萍：《新闻学总论：国立法政大学讲义》，京报馆 1924 年版，第 251 页。
② 参见陶良鹤《最新应用新闻学》，复旦大学新闻学会 1930 年版，第 81—84 页。

优待的条例	新闻记者为人群社会服务，国际及政府自然要有优待的办法，如执业时的种种便利，使用电报函件及舟车等的特别优待。以及记者法律上、社会上的位置（地位）与保障，应督促当道（局）适当地优待
保险的预备	新闻记者为谋身体的安全，及意外的储蓄事业的预备，都应由新闻记者会负责计划之，为至善的设备
其他的计划	其他一切关于记者的安乐与自由，记者都应看着时势的需要，为适当的设施与建树

（三）报馆新闻人才公开招考聘用的理论

报馆要发展，用人是关键，而引进人才则是关键之关键。民国时期长期以来习惯于"熟人举荐"以求安心，但是往往出现用人唯亲、用非所学的不良现象。所以当时很多新闻学者建议公开招考录用人才。有人斥责熟人推荐往往用非所学，应该学习欧美报馆唯才是举的考试制度，认为"今日报馆之用人，尚无正轨可循，大约仍以情面为主，一为主干者之亲戚朋友，一为有关系者之推设介绍，每多用非其学，欧美唯材主义之考试制度，尚未能施行也。以是而言事业，是犹缘木而求鱼耳"。[①] 有人在考察了日本报馆招考记者的具体做法以后，认为：

考试制度足以甄拔真才，不容讳言，故以考试施于最初入馆之访员，尤属需要。日本对于访员，限制极严，须大学毕业生始得应试，一经录取，先派为访员，经相当时期之"前线工作"，始再引为编辑，其法甚佳。吾国对于访员，既无大学毕业之规定，复无考试之办法。……吾国若将来实行考试制度，访员的应试资格应规定如下：国内外大学新闻科或新闻大学毕业者；或国内外专门以上学校毕业者；或竟照日本办法，须大学毕业者；或能证明已往工作之经验者。[②]

而考试内容主要是须下笔迅速而清楚，须在嘈杂场所不乱文思，须记

① 黄天鹏：《中国新闻事业》，联合书店 1930 年版，第 92 页。
② 周孝庵：《最新实验新闻学》，时事新报馆 1930 年第 2 版，第 12—13 页。

述问答式之文字，须有推考力。① 也有人专门阐述了考试制度的公平性与科学性，认为考试制度是较为公平的用人制度，其理由是，

> ……（考试制度——引者注）如此一方面可选用真才，一方面可使职务因安定而效率随之增加，同时并可减少奔竞钻营的恶劣风气。舅老爷兄老爷弟老爷果有真实本领，尽可按照规章公开应考，向来须由保荐进身的人果有真实本领，也尽可按规章公开应考。所以考试是可算比较公平的用人制，不但政治上，就是其他机关的录用人材——除特殊重要的领袖须由下级擢升或另行物色外——都应尽量的采用考试制度。②

并进一步解释了考试制度的科学性，认为，"平心而论，我们并不承认考试是万能，但严密周详的考试总比看看文凭更能测验'平时的成绩'。平日对于某种学问没有相当工夫的人，对于某种学问的严密周详的考试，决不能临时能像变戏法似的无中生有，做出好成绩来"。③

那么报馆又怎么来公开招考录用新闻人才呢？有人建议报馆设立招工股，招工股的具体职责主要是：平时对于工人来源的推求；注意选择工人的标准是否与研究股所定的相符合；协助工人如何开始工作；设法知道并祛除劳资间的误会或不满；实际执行工人地位的升降；执行各部间工人的调整，以资降低职工的周转率，并增加生产；撤退工人；接收并决定增加工资的请求。④ 而考试的形式则分为笔试与面试。其中一般面试的内容主要是：对于品性、身体、学识和经验等，都要经过详细的考问。如姓名、住址、电话号码、希望何种职位和薪水、前薪数目、诞生地、日期、婚否、多久、小孩人数、父母姓名及国籍、教育程度、在校年数、是否曾毕业、喜欢与不喜欢的课程，是否计划继续求学。如是跳槽的，还需面试的内容有：前雇主姓名、地址、行业、职位、服务时间、薪水数目、迁调的动机。本馆是否有亲戚，何人介绍，希望何职位，属于何种社会、体育或

---

① 周孝庵：《最新实验新闻学》，时事新报馆1930年第2版，第12—13页。
② 邹韬奋：《用人的三种制度》，《生活》周刊第5卷第26期，1930年。
③ 邹韬奋：《再复朱经农先生的一封信》，《生活》周刊第5卷第47期，1930年。
④ 参见徐润若《新闻发行学：申报新闻函授学校讲义之九》，申报馆1936年版，第171—172页。

宗教团体、癖好，何种事业，有人依靠否、何人，有储蓄否、何家银行、保人寿险否。① 还包括一般智力测验、性癖测验、特种能力测验、商业知识及技能测验、个人兴趣测验、个性测验等。②

　　此外，对各类新闻人才的招考又有什么具体的要求呢？一般来说，对新闻记者、编辑的素质要求最为重视。民国初年著名记者黄远生曾根据自己的经验把新闻记者能力要求概括为脑筋能想、腿脚能奔走、耳能听、手能写，也即"四能"。其解释是："调查研究，有种种素养，是谓能想；交游肆应，能深知各方面势力之所存，以时访接，是谓能奔走；闻一知十，闻此知彼，由显达隐，由旁得通，是谓能听；刻画叙述，不溢不漏，尊重彼此之人格，力守绅士之态度，是谓能写。"③ 而一般对新闻记者的素质要求都强调品德修养、知识修养、专业技术修养及身体条件等。如有人认为新闻记者"品性为第一要素"，其品性主要包含人格、操守、侠义、勇敢、诚实、勤勉、忍耐及种种新闻记者应守之道德。做到贫贱不能移，富贵不能淫，威武不能屈，泰山崩于前、麋鹿兴于左而志不乱。作为记者所必需之知识与经验主要有知新闻价值、观察力、推理力、联想力、细密与注意、机警与敏捷、个性抛弃、来源秘密、不发表之预约、但知事实不要求登载等。作为记者还要求身体健康。④ 徐宝璜认为访员之资格是敏捷、勤勉、正确、知人性、有强健之记忆力，有至广或至深之智识。⑤ 还有人认为新闻记者应有的修养是：真洁的品行、强健的身体、丰富的常识、渊博的学问、冷静的头脑、刚强的判断、强健的记忆、和蔼的性情、敏捷的手腕、勤勉的习惯。⑥ 又有人认为外勤记者应有的修养是：勤劳的习惯、敏锐的眼光、忍耐的性格、平和的态度、高尚的德行、无畏的精神、牺牲的宏愿、缜密的心思、冷静的头脑、丰富的知识。⑦ 也有人认为记者必备的条件是：强健

　　① 参见钱伯涵、孙恩霖《报馆管理与组织：申报新闻函授学校讲义之二》，申报馆1936年版，第208—209页。
　　② 参见刘觉民《报业管理概论》，商务印书馆1936年版，第129页。
　　③ 黄远生：《忏悔录》，《东方杂志》第12卷第11期，1915年。
　　④ 参见邵飘萍《实际应用新闻学》，京报馆1923年版，载肖东发、邓绍根《邵飘萍新闻学论集》，北京大学出版社2008年版，第18—25页。
　　⑤ 参见徐宝璜《新闻学》，国立北京大学新闻学研究会1919年版，第35—36页。
　　⑥ 参见张万里《新闻记者应有的修养》，《报学季刊》第1卷第4期，1935年。
　　⑦ 参见宋鸿猷《外勤记者应有的修养和我的采访经验》，《报学季刊》第1卷第3期，1935年。

的体格——能耐辛劳；丰富的常识——熟知一切；和蔼的性格——交际活泼；冷静的头脑——慎辨事理；裁剪的功夫——帮助记忆；高尚的德性——人格尊严；懂两种以上外国语。[①] 而对报馆主笔、总经理、发行经理、评论、校对等员工的素质要求都有相关论述。如有人认为，"主持笔政者，应有洁白之胸怀，爱国之热心，公平之性情，凭良心之驱使，作诚恕之文章，为众请命，或示人以途，总以国利民福为归"。[②] 也有人认为，"一间报馆的总经理，须对于营业有经验，报学有心得的人才，才能够担任"。[③] 而对发行主任的素质要求主要是：精明干练，吃苦耐劳，富有办事的能力；还要有创造和组织的能力；对于编辑和广告等都要深切了解，并随时和其他部门的负责人交换意见。[④] 同时发行经理须具备的条件是：忠实诚挚、富思考力、商业知识、售货才能、尽职负责、熟悉地方情形、长于商业书信。[⑤] 报社评论家应具备的条件：学问要渊博精深、常识要力求丰富、眼光要高瞻远瞩、发挥要条理井然、文字要富于情感、头脑必须冷静、文笔必须优美。[⑥] 有人曾公开征求评论撰述的条件是：大公无私、思想深入、文笔畅达、至少精通一种外国文。[⑦] 这些观点对当时报馆人才招考实际操作具有明显的针对性与指导意义。

（四）报馆新闻人才"养用结合"的理论

报馆公开招考引进新闻人才只是报馆人事管理的开始，还有更为重要的是如何留住这些引进的新闻人才。按照企业人力资源管理的原理，主要是为报馆员工提供合理的薪酬、丰富的福利激励以及能让员工个人提高与发展的教育和培训。当时新闻学者也就从以上几方面力图建立报馆新闻人才"养用结合"的理论。

1. 为新闻人才提供合理的薪酬

由于民国时期起初报馆规模小、经营也刚起步，所聘新闻记者、编辑的工资水平非常低，有的报馆甚至无力聘用专职的记者、编辑，而喜欢雇

---

① 参见张静庐《中国的新闻记者》，光华书局 1928 年第 2 版，第 26—40 页。

② 徐宝璜：《新闻学》，国立北京大学新闻学研究会 1919 年版，第 67 页。

③ 潘公弼：《报馆的组织》，载黄天鹏《新闻学演讲集》，现代书局 1931 年版，第 45—53 页。

④ 参见钱伯涵、孙恩霖《报馆管理与组织：申报新闻函授学校讲义之二》，申报馆 1936 年版，第 117—118 页。

⑤ 参见刘觉民《报业管理概论》，商务印书馆 1936 年版，第 229 页。

⑥ 参见吴晓芝《新闻学之理论与实用》，立达书局 1933 年版，第 136—138 页。

⑦ 参见邹韬奋《征求一位同志》，《生活》周刊第 5 卷第 34 期，1930 年。

用兼职新闻人才。所以有人认为：

> 中国报馆往往爱贪便宜，所有记者及办事人均系兼差者，其意以
> 为报业均在晚间，利用他种职业者之休息时间，以极小之工资，得适
> 合之应用。其实此类职员既非专门，且于日间工作之余，疲顿已极，
> 往往草草从事，敷衍了之。其不知日间之编辑有较晚间为要者。……
> 新闻既精确，阅者自众，广告随之，薪水亦可从之增加，否则似是似
> 非之新闻记者往往不能尽职业上各种责任矣。①

　　甚至有人建议报馆禁止员工兼职，"吾国记者以薪金菲薄之故，大都
兼任学校功课或其他职务以稍丰其收入，亦知精神分散，成绩必劣。为报
馆计，曷若增加记者薪水，而禁止其兼任外务，俾得精神贯注，一心营
职，其成绩自非兼职者所可同日语矣"。② 但关键的问题是怎么来禁止员
工兼职呢？唯一的办法就是提供足够的薪资。所以有人认为，"在物质
上，新闻记者有也应得有较优的待遇。因为这种为公的事业，又须冒险耐
苦，是应当给以丰厚的代价，使从事这事业的人生活安定，不致每天计算
着柴米油盐，才能安心任事。将这作为终生的事业，然后对于这事业才有
所贡献，有所发展"。③ 还有人认为，"记者月俸问题，极关重要，语有之
'衣食足而后知荣辱'，故月俸之多寡，足以转移记者之操守，何则，新
闻记者之地位至高，惟其高，斯诱惑者，其旁者众"。④
　　怎么给薪酬？是否有参考的薪酬计算标准呢？于是有人专门讨论了报
馆员工薪资的核定标准。其中有人介绍国外薪水制度，希望能给国内报馆
有所借鉴与仿效。比如报纸销售人员的报酬有按小时、天、周、月或年的
薪水制度，销售提成的佣钱制度，外出费用津贴，底薪加提成的薪水佣钱
制度。⑤ 在实际操作中，薪资又分为：支付给新用工人的开始工资或试用

---

　　① 汪英宾：《中国报业应有之觉悟》，载黄天鹏《新闻学论文集》，光华书局1930年版，第
29—44页。
　　② 周孝庵：《新闻学述要》（上海新闻大学函授科讲义第二种），1928年版，第23页。
　　③ 张静庐：《中国的新闻记者》，光华书局1928年第2版，第92页。
　　④ 周孝庵：《新闻学述要》（上海新闻大学函授科讲义第二种），1928年版，第20页。
　　⑤ 参见徐润若《新闻发行学：申报新闻函授学校讲义之九》，申报馆1936年版，第167
页。

工资，按件数计算和按时间计算支付给熟练工人的正常工资。① 更重要的是工资的核定标准，当时国外报馆已经实行科学化管理，其员工工资核定标准主要有两种：一种是雇主以劳动市场价为参考确定工资的雇主主观法则，依照各种标准把员工分类分等级核定工资的团体等级制；另一种是依照一定标准核定员工工资的雇主客观法则。其中雇主客观法则的标准主要有社会平均生活必需费用、生产量为标准、生产质为标准、原料消费、过去经验及教育程度、对工作指示的多少、工作年限的长短、工作的难易、其他各业的工资、营业兴衰的情况、营业获利的大小、劳动供求的大小等。② 于是有人认为，"记者薪金，应以学识经验才能三者为标准，其增加办法，可按照邮局海关或银行，按年递加，服务愈久，薪金愈高，如是则外骛之念减，侥幸之心减矣"。③ 也有人认为，"故遇有可造之材，宜少责以事，使有读书之暇，多与以薪，使无生计之忧。倘能实行年功加俸之制，则人自不至见异思迁，视报馆如传舍矣"。④ 对于"生产效率较一般水准高的职工，公司理应在付给正常工资之外，加付一种勤工奖励金"⑤，对于公司裁员或工龄长的员工给予劳动补偿，为每一位员工购买团体人寿保险、健康保险、失业保险等基本的劳动保险。⑥ 所以"吾人于此有感者，则欧美日本之年功加俸制，亟有采用之必要，既可以销减劳资之争端，而职工亦可无忧生计，而专任其事，报业自可日就发荣矣"。⑦

2. 为报馆员工适时提供教育培训

由于当时社会、经济等条件有限，一般报馆普遍忽视对新闻人才的教育培训，而更强调如何最大化地利用。所以有人积极呼吁重视新闻人才的教育培训，尤其重视员工自学、短期专业培训和学校新闻学专业教育。

首先，限于报馆经济能力，建议报馆应为一般员工的自学创造条件，并鼓励一般员工平时多读书，读新书，尤其是与工作有关的新出版的专业书。其中有人认为新闻记者应研究的科学有：切实研究新闻学内之科目；明了自然科学的作用；明了历史的演进；明了各种的地理；明了社会的本

---

① 参见刘觉民《报业管理概论》，商务印书馆 1936 年版，第 131 页。
② 同上书，第 132—133 页。
③ 周孝庵：《最新实验新闻学》，时事新报馆 1930 年第 2 版，第 204 页。
④ 戈公振：《中国报学史》，三联书店 1955 年版，第 246 页。
⑤ 刘觉民：《报业管理概论》，商务印书馆 1936 年版，第 140 页。
⑥ 参见刘觉民《报业管理概论》，商务印书馆 1936 年版，第 142—143 页。
⑦ 黄天鹏：《中国新闻事业》，联合书店 1930 年版，第 98 页。

质；明了政治的现象；明了社会的法律现象；明了社会的经济现象；明了教育的原理及其实用；明了财政的原理及其政策。① 也有人认为理想的政治记者应该研究历史、地理、法律、国民经济及统计学和外国语；理想的商业记者应该研究国民经济及统计学、私人经济、地理、重要的法律和英语；理想的省报或地方报的记者应该研究历史、地理、国际公法、国民经济及统计学和特殊的法律；理想的文艺记者应该研究哲学、历史和本国文学，除此以外，对于他们将来服务的报纸的宗旨，当然也要有深切的研究。②

　　其次，为新进员工提供业前专业培训。报馆新进员工种类多且差异明显，既有像编辑部的外勤记者、编辑、主笔以及营业部的大小职员等大量知识劳动者，又有像印刷部的工人和送报员等体力劳动者。有人主张报馆应设立"训工股"专门处理员工的培训工作，尤其对于大型报业公司来说更有必要，让"训工股"帮助工人去训练他们自己，以资提高工作效率；帮助工人去预备他们自己，以资升迁或调遣；指导训练工人的职工；详示工人以厂内的工作状况，以资工作的平稳进行；与工业学校合作，使学生或半工半读者易于就业；提倡并援助职业教育。③ 还可以学习欧美大规模组织的报纸，好像银行等一样，对于职工的雇用，另外有一个训练班专门对员工进行培训。同时报馆各部常备一种办事细则（如编辑部细则、访员须知等）分发给新员工学习参考，以熟悉业务。甚至，各部还要求所有新老员工参加定期举行的工作会议。④ "在训练上，最好要着眼于分工合作的制度。一方面使得他对于本身活动范围中的各种技巧，十分熟练；另一方面又要确切了解他所服务的报纸的立场、政策和发行方针等。"⑤

　　此外，最重要的是报馆与学校长期合作为一般员工提供定期的教育与培养。最初一般报馆只重视新闻人才的实际经验，而轻视学校专业教育，后来才发现，"然自此种人材（即经过学校报业教育训练的人才——引者

---

　　① 参见吴晓芝《新闻学之理论与实用》，立达书局1933年版，第16—20页。
　　② 参见戈公振《新闻教育之目的》，《报学月刊》第1卷第2期，1929年。
　　③ 参见徐润若《新闻发行学：申报新闻函授学校讲义之九》，申报馆1936年版，第172—173页。
　　④ 参见钱伯涵、孙恩霖《报馆管理与组织：申报新闻函授学校讲义之二》，申报馆1936年版，第206—207页。
　　⑤ 同上书，第206页。

注）加入报界之后，觉成绩优良，远过于未受专门训练者，于是报界之怀疑始去，而乐与教育界携手。世间有一颠扑不破之公理，即学问绝无害于经验，而有助于经验也"。① 尤其发现，"虽然青年记者，如能谙新闻社内外之实务，又加以有历史、经济、政治、文学养之有素，则可凌驾乎仅有实务经验之人焉"。② 于是"访员之养成，不能不有高深之教练，若专攻新闻学之大学生，不仅谙熟新闻之采访与编辑，且富有新闻学以外之普通学识，以之为访员，必较未受新闻教育之人为宜焉"。③ 可见"要养成良好的新闻人才，须要在学校中有充分的新闻学的教养"。④ 所以"报业既犹未成一种职业，自当有报业教育以养成专门资格。报馆何尝不能培植报界人才，惟中国报馆之办有成效者有几家，仗少数报馆以培养人才以备全国报界之用，吾恐杯水难救车薪。……故对于培植人才一层，不能不赖教育"。⑤ 且"新闻学与新闻事业之关系，不啻如行影之密切，故欲矫正新闻业之弊害，则新闻学之提倡研究，乃其根本急务。所谓提倡研究新闻学者，其最显著之效果，即为新闻记者人才之养成。若新闻界皆为对于新闻学研究有素之记者，则前途自易有改进之余地也"。⑥ 因此，报界与学校联手培养新闻人才成为共识。

3. 建议给新闻人才红利或股票激励

民国时期报业是市场化经营的，报馆之间竞争比较激烈，所以各大著名报馆为了留住和吸引优秀的新闻人才，一般会让员工参与分红或优先购买公司原始股票等，使员工与报馆利益与共、共担风险。如《新闻报》董事长福开森在该报三十年纪念时曾说："办报遇有赢余，馆员皆分其利，使馆中人员皆以报务之发达为心，视同切己之事焉。"⑦ 但是，当时分红一般按业绩的多少为原则，这又引起了新的不公平、新的争议或纠

① 戈公振：《中国报学史》，三联书店1955年版，第257页。
② ［日］松本君平：《新闻学》，载余家宏等《新闻文存》，中国新闻出版社1987年版，第69页。
③ 周孝庵：《最新实验新闻学》，时事新报馆1930年第2版，第15页。
④ 张静庐：《中国的新闻记者》，光华书局1928年第2版，第90页。
⑤ 汪英宾：《中国报业应有之觉悟》，载黄天鹏《新闻学论文集》，光华书局1930年版，第29—44页。
⑥ 邵飘萍：《新闻学总论：国立法政大学讲义》，京报馆1924年版，第248页。
⑦ 福开森：《新闻报之回顾与前途》，载《〈新闻报〉三十年纪念册·纪念文》，新闻报馆1923年版，第1—2页。

纷。所以当时有学者提出"递减累增率"的分红办法，认为"最好的方法是用递减累增率，就是薪工愈小的享受分红的百分比就愈高，例如薪金在一百以下八十元以上定率百分之十五；八十元以下五十元以上定率百分之二十之类"。① 有记载，"上海各大报年终，对职工尚有花红之分，视各报之赢余而定"。② 此外，在大的报业股份公司里，还推出员工优先购买公司原始股票的做法。有人认为这种"股票扩散，是促进劳资合作更进一步的办法。就是从个人利益的保护心理出发，认为劳资合作的深刻化，是应当使劳动者有逐渐变为公司所有者的一分子"。③ 所以对于优秀员工来说，购买报馆优先股票不仅能鼓励职工储蓄，能增加职工的收入，还能增长职工股票投资的常识，而且让职工获得分享报馆经济盈余的法律权利。而对于报馆来说，让优秀员工购买股票不仅可以减少职工的解雇而维持劳动力的稳定，增加公司的资本，还能使职工对于报馆加倍忠诚，从而加倍地努力工作。④

六　报馆财务管理现代化理论的初步建立

根据国民政府《公司法》（1929 年）、《会计法》（1935 年）以及南京国民政府 1936 年宣布 1937 年开始全面征收所得税等法律的规定，全国所有大大小小的报馆也迫不得已开始筹划采纳"新式会计"制度。同时，当时国内报业管理学研究者也积极倡导报馆实行"新式会计"方法与会计制度，以实现报馆财务管理的现代化。

（一）"新式会计"的内部牵制制度与内容

当时国内报业管理学研究者也积极倡导报馆实行"新式会计"方法与会计制度。其中上海申报新闻函授学校教授徐润若认为，"现在一般人总反对新式会计制度，其理由是费用太大。但是他们想不到多用几个人的薪水，和用后所得的好处，两相比较，实在是极合算的"。⑤ 不仅如此，当时中央政治学校新闻系教授刘觉民还直接引入了西方会计方法与会计制度以便建构中国报馆财务管理现代化的会计方法与制度。他不仅强调

① 刘觉民：《报业管理概论》，商务印书馆 1936 年版，第 144 页。
② 黄天鹏：《中国新闻事业》，联合书店 1930 年版，第 98 页。
③ 刘觉民：《报业管理概论》，商务印书馆 1936 年版，第 144 页。
④ 同上书，第 145 页。
⑤ 徐润若：《新闻发行学：申报新闻函授学校讲义之九》，申报馆 1936 年版，第 143 页。

"财务管理最重要的问题，不外是财政的、会计的、审核的三方面"①，还强调报馆财务必须采用"新式会计"的"出纳""会计""稽核"三大相互独立又相互制约的基本体系与构成，而且全面引入了"新式会计"中的"预算编制""商誉与报业估值""折旧""财政报告"等基本内容②，甚至还引入了西方会计中"资本化元""活动资本""公积金与分红政策""扩张营业与借贷""报业收支分析"等前沿内容。③

根据"新式会计"内部牵制的要求，报业公司财务部门一般在总管理处下设：会计主任一人，会计员若干，负责办理会计、记账、财务报告等工作；出纳主任一人，出纳员若干，负责处理现金和一切票据的收付；稽核主任一人，稽核员若干，负责审计一切账项记录。这三个机构各自独立，权限分明，以收互相牵制的效用。首先，会计、出纳、稽核在体制上相互牵制。为了防止错误和舞弊，"新式会计"在体制上将会计实务与会计记表分开，对于每一项经济业务的处理，都要求由会计、出纳、稽核三道程序来完成，至少有三个人共同分工负责，会计、出纳、稽核之间彼此监督，彼此负责，层层节制，以相互牵制，形成互相制约的机制。其次，会计、出纳、稽核在工作程序中还通过簿记相互牵制。"新式会计"采取会计凭证、会计账簿和会计报表等组成的会计文件体系，要求每一会计事务的处理，都必须做到会计凭证、会计账簿与会计报表的完全一致。也即通过原始凭证与记账凭证、会计凭证与账簿、账簿与账簿、账簿与会计报表之间核对，达到会计、出纳与稽核的相互牵制。所以刘觉民认为，"会计是公司财政的基本，会计最大的任务就是在每营业年度终了的时候，造具营业报告，报告一年中营业情形；资产负债表，分别记载公司的积极财产和消极财产；财产目录，详细登载各项财产；损益计算书，精密计算营业的盈亏。以供董事于股东常会三十日前提交监察人查核。在股东会承认以后，十五天内呈报主管官署查核"。④

"新式会计"具体有哪些报告报表呢？刘觉民认为一般的财政报告（即财务会计报告——引者注）主要包括损益计算比较表（累积的）、损益计算比较月表、资产负债表、用纸数量及成本报告、报纸数量及成本报

---

① 刘觉民：《报业管理概论》，商务印书馆 1936 年版，第 150 页。
② 同上书，第 150—209 页。
③ 同上书，第 276—298 页。
④ 同上书，第 37 页。

告、油墨消费报告、房屋管理费用报告、财务管理及投资收入报告、行政总务费及杂项收入报表、发行费及发行统计报告、广告财务报告。[①] 其中最重要的是资产负债表。资产负债表主要包括不动资产、投资、现金、待收现金、待收票据、存货、迟延资产、待付票据、待付账款、未清债务、准备金、净值等主要项目内容[②]（见表2.3.8）。最后通过各项财务报表计算报业公司的财务状况，尤其是损益报表可以直接反映年度利润或年度亏损。徐润若对利润的解释是，"广义的利润是指一定时间，一个企业的总收入扣除其所付出的一切生产成本之后的盈余而言，这种盈余叫做毛利润。狭义的利润是指毛利润内再扣除自己土地的地租，自己资本的利息，和自己劳力的工资之后的盈余而言，这种赢余叫做净利润或纯利润"。[③]

表 2.3.8　　　　　　　　　　　资产与负债报表内容

项目	内容
不动资产	地产、房屋、机器、生财、交通运输设备、商誉及其他
投资	国民政府公债、省市公债、其他债券、股票、某通讯社股份及其他
现金	包括存银行、现款、邮票
待收现金	商业广告、分类广告、本埠分销员、外埠分销员、批发、租金、通讯社、杂项、存账、公债待收利息、票据待收利息
待收票据	各种待收票据
存货	报纸、油墨、储藏室、承印部、各部存货等
迟延资产	预付保险费、预付租金、预付费用、新闻稿及照片、预付租税及车照、印制中出版品、预付订刊费、承印部成本总账、预付薪工及其他
待付票据	各种待付票据
待付账款	待付账、待付存款、未领薪资、工资假扣押、认缴捐款、代收所得捐及其他
未清债务	未满期定费、应付未付广告折扣、应付未付回扣、应付未付自来水费、应付未付票据利金、应付未付杂费、应付未付薪工、其他积欠
准备金	房屋折旧基金、机器折旧金、生财折旧金、运输交通设备折旧金、呆账准备金、营业税准备金、其他
净值	优先股、普通股份、公积金、未分红利

① 刘觉民：《报业管理概论》，商务印书馆1936年版，第194—209页。
② 同上书，第151—155页。
③ 徐润若：《新闻发行学：申报新闻函授学校讲义之九》，申报馆1936年版，第187页。

（二）"新式会计"对报业公司的财务融资与债务化解

"新式会计"不仅可以使报馆财务收支透明、清晰，不易出现财务漏洞，同时还可以进行财务融资与化解公司债务。

1. "新式会计"对报业公司的财务融资

自从新闻事业商业化运营以来，资本不仅是报业经济独立、市场竞争的根本，甚至是整个新闻事业的命脉。诚如成舍我所述："自从产业革命以后，报纸也同样的受了蒸汽机和电气的影响。报纸商业化，就一天一天扩大起来，从前那班文人，想以个人力量去办报的，近百年来，在欧美几乎是绝不可能。中国现在，虽有些文人，用极少资本，凭个人文章和资望，去自行创办报纸，然而这种报纸的成功希望，是一天会比一天减少。"① 报业的创办与经营固然需要如此巨额的资本，那么，作为报业的投资者又是如何合法地进行资本的筹集的呢？

一方面，报业企业的巨额资本筹集的常规渠道，主要是银行、信托公司、保险公司、商业票据公司、发行股票与债券等金融筹资，以及公积金、资产处置等非金融融资。其中创办或并购大型报业公司所需巨额的资金筹集主要通过正规金融机构来实现。如独资或合伙报业企业的固定资本主要来源于股东或合伙的股本、储蓄银行、保险公司、信托公司，其流动资本主要来源于商业银行、钱庄、商业票据贴现公司（Commercial Credit and Discount Companies）、商业票据承销公司（Commercial Paper House）。而报业股份公司的固定资本则主要来源于股票持有人（包括个人、信托公司、储蓄公司、保险公司等）、社债票持有人（包括个人、信托公司、储蓄公司、保险公司等）及短期借据持有人（包括个人、信托公司、储蓄公司、保险公司等），其流通资本主要来源于商业银行、钱庄、商业票据承销公司、商业票据贴现公司等。对于小规模的投资与扩张，如更新设备、扩大营业等，往往可以通过动用企业公积金、出售不必要的资产等非金融方式实现。

另一方面，报业公司之间的协作或合并重组也是报业资本筹集的新渠道。为了报业产业的发展，报业公司之间的协作融资也是必要的。比如共同参与设立报业发展基金会或专业银行等。其中有学者曾建议，创设新闻

① 成舍我：《中国报纸的将来》，载燕京大学新闻系《新闻学研究》，良友公司 1932 年版。

合作银行①，以解决报业产业的融资困难。与此同时，随着报业市场的竞争，必然出现优胜劣汰，经营不善的报业公司面临倒闭或被兼并、收购的可能。因此合并重组不仅是报业托拉斯化的结果，也是资源优化、资本重组与筹集的一种方式。

与此同时，也要注意防止报业资本化过度的问题。刘觉民认为报业资本化过度，对报业公司来说，比如出现水股，公司所缴纳财税必然增多，无形中又得多支出不应得的红利，致使公司不能按标准提取各种折旧基金及准备金，还无形地增加了公司的债务，势必导致公司财政信用的破产，反过来又增加了下一次资本筹集的困难；而对于股票持有人来说，资本化过度不仅要蒙受股票跌价的损失，使股票为借款的保证价值减小，还会导致股票价值有愈趋跌落的现象，甚至在报社改组或停止经营的时候，投资人将负担最大损失；而对于公众来说，过度资本化不仅有使报纸质量降低或使广告涨价的趋向，导致职工薪给减低的可能，还会引起股票交易的投机，产生不良营业政策的效尤，甚至导致在报社因过度资本化而不能继续维持的时候，所有报社的债权人均蒙受损失。② 比如有报人主张不向大老板、大股东募集资本，"因为《生活日报》是以最大多数老百姓为背景，所以它不该由少数大老板出钱来办，也不该由一党一派出钱来办，是应该由大多数人投资来经营的。因此本报的招股，并不希望有什么大股东，只希望投股者人数之多；人数愈多，这个报愈为大众所有"。③

2. "新式会计"对报业公司的债务化解

"新式会计"体系主要通过会计方法、流通资本的控制以及债务交易等方式控制与化解报业公司的债务。

首先，"新式会计"利用预算决算、成本控制、资产折旧、信誉估值等日常的会计方法来控制报馆债务风险。西方会计制度与会计方法把资产折旧基金与商誉等无形资产的估值都纳入会计资本的统计范围，使得报业公司资本的统计更为科学与全面，且对债务的控制也提供了更为精确的依据。同时，"新式会计"通过严格的预算与决算制度来总体控制报业公司的收入与支出，还通过单位产品成本、行政管理成本等系列成本会计手段

① 参见高雪汀《关于新闻界经济协作的几项建议》，《报学季刊》1934 年创刊号。
② 参见刘觉民《报业管理概论》，商务印书馆 1936 年版，第 279—280 页。
③ 邹韬奋：《什么背景？（我们要怎样办〈生活日报〉?)》，《生活》周刊第 1 卷第 12 号，1936 年。

来严格控制报业公司的成本支出，实现成本的节约与控制，进而控制债务的增加。在此基础上，严格及时支付与审核报业公司的各项债务与应付款项，每天现款收入应与各项票据核对，并将这些现款暂存报馆，以免零用也要向银行支付，同时及时有效地催收应收的账款。

其次，通过控制流通资本来控制报业公司的债务。活动资本（Working capital）或流通资本（Circulating capital）是指流动资产超过流动负债的部分，包括原始流通资本、经常流通资本组成的固定流通资本与季节流通资本、紧急流通资本组成的可变流通资本。① 刘觉民提出报业公司控制债务风险最稳健的理财政策是保持流动资产两倍于流动负债。具体地说，控制报业公司债务风险的活动资本必需的数量是流动负债的两倍，这才足以保证流动资本必须超过流动负债而使营业不受财政的掣肘。更为重要的是，这个二比一的规则，一方面可以使营业的支付应对自如，内部各方面的工作效能也可以增加；另一方面因活动资本雄厚，对外支付能力强大，随时需要银行信用，均不发生问题；此外，对于货品及役务容易获得信用购买，还可以获得现金折扣的利益。但是流动资本也不能保持得太多，因为留有太多的活动资本会造成浪费，也会使经理负责人产生挪用公司资金于私人投资的企图，还会导致利金的损失与股东红利的损失。②

此外，在万不得已的情况下，"新式会计"还可以通过"债务交易"政策来控制报业公司的债务风险。"债务交易"政策，是利用甲的借款应付乙的借款，用丙的借款应付乙的借款的方法，如此继续一借一还。③ 这种债务支付策略是在万不得已的情况下才使用，因为一方面这种借款经营虽有获利机会同时亦有亏折的机会，但是受营业财政危机的限制。另一方面在资本达一定限度之后，因不能与组织及营业相适调，而难以保持管理的经济，导致在借资扩张营业上受到限制。此外，营业的情况及销数的增减，也足以使借贷受限，以至于借贷不成。④

（三）报馆商誉与折旧的财务估算

长期以来在统计报馆资产的时候都对商誉与折旧的价值不加计算，直

---

① 参见刘觉民《报业管理概论》，商务印书馆1936年版，第280—28页。
② 同上书，第283—284页。
③ 同上书，第296页。
④ 同上书，第296—298页。

到现代企业引入现代化科学管理的"新式会计"制度以后，才开始把商誉与折旧作为报馆财务会计的必需项目加以评估与统计。

　　1. 报馆商誉的财务估算

　　商誉的估值也是报馆的一项重要收益，可以给企业带来超利润。但是作为无形资产往往没有得到足够的重视。其中最重要的原因是报馆商誉的折算非常复杂而且没有统一可操作的估算标准。比如 1930 年波士顿的 Herald – traveler 报的商誉约为纯收益的 1.3 倍；1930 年 Mcfadden Publications 公司商誉约为纯收益的 3.9 倍；芝加哥的 Daily News 1930 年商誉约为纯收益的 12 倍半；纽约的 Journal of Commerce 1930 年商誉约为纯收益的 24 倍；Hartford Times 1930 年商誉约为纯收益的 13 倍；赫斯特系报纸 1930 年商誉约为纯收益的 8.9 倍。[①] 刘觉民认为把报纸商誉估计为一个报纸售价的一半价值也不为过。[②] 虽然表面上看，报馆商誉的估值方法与标准五花八门，但是一般报业估值的人共同认为比较适当的原则是：以每一千销数估值一定数目（美国多以一千销数估值一万元）加上流动净资产，及工场价值；以过去一年或数年平均的广告与销数为估值标准，再加上流动净资产及工场价值；以过去一年或数年平均纯收益用 10% 利率为资本化元，再加上流动净资产及工场价值；以上三法所得的结果，求其平均数。[③]

　　2. 报馆资产折旧的财务估算

　　在民国时期国内企业特别是报馆几乎没有折旧的意识，更没有折旧成本的估算，但"新式会计"却非常科学地评估折旧费用，并将其作为企业支出的一个部分。由于折旧费用的估算没有固定的标准，所以报馆在估算折旧费用的时候得选择适合自己的计算方法。一般地，折旧费用计算的方法有：直线法，即在一定期间平均拨存置换费而不计算利息的方法；生产单位法，按照每一生产单位平均分拨折旧费；偿债基金法，即置换费常用特定的利率逐年积累，置换费于是组成为一种年金；常数百分法，即资产的簿记价值每年递减一定的百分率，任何一年的置换费等于其前一年中所减的簿记价值；投资利息法（又称为分期清偿法或年金法），即折旧费

---

①　参见刘觉民《报业管理概论》，商务印书馆 1936 年版，第 183—184 页。

②　同上书，第 181 页。

③　同上书，第 186—187 页。

等于特定利率计算原值的利息与用偿债基金法求得的置换之和。①

本章小结

由此可见，在 1912 年至 1937 年，由于国内多元化报业所有制的持续坚持、国内主流报业企业化管理的快速发展以及中外新闻界的频繁交流，报业管理不仅作为新闻学的一个独立分支学科产生，而且出现了包含报业管理学术理论研究在内的新闻学理论著作，且专门研究报业管理理论的期刊论文或论文集论文也不断增多，更具有里程碑意义的是系统研究报业管理学术理论的专著与教材首次问世，并且作为新闻学专业的一门必修专业课程的形式得以广泛传播。更为重要的是，在此基础上，当时的新闻学者在报业管理理论研究的过程中，已经从报业制度、报馆组织、报业发行、报业广告、报馆人事、报馆财务等方面首次初步建立了中国近代报业管理学的基本理论体系。这一切都意味着中国近代报业管理学学科的形成，也标志着中国近代报业管理学术理论体系的形成，甚至科学化。

---

① 参见刘觉民《报业管理概论》，商务印书馆 1936 年版，第 190—191 页。

第三章　中国近代报业管理学的发展
（1937—1949）
——在战乱不断中曲折拓展与完善

在国内报业管理学术理论体系形成以后，由于抗日民族战争的全面爆发以及接踵而来持续三年的全面内战，国内报业遭到严重破坏，报业管理学的研究也遭受干扰，但是在报人、学者的艰苦努力下，即使在战乱不断中也仍然取得了一些显著的成果。其中在全面抗战时期，为了更好地进行战时经营，经过众多报人、学者的深入研究逐渐形成了战时报业管理理论，拓展与丰富了已有的报业管理学术理论和观念。在抗日战争胜利以后，随着各大报业的恢复及其跨地区集团化的连锁发展，报业管理在报馆实践中得到高度重视。在报人、学者的共同努力下，报业管理的研究也取得了相当成果，使已有的报业管理学术理论在战后得到了进一步的完善与发展，并随着各新闻教育机构恢复开设报业管理课程，报业管理学术理论也得以继续广泛传播。

第一节　中国近代报业管理学在全面抗战时期的丰富与拓展：战时报业管理理论（1937—1945）

由于战争的破坏，国内报业都实行战时管制与战时经营。为了更好地进行战时经营，很多报人、学者在战乱中对战时报业如何经营管理展开了系列的研究，也取得了一些难得的学术成果，并逐渐形成了国内战时报业管理的理论与观念，丰富与拓展了已有的报业管理学术理论和观念的内容与范畴。

一　战时报业管理学形成的背景：战时报业的破坏与管制

在抗战全面爆发以后，全国主要大中城市的主要报纸特别是以前有影响的大报都无一例外地遭到破坏，甚至停刊或者转移到华中地区或西南地区出版。为了抗战建国，进行全面军事动员，保卫家园，国民政府对全国新闻、报纸施行战时管制。

（一）战时全国报业遭遇严重破坏及诸多困难

在抗日战争全面爆发以后，全面宣传抗战、进行军事动员已成为当时新闻界最主要的任务和目标，但是由于抗战节节失利，大片国土沦丧，日军基本控制了所有沦陷区的大中城市，甚至包括小县城镇，原本像《大公报》《新民报》《中央日报》《世界日报》等长期以来集中在上海、南京、北平等大都市有影响力的主要报纸都遭到严重破坏并纷纷转移到西南大后方。还有《新闻报》《申报》等大报也遭到破坏被迫停刊，但之后复刊成为为日本效力的附逆报纸。即使搬迁到重庆、桂林、成都、昆明等大西南出版的各大主流报纸也频繁遭受日本战机的空袭轰炸，人员、房屋、设备、物资都随时有损失。当时有学者对此是如此概括的："目前新闻事业之几个重要问题：报纸数量太少而且没有合理分布，工作向后转移未能配合全面抗战的任务，内容单调未能显示特殊的作风与创造精神，专业人才缺乏，不能适应当前工作的需要，业务发展无计划，管制方法欠周密。"[1] 其中最严重的是在1939年5月3日至4日，重庆市区遭受日本战机轮番轰炸，导致在重庆的《中央日报》《大公报》《时事新报》《新华日报》《扫荡报》《国民公报》《新民报》《新蜀报》《西南日报》《商务日报》等报纸无法正常出版。为了克服出版的困难继续宣传抗战，最后决定从1939年5月6日各报联合出版《重庆各报联合版》，一直出版到同年8月12日，共出版了99号。大多数报纸都只能在比较偏僻的农村、边疆或前线战地就地出版，以躲避日本战机的轰炸，所以各报运营出版面临重重困难。马星野先生把这些困难归纳为：经费问题、新闻来源问题、人才问题、印刷问题、材料来源问题等。[2] 裴克则认为面对的困难主要是：材料缺乏，白报纸、油墨都没有地方购买；因为交通工具的破损，新闻的

① 张志智：《发展全国新闻事业刍议》（上），《新闻战线》第2卷第7—8期，1942年。
② 参见马星野《发展地方报纸刍议》，《战时记者》1939年第6期。

报道变得非常迟钝，失掉了时间性，同时，发行的范围也缩小下去；广告减少，经济不能维持；由于大众购买力减退，报纸的销数也大大地减退。① 这些困难由于战时吃紧几乎无暇以顾或难以根本解决。

　　尤其是国内新闻人才的紧缺问题，不仅没有根本解决，甚至出现了新闻人才缺乏的恐慌。因为抗日战争的全面爆发，仅有的新闻院系停办了。据记载："在中国，民国元年即有设立新闻学院之提议。到了现在，开过新闻学功课的大学，不下三十余。然而在八一三以前，只有燕京大学、复旦大学同中央政治学校设有正式的新闻系，抗战发生，燕大的新闻系也停办了。以这样需要新闻人材之中国，训练记者的机关这样缺乏，这当然是一种不调和的现象。"② 而且战争的危险还导致很多新闻人才的流失。有人对此曾这样描述，"目前一般报界都感到人才缺乏的恐慌。这是很严重的问题，值得注意。我们可以看到各报社编辑部或经理部，旧有的人，或系不耐清苦，或系受别方面的邀请皆渐渐改业；新的人，感兴趣的想进报社而又不见重用，即使进了报社也是一个过渡的打算。特别是经理部，在现在的情况下，是真正有兴趣而来的，简直很少，要说是专门的人才，那更不可多得了"。③ 而对于当时的小型报来说，报业人才就更为紧缺，有人曾这样感叹："小型报的所以失败，因为办报的人程度太浅，既无普通水准以上的教育程度，更无专门的报学知识。一般有学问，有经验的人，多半被大报搜罗殆尽……"④ 所以"大凡是办过新闻事业的人，一定都会感到'人才难找，找到又留不住'的苦衷"。⑤

　　（二）战时全国报业施行强行管制

　　为了全面抗战建国，国民政府实行国防军事总动员，对报业实行战时管制政策。

　　首先，修正通过最新法律对报社、通讯社、新闻记者重新施行申请注册登记。如用《抗战时期报社通讯社声（申）请登记及变更登记暂行办法》（1938 年 9 月 22 日）、《非常时期报社通讯社杂志社登记管制暂行办法》（1943 年 4 月 15 日）、《非常时期军办报社通讯社杂志社登记管制暂

---

①　参见裴克《战时地方报的几个严重问题》，《战时记者》1939 年第 6 期。

②　马星野：《新闻记者之训练问题》，《新民族》第 2 卷第 19 期，1938 年。

③　聂世琦：《如何培养报业管理人才》，《新闻战线》第 2 卷第 7—8 期，1942 年。

④　许邦兴：《中国小型报纸》，《报学》1941 年第 1 期。

⑤　张志智：《发展全国新闻事业刍议》（下），《新闻战线》第 2 卷第 9—10 期，1943 年。

行办法》（1943 年）等法规来规范与管制报社、通讯社与杂志社创办及其运行。还通过《随军记者及摄影人员暂行规则》（1937 年 12 月 13 日）、《新闻记者法》（1943 年 2 月 15 日）、《新闻记者法施行细则》（1944 年 8 月 19 日）等法规来严格管制新闻记者的资格及其采访。《新闻记者法》（1943 年 2 月 15 日）较为具体严格地规定了新闻记者的资格条件。该法第三条规定,

　　凡具有下列资格之一者得申请给予新闻记者证书：1. 在教育部认可之国内外大学或独立学院之新闻学系或新闻专科学校毕业，得有证书者。2. 在教育部认可之国内外大学或独立学院或专门学校修得文学、教育、社会、政治、经济或法律各学科毕业，得有证书者。3. 曾在公立或私立大学、独立学院、专门学校任前 2 款各科教授一年以上者。4. 在教育部认可之高级中学或旧制中学毕业并曾执行新闻记者职务二年以上，有证明文件者。5. 曾执行新闻记者职务三年以上有证明文件者。①

同时对新闻记者资格进行限制，该法第四条规定,

　　有下列情形之一者，不得给予新闻记者证书，其已领有新闻记者证书者，撤销其证书：1. 背叛中华民国证据确实者。2. 违反出版法第 21 条之规定者，或因贪污、或诈欺行为被处徒刑者。3. 禁治产者。4. 剥夺公权者。5. 受新闻记者公会之会员除名处分者。6. 国内无住所者。②

　　其次，修正通过最新法规对报纸新闻内容进行限制，并统一施行严格的新闻检查。如中华民国国民政府颁布《出版法》（修正）（1937 年 7 月 8 日）、中华民国内政部颁布《〈出版法〉施行细则》（1937 年 7 月 28 日）对报纸登载内容进行限制。修正《出版法》对出版品登载内容进行限制

---

①　《新闻记者法》，载程其恒《战时中国报业》，马星野校订，铭真出版社 1944 年版，第146—150 页。
②　同上。

规定：

　　第二十一条　出版品不得为下列各款言论或宣传之记载：意图破坏中国国民党或三民主义者；意图颠覆国民政府或损害中华民国利益者；意图破坏公共秩序者。

　　第二十二条　出版品不得为妨害善良风俗之记载。

　　第二十三条　出版品不得登载禁止公开诉讼事件之辩论。

　　第二十四条　战时，或遇有比变乱及其他特殊必要时，得依国民政府命令之所定，禁止或限制出版品关于政治、军事、外交或地方治安事项之登载。

　　第二十五条　以广告、启事等方式登载于出版品者，应受前四条所规定之限制。①

　　而行政院例会通过的《〈出版法〉施行细则》则在创办报业公司注册资本及发行人资格两方面进行强行管制。其中创办报纸的注册资本的最低限额是：人口百万以上之省政府或市政府所在地刊行报纸者一万元以上，刊行通讯稿者三千元以上；人口未满百万之省政府或市政府所在地刊行报纸者六千元以上，刊行通讯稿者一千元以上；在特区行政公署县政府或设治局所在地刊行报纸者一千元以上，刊行通讯稿者二百元以上（但该地向无报社或通讯社之设立而创办报纸者得减低至五百元以上，创办通讯稿者得减低至一百元以上）。② 对报纸发行人的最低教育资格也明确限制于国内外大学或专科学校毕业者，高中毕业并服务新闻事业三年以上者，服务教育事业之主管机关三年以上者或服务新闻事业五年以上者。③

　　而中华民国财政部公布《新闻电报规则》（1941 年 10 月 3 日）规定新闻记者发寄新闻电报须交通部电政司核准并发给新闻电报凭照方可办理。④ 中华民国政府颁布《新闻检查标准》（1937 年 8 月 12 日）、《战时

---

　　① 《出版法》（1937 年 7 月 8 日），载［日］榛村专一《本国新闻法制资料》，袁殊编译，群力书店 1937 年版，第 55—68 页。

　　② 参见《〈出版法〉施行细则》（1937 年 7 月 28 日），载刘哲民《近现代出版新闻法规汇编》，学林出版社 1992 年版，第 142—148 页。

　　③ 同上。

　　④ 参见《新闻电报规则》（1941 年 10 月 3 日），载刘哲民《近现代出版新闻法规汇编》，学林出版社 1992 年版，第 492—496 页。

新闻检查办法》（1939 年 5 月 26 日）、《对于新闻发布统制办法》（1939年 9 月 15 日）、《战时新闻违检惩罚办法》（1939 年 12 月 9 日）、《战时空军新闻限制事项》（1942 年 2 月 28 日）、《战时新闻违检惩罚办法》（1943 年 10 月 4 日）、《战时新闻禁载标准》（1943 年 10 月 4 日）、《各省市新闻检查规则》（1943 年 12 月 24 日）等法规在全国范围内对新闻实行检查，由中央军事委员会和中央宣传部联合设立战时新闻检查局、战时新闻检查所对所有新闻尤其是战争消息、国际新闻由新闻检查所强行检查，统一发布。

此外，对图书杂志、电影、演出剧本等也强行检查管制。中华民国政府还先后颁布《修正抗战期间图书杂志审查标准》（1937 年 7 月 21 日）、《战时图书杂志原稿审查办法》（1938 年 12 月 22 日）、《战时图书杂志原稿审查办法》（1940 年 9 月 6 日）、《剧本出版及演出审查监督办法》（1942 年 2 月 16 日）、《审查处理已出版书刊细则》（1942 年 3 月 7 日）、《统一书刊审查办法》（1942 年 4 月 23 日）、《演出剧本审查办法》（1942年 6 月 30 日）、《战时出版品审查办法及禁载标准》（1944 年 6 月 20 日）、《妨害风化作品解释事项》（1944 年 10 月 20 日）对战时图书杂志的出版、电影的放映也强行审查。由于战时物资紧张，由中央政府对所有报纸所需新闻纸、油墨等物资材料统一实行申请配额制。对党报实行中央、地方津贴和发行、广告经营相结合的战时维持与发展措施。

而报业强行管制的具体实施则是由中国国民党中央宣传部执行。据有关记载，中央宣传部作为全国宣传指导机构其主要工作是：宣传通报（如国内外大势分析、供宣传工作人员的参考情报、宣传工作等）、宣传通讯（如宣传指示、时局分析、大事记、重要参考资料、查禁图书杂志等）、每周的情报、宣传大纲、临时指示电。为了对全国新闻宣传进行全面的强制管理及日常管理，中央宣传部内部分为普通宣传处、国际宣传处、艺术宣传处、新闻事业处、出版事业处、广播事业处、总务处共七个处级专业机构（见图 3.1.1）。各专门工作机构负责各自行业范围内的管理，如普通宣传处的主要工作就是指示各级党部的宣传工作、战地宣传工作、通俗宣传；国际宣传处的主要工作就是掌管对外的一切宣传和对外广播；艺术宣传处主要管理电影与纪录片；新闻事业处主要指导全国的新闻政策，管理党报；出版事业处主要掌管国民党的出版政策和出版的事业；广播事业处主要管理广播事业；总务处的管制机构主要有新闻检查局和中央图书杂志审查委员会。①

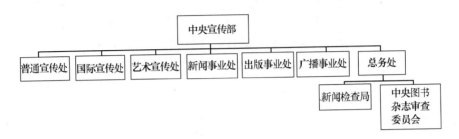

图 3.1.1　国民党中央宣传部内设的宣传管理机构

　　国民政府在抗战时期通过法律、政策及相关专设机构来严格管制报业的经营，那么实际执行又如何？效果怎么样呢？当时有学者对此做了较为概括的叙述：

　　　　例如报纸之创刊登记，为顾全各地特殊情形，政府限制甚严。根据抗战时期报社通讯社申请登记及变更登记暂行办法，内政部有权斟酌当地情形，对申请登记，暂缓办理，报社之迁地出版者，非有内政部之新登记证，不得发行，各地已经核准登记之报社及通讯社，如设备低劣，内容简陋，地方党政机关，得请内政部加以取缔。又因战时物资之统制，各报篇幅，亦不得自由增加。戒严的区域，最高司令长官有：停止集会结社，取缔新闻杂志图书告白标语等之认为与军事有妨害者；得拆阅邮信、电报，必要时并得扣留或没收之的特权。
　　　　战时限制出版自由之最重要机构，一为战时新闻检查局，直隶于军事委员会；一为图书杂志审查委员会，直隶于行政院。至于电影检查、剧本检查，本另有组织，现已并归图书杂志审查委员会处理。②

　　由此可见，当时报业统制的法律、政策的执行还是较为严格、彻底的，虽然也有种种抱怨甚至抵制，但基本上能满足战时"抗战建国"的需要。

---

① 参见许孝炎《本党的宣传机构及其运用》，《新闻学季刊》第 2 卷第 2 期，1942 年。
② 马星野：《ABC 三国出版自由之比较》，《中国新闻学会年刊》1942 年。

二　战时报业管理学研究的学术成果

虽然全面战争给全国报业管理与报业研究带来了严重的灾难与危机，但是在当时报人、学者的艰苦努力下，报业管理研究也取得了不少成果。

由于抗日战争的全面爆发，"全民抗战、一切为了抗战建国"成了战时的首要任务。所以报业管理的学术研究也围绕战时的报业经营与管理而展开，逐步形成了战时报业管理的学术理论，从而丰富与拓展了已有的报业管理学术理论和观念的内容。就笔者的统计发现，在这一时期新闻学期刊所发表的关于报业管理理论的 259 篇论文中，有关报业生产管理的有 66 篇，报业发行的 5 篇，报业广告的 17 篇，报馆人事的 60 篇，报业市场的 47 篇，报馆组织的 9 篇，报馆制度的 28 篇，报馆财务的 4 篇，报业管理综合论文 23 篇（见表 3.1.1）。

表 3.1.1　　1937—1945 年新闻学期刊中发表的关于报业管理研究的论文数量

期刊论文内容范畴分类	报业生产	报业发行	报业广告	报业人事	报业市场	报馆组织	报馆制度	报馆财务	报业管理综合
期刊论文数（篇）	66	5	17	60	47	9	28	4	23
期刊论文总数（篇）	259								

此外，在新闻学理论著作中对战时报业管理理论中的报业发行、报业组织、报业广告、报业人事、报业制度等部分具体内容也有较为详尽的概括与总结。如袁殊编译的《新闻法制论》、张友鸾的《战时新闻纸》、赵君豪的《中国近代之报业》、中国青年记者学会的《战时新闻工作入门》、戈公振的《新闻学》、孙义慈的《战时新闻检查的理论与实际》、马星野的《英国之新闻事业》、管翼贤的《新闻学集成》、田玉振的《新闻学新论》、鲁风的《新闻学》等都有关于报业管理的章节（见表 3.1.2）。

表 3.1.2　　　1937—1945 年新闻学著作中有关报业管理的章节

新闻学著作名称	有关报业管理的内容（章或节）
《新闻法制论》（袁殊，1937 年）	"新闻广告——特殊的新闻记事""新闻纸之发行及其条件"等章①
《战时新闻纸》（张友鸾，1938 年）	"新闻原料的生产地带"等章②
《中国近代之报业》（赵君豪，1938 年）	"广告之进步""报纸发行""报业管理"等章③
《战时新闻工作入门》（中国青年记者学会，1939 年）	"战时报纸供应问题""战时新闻政策意见的提供"等章④
《新闻学》（戈公振，1940 年）	"报馆组织"等章⑤
《战时新闻检查的理论与实际》（孙义慈，1941 年）	"战时新闻检查的几个阶段""战时新闻检查的性质""战时新闻检查的机能""战时新闻检查在法律上的根据""战时新闻检查机构""战时新闻检查人员应具备的条件""战时新闻检查禁载标准的涵义""战时新闻检查对于违检的惩罚""战时新闻检查指示释例""战时新闻检查手续""战时新闻送检的重要性""各国战时新闻检查制度的比较""战时新闻检查应有的设施与改进"等章⑥
《英国之新闻事业》（马星野，1943 年）	"英国新闻事业之经营""英国报社之内部组织及新闻从业人员概况"等章⑦
《新闻学集成》（第 4、5 册）（管翼贤，1943 年）	第 4 册"广告篇"中有"广告""广告媒体""广告原稿""广告文字""广告费的算定""广告之经济学的考据""最近广告的趋势""战时体制下的广告动向"等章，"报业经营篇"中有"报纸的贩卖部数""贩卖部数与广告""新闻经营形态""日本新闻社营业局的组织及活动""美国新闻社贩卖部的组织与活动"等章，第 5 册"报社组织篇"中有"总务局""编辑局""营业局""印刷局""报社组织之例"等章⑧
《新闻学新论》（田玉振，1944 年）	"新闻纸的经营""新闻工作员的职务""新闻工作员的条件""新闻工作员的教育"等章⑨
《新闻学》（鲁风，1944 年）	"报纸的印刷""报纸的发行""报纸的广告""报业的管理"等章⑩

①　袁殊编译：《新闻法制论》，群力书店 1937 年版。
②　张友鸾：《战时新闻纸》，中山文化教育馆 1938 年版。
③　赵君豪：《中国近代之报业》，申报馆 1938 年版。
④　中国青年记者学会编：《战时新闻工作入门》，生活书店 1939 年版。
⑤　戈公振：《新闻学》，商务印书馆 1940 年版。
⑥　孙义慈：《战时新闻检查的理论与实际》，军事委员会战时新闻检查局 1941 年版。
⑦　马星野：《英国之新闻事业》，文风书局 1943 年版。
⑧　管翼贤编：《新闻学集成》（第 4、5 册），（日伪）中华新闻学院 1943 年版。
⑨　田玉振：《新闻学新论》，新闻出版社 1944 年版。
⑩　鲁风：《新闻学》，新中国报社 1944 年版。

三　战时报业管理学理论的形成

由于战时的困难、战时物资材料的申请配额制度及新闻出版的战时检查制度，报业的经营管理非常艰难。所以当时很多学者除了对战时新闻学的重要核心议题展开研究之外，主要探讨了战时报业的一般经营、战时报业发展的市场策略及战时报业统制经营理论等报业管理问题，并逐步形成了战时报业管理学理论。

(一) 战时报业的一般经营理论

虽然战时报业最主要最急迫的是为抗战宣传，强调为国家服务、为社会服务，诚如当时有学者所言，"战时的新闻纸，为社会服务就是为国家服务，不论服务的当时有关战事或无关战事，其服务的结果于国家有利，却是必然的"。① 但是"新闻纸原是一种企业，新闻社的生命是应以其营业收入来维持……在平时如此，在战时也是如此"。② 所以报业为求事业之独立、永久与精进，应力求企业化；报业应力谋自给自足；报纸应充分发挥"报"与"导"之责任。③ 但是具体怎么在物价高涨、购买力低下的战乱中经营报纸却是前所未有的一大难题。所以有人提倡使用土纸降低生产成本与销售价格，"提倡土产，减少成本，增加销路，有百利而无一弊之事……不但重庆，其他各处，因地制宜，有土纸可用的一律改用，战时帮助国家减少漏卮，战后也可帮助国家兴盛工业，至于用土纸以后，减低售价，销路更能普遍，对于新闻纸目前的本身，也是大大有利的"。④

1. 通过多种手段促进战时报业发行与销售

在战争时期报业发行极为重要，甚至认为战时报业经营是以发行为本位的。不言而喻，本位就是根本地位或主导地位，而所谓发行本位，就是指报馆的经济政策，以报纸的发行数量为其收入的大宗。⑤ 尤其在战时全国经济遭受全面性破坏，致使报纸广告来源极为缺乏与紧张之时，所以此时报业发行收入自然而然成为报馆的主要收入或大宗收入。为了促进战时报业发行与销售，有学者主张"直接发行"（也即自主发行——引者注）

---

① 张友鸾：《战时新闻纸》，中山文化教育馆1938年版，第36页。
② 萨空了：《科学的新闻学概论》，文化供应社1946年版，第134页。
③ 参见赵曾珏《新闻事业的自力更生》，《战时记者》1940年第3卷第2、3、4期。
④ 张友鸾：《战时新闻纸》，中山文化教育馆1938年版，第31—32页。
⑤ 参见木子《广告本位与发行本位》，《战时记者》1939年第6期。

是发行小型报纸最理想的办法，"因为使营业部下的发行股，得能充分发挥其权能，使能指挥统一，推广顺利。对于送报人，一方给以工资，一方要给以新订阅户的奖励，更需提出一笔特别奖金，在月终或季终结算，考核成绩最优良者给与之，使他们因竞争占获特别奖金，推广报纸的销路"。① 也有人认为"分馆的设立是非常重要的，分馆的设立应具有全国性，这样办事既有线索，具有把握，并且更能够统一调和。因为分馆的主人一定是各该地区的地方人士，他熟悉当地的情形，所以也可以供给新闻，与报馆的访员联络，同时更可以向本地的商家拉揽广告"。② 还有人认为："……其实，广告刺激发行，亦为有力之因素。读者对于报纸之需要，除消息、言论、文艺等等之阅读以外，即为广告。广告为社会全般生活便利而丰富之集体媒介；无论任何阶层，发生任何需要，多可于广告中求之。此种需要之供应，在进步之社会，已成习惯。"③ 甚至通过为读者服务的方式推进报业发行，如战时《大公报》曾有过代购书报的服务，浙江《正报》曾有过沦陷区的通讯服务。④

2. 不断根据战时特殊要求开拓报业广告收入

一切为了抗战的需要。战时报业用广告创收，即使在严格限制的前提下，也不断通过开发小广告——战时分类广告，甚至改进报业广告专业水准与技术要求来开拓广告经营。

首先，为了抗战的紧急任务报纸要求严格限制广告，"新闻纸的经营者不能只讲赚钱，在商言商，不该赚钱的时候，还须放一手"。⑤ 而且要坚持净化报纸广告，"所谓报纸广告的净化，就是报纸上所登的全部广告，皆须令其合法、合理，如有违反公共秩序或善良风俗的，以及其他不良不正常的广告，须一律拒绝登载"。⑥ 所以"报纸选择广告，亦如选择新闻然。凡足以影响其地位，信誉者，即以重金劝诱，亦绝对拒刊；盖以报纸受社会自然律之制裁，不能私心利用，亦不能假人以利用。譬如不正当营业之招摇、迷信、骗术之传播，对人名誉之毁损，等等，国家法令，

---

① 许邦兴：《中国小型报纸》，《报学》1941年第1期。
② 魏九如：《新闻纸发行论》（下），《上海记者》第2卷第5、6期，1944年。
③ 周钦岳：《广告与发行》，《中国新闻学会年刊》1942年。
④ 参见毛楷清《报社组织之检讨》，《新闻学季刊》第1卷第1期，1939年。
⑤ 张友鸾：《战时新闻纸》，中山文化教育馆1938年版，第33页。
⑥ 刘汉兴：《谈报纸广告的净化》，《新闻学季刊》第1卷第1期，1939年。

均有限定，报纸不能任意发刊"。① 否则的话，"报纸刊出'不净'之广告，即为饮鸩止渴，予信其为智者所不为也"。② 比如当时《全民抗战》周刊对于广告的限制就非常严格，"略有迹近妨碍道德的广告不登，略有迹近招摇的广告不登，有国货代用品的外国货广告不登"。③

其次，努力开发战时分类广告这一小广告类型。在抗战时期，地方报纸广告的重要收入，是"启事"一类广告。而又以结婚或离婚广告、遗失××广告、人事纠纷广告为大宗。④ 其中《新民报》发行人陈铭德在抗战时期曾呼吁各报多刊登"小广告"，也即把许多"小广告"分类编辑为整版广告的"分类广告"。他认为，

> 即今当战期，百物节约，报社用纸，亦颇省俭。在无多篇幅之中，欲尽容大量广告之刊登，颇不可能，因而若干刊户，被鲜置于门外。每有不远百十里而来者，至报社门首，即被拒于"报端无余隙"之一语，却足使人发生厌恶之心理。余以为各报今日宜尽量拒刊大幅广告，而偏重于"小广告"。倘能多费心血，使小广告集体刊登，加以设计构图，则其收效之宏，实不下于大幅也。余且信未来之报纸，必可于此点着力，一种艺术的"叶锦广告"，其前途之发展，实不可限量。为适应时代环境之前进，余认余之理念也有理由。⑤

所以，作为新广告形式的"小广告"确实能满足当时企业广告的现实需求。而在当时各国的报纸当中，最注意分类广告的是英国的《泰晤士报》，该报第一、二、三版基本上都是分类广告，最后一版，也大比例刊登。每日分类广告总值 16576 元（战前法定汇价）或 42180 元（当前价）。而美国《纽约时报》每天的分类广告收入达 1122300 元，足抵中国大报差不多一年的广告收入了。⑥

此外，就是要不断改进报纸广告技术与水准，提高报纸广告的效果与

---

①　周钦岳：《广告与发行》，《中国新闻学会年刊》1942年。
②　陈铭德：《报纸经营与报社管理》，《中国新闻学会年刊》1942年。
③　邹韬奋：《编辑以后》，《全民抗战》周刊第100号，1932年。
④　参见邵鸿达《地方报纸的广告》，《战时记者》1939年第9期。
⑤　陈铭德：《报纸经营与报社管理》，《中国新闻学会年刊》1942年。
⑥　参见刘汉兴《各国报纸广告的比较》，《新闻学季刊》第1卷第2期，1940年。

影响。其中在报纸广告文字上要求"做到令人信服的功夫必须：有简洁精辟的文字，熟知货物的性质和它的制造；广告稿本，宜合乎理论，循乎常识，以斟酌的情理有当乎读者意旨为归"。① 在报纸广告版面编排上，为了维持每版的平衡，使广告多接近读物，符合中国读者的阅读习惯，使广告本身的文字图画平均配置，设立编排广告的版式，如新闻广告拼版的版式；散乱式；上半部新闻，下半部广告；前面几版都排新闻，后面几版才排广告；广告排在左右下端里面；分类编排；半边宝塔式；楔形式，等等。② 也有人认为："广告四面皆有新闻者为最优，三面新闻者次之，两面新闻及一面新闻者更次之，广告与广告相处，不与新闻衔接者，斯为取费最低之广告地位。"③ 在报纸广告文字的处理上，要求美观醒目。"普通人认为一广告登在前页，地位占全面篇幅其效力定为百分之一百，反之，登半页则其效率为百分之五十。其实不然。根据美国广告学者之研究，效率大小，并非与地位之大小成正比例。广告能否引人注意，地位大小并非是唯一原则。文字的排列，措辞及插图等配置，以及种种有关印刷技术（typography）的设计，均为决定一广告优劣之条件。"④ 所以文字的处理也很重要。广告字体选择的一般原则是易于认识；广告字体宜简单，不宜复杂；广告文字篇幅不宜过大过长；字与字、行与行间须留空白；字体的大小对于广告清晰的程度，发生各种不同的影响。⑤ 在文字版面处理上甚至要注意重要字句宜用较大号的字；边饰宜用得得法；宜保留空隙地位；字体宜只用一种；格式宜排得匀融；图画宜尽量利用。⑥

（二）战时"报纸下乡"发展的市场理论

关于战时报业发展的市场定位与市场策略，当时主要有发展"地方报纸""全国报""平价报"与"小型报"等主张。

首先，很多报人学者都主张发展"地方报纸"。"所谓地方报纸，就是以报道本地新闻、发展本地文化、促进本地建设为目的，它的行销区

① 丁一：《新闻广告漫谈》，《上海记者》1942 年第 2 期。
② 参见刘汉兴《各国报纸广告的比较》，《新闻学季刊》第 1 卷第 2 期，1940 年。
③ 张友鸾：《新闻纸面》，《中国新闻学会年刊》1942 年。
④ 许邦兴：《中国小型报纸》，《报学》1941 年第 1 期。
⑤ 参见刘汉兴《各国报纸广告的比较》，《新闻学季刊》第 1 卷第 2 期，1940 年。
⑥ 参见林鹤钦《怎样增加新闻纸中广告的效力》，《文艺印刷月刊》第 1 卷第 7 期，1937 年。

域，是以县或省为范围的一种报纸。"① 这种地方报纸接近底层民众，深入基层社会，在抗战时，则可以负起宣传民众、指导民众的重大责任与使命。所以，随着城市的沦陷，通过在县市乡镇发展"地方报纸"展开抗战宣传、进行军事动员已经成为社会的共识。除了新闻界提倡在乡村发展地方报以外，政府当局也大力推行在内地、边疆与农村发展地方报纸。在"二届参政会"上也有促进发展地方报纸的提案：奖励创办地方报纸，务使每一县行政单位有一地方报，以之传达政令，督促执行抗战建国纲领。对于该项地方报，政府应视其成绩，予以物质上之奖励。② 为了发展地方报纸，推进抗日宣传，政府与社会各界积极行动，新闻界也积极筹划与实施。其中政府也曾作很大的努力，中央宣传部拟具编发简要新闻计划，由中央通讯社每天综合国内外消息，编成千余字左右的明码，免费广播电讯。并由中宣部令饬各县市党部转至所属党报和一般报社，设法收登。如果各报还没有收报机的设置，可托由当地党政军事机关或部队电台收转。此外，政府也订过奖励地方报、战区报和沦陷区报的办法。③ 新闻界也在强调地方报纸既要价格低廉，内容贴近群众，又要坚持通俗性与趣味性等基本要求之外，还特别提出了具体的操作方案。其中马星野曾经提出利用民航专版创办"地方报纸"的方案。他提出先就民用航空机经过的路线上试着办一种"地方报纸"。具体而言，在重庆（或中央社）设立总社，在重庆到成都、到西安、到贵阳、到昆明四条线上，选出 50 个县份，各设立分社。总社把四开或八开报纸内容编好排版一版半，留 1/4 为空白，然后打成纸版 50 份，每天或每两天交航空机沿途丢下。各分社负责者把自己采访的当地消息和总社在纸版制出以后传来的简短新闻排成了半版（即 1/4），并与总社传来的纸版一起就地印刷与发行。④ 但是"当前中国地方报纸的两大病症，第一是经济的贫乏，第二是内容的贫乏"，所以有人建议：在经济上，希望中央政府在建设经费的预算项下拨银建设地方报纸，政府、舆论家、报纸事业家，要设法使一般有钱的，肯对新闻事业投资……在内容上，中国地方报纸要采用兴趣本位主义，改良报纸的编辑方法与记事方法并应尽量的多用照相；同时不要忘了"指导性"、印刷、广

---

① 昆义：《改善地方报纸的几个刍议》，《战时记者》1939 年第 11 期。
② 参见马星野《发展地方报纸刍议》，《战时记者》1939 年第 6 期。
③ 参见曾虚白《中国新闻史》，三民书局 1966 年版，第 411 页。
④ 参见马星野《地方报纸的症结及其对策》，《战时记者》1939 年第 7 期。

告、送达、报价、社会事业等重要的技术问题。①

其次，创办"全国报"。为了抗战的应急需要，成舍我专门提出用特殊方法创办一个足供5000万人阅读的全国报纸来推进"报纸下乡"宣传抗战。具体而言，就是在重要都市设立总社，以县团为单位设立分社，总社将所有报纸内容编排好，以短波无线电报形式传送给各分社，然后由各分社按照总社指示用吉士得速印机印刷，并在当地发行。其中，每县设一民众版，每团设一阵中版，分社可称为某某报某某分社，其报首可刊为某某报某某版。全国大约有1300个以团为单位的阵中版，有1200个以县为单位的民众版。②

再次，推行"平价报"。1943年，成舍我从桂林到江西，途经2个大城市，3个人口2万以上的县城，若干个人口5000以上的市镇，他调查发现：在一个县城只有一县长公署和两三位发了国难财的商人才有报纸，普通人根本买不起报纸；老百姓没有普遍受到抗战宣传的洗礼，其浑浑噩噩的情境，由他这一年中两次旅行所见，比抗战初期还要加甚。③ 而新闻界的现实仍然是"……一方面则我们全国各大都市固有的报纸，在此时期，却更因种种关系，其销行愈集中于都市本身，其对象愈集中于少数公务员及知识阶级。'报纸下乡'，仍只被视为一种空泛的理想"。④ 于是他在恳求中央尽速圆满扩展普及全国的简报计划之外，还提出推行"平价报纸"的建议。具体而言，就是报纸售价听由政府规定，而由政府以适当定价，供给各报馆用纸。政府减低报价，对国家可使抗战宣传普及深入，大力增强宣传战斗力量；对报馆，因供给用纸可减少纸张无限制高涨甚至缺市的恐慌，且发行的扩大还可以大量提高广告效力，增加广告收入。倘若实现，预计效果的最低限度是在2万人口以上县、5000人口以上的市镇，在国民小学和党务机关内，总不至再有找不到一份报纸的缺憾。⑤

最后，创办"小型报"。"小型报"的特点是：人人买得起，人人看得懂；雅俗共赏，的确代表多数的勤劳大众，替多数人说话。⑥ 所以从报

---

① 参见达章《地方报纸建设论》，《新闻记者》第1卷第3期，1937年。
② 参见成舍我《"纸弹"亦可歼敌》，载中国青年记者学会《战时新闻工作入门》，生活书店1939年版，第90—108页。
③ 参见成舍我《我们需要"平价报"》，《东方杂志》1943年第9期。
④ 同上。
⑤ 同上。
⑥ 参见成舍我《三种报纸的出路》，《报展》1936年。

业市场的角度看，"小型报所以在中国发生，乃因社会经济衰落，人民生活艰苦，无力购买报纸等原因。事变以后，一般小资产阶级，受战争影响，财产损失不少。原来小康之家，今已沦为工薪阶级，再有大部分人民日日在饥饿线上挣扎。加以战后物价高涨，米珠薪桂，平民生活，日感威胁，能够订阅大报的，为数概少。所以，在几个大城市之中，小型报的销路，每驾乎大报之上。将来战事结束，国民仍须经过几年的刻苦生活，所以小型报纸以其低廉的代价，可以比大报更易发展"。①

（三）战时报业统制经营理论

民国时期新闻学界在讨论与思考战时报业统制经营问题的过程中，主要围绕西方发达国家的战时报业统制经验、战时报业行政统制、战时新闻检查及战时新闻人才统制等内容重点深入地展开思考与论证。

1. 国外战时报业管制经验的借鉴

为了从理论上论证抗战时期报业统制经营的合理性，当时很多学者纷纷从英美等西方发达国家的战时报业强行管制的实践与理论中寻找依据以及可以借鉴的经验与措施。其中，英国政府在战时对报业实行刚性强制管制与柔性弹性管制相结合的统制经营政策。据记载，在第一次世界大战中，英国严格施行新闻检查，其中许多杂志因为对于兵役问题发表主张而受处分，言论家如罗素等，亦因发表不利于征兵的意见而受处分。而在第二次世界大战爆发之前，英国因国际情势之关系，张伯伦政府已开始用种种方法，限制出版自由，可以说战事发生之前英国事实上已实行出版统制。"凡有关国防外交的消息，政府不愿意各报披露及批评者，则以通知书送各报馆，请勿登载，此项通知书称为'D. Notes'，意即危险 Danger 之意。当时新闻检查步骤甚为零乱……1939 年 8 月，战事即将爆发，英国国会通过了一个非常时期授权法案，给张伯伦政府以处置非常事变的许多特权。"② 直到第二次世界大战爆发以后，英国执行更为严厉的新闻检查，严格限制战地新闻，除官方发表外，几乎无法采访，海军部也曾下令不许新闻记者拍照，驻法德英国空军司令部还曾要求本国各报召回战地记者，且该司令部不许任何记者进门。③ 英国新闻检查范围限于国内发行刊

---

① 许邦兴：《中国小型报纸》，《报学》1941 年第 1 期。
② 马星野：《ABC 三国出版自由之比较》，《中国新闻学会年刊》1942 年。
③ 同上。

物的自行检查与向国外发行刊物的强制检查两类①（详见表3.1.3），而且对文字、照片、书籍及期刊、专门性材料、电影公司以及政府任何部门所拍摄之影片、通讯社、对外电讯、无线电话、邮寄新闻稿件、广播等都有专门的检查程序②（详见表3.1.4）。

表3.1.3　　　　　　　　　英国战时自行检查与强制检查

新闻检查类型	新闻检查范围	新闻检查标准与例外③
自行送检	登载于全国性或地方性报纸上之稿件；登载于全国性或地方性报纸上之照片；刊行于书籍或期刊之稿件与照片；刊登于商业专门刊物（包括公司报告及损益对照表）上之稿件与照片；直接间接与战争有关之影片；通讯社对报馆所发行之稿件	1939年国防律第三条第一款规定：凡于敌方有利的消息，报纸应加注意，不得随意发表
强制检查	拍往国外之电讯，包括拍往国外之刊登之新闻（即新闻电讯）；报馆或其代表人往返之事务电（即半新闻电讯）；对外传达新闻之长途电话或无线电话；由邮局寄往国外刊登之新闻；广播	凡在国内报纸披露之新闻，不问曾经检查与否，皆可自由发至国外。例外：一、凡足以引起反轴心国家间纠纷之报道，皆得予以扣留，惟必须提交新闻检查局长或副局长决定之。二、反轴心国家间，或与中立国家，撤换使节之消息，如未经正式发表，或未居成熟时机，即予披露，或将影响其进行，故得加以检扣，惟必须提交新闻检查局长或副局长决定之

表3.1.4　　　　　　　　　英国战时新闻检查程序

新闻检查物	新闻检查手续
国内新闻检查	所有稿件，均具原稿两份，送交伦敦马尔勒街贵族院内之新闻检查局。或具原稿三份，送交任何一处之分局（其中一份由该地分局存案）
图片	各报或图片社，将原稿二份，送交情报部、新闻检查局图片课。或将原稿三份，送交地方检查机关
书籍刊物检查	送交情报部、新闻检查局、邮政检查课内之书刊检查分组。初级检查人员，遇有不能解决之点时，可向该组高级人员及业务副局长请示

---

① 参见本会出版组译《英国现行新闻检查制度》，《中国新闻学会年刊》1944年。
② 参见祖勋《战时英美新闻检查》，《常识》1944年第4期。
③ 同上。

续表

新闻检查物	新闻检查手续
有关技术之稿件	举凡与工业出产、运输航空、公共事业、公司报告、收支对照表及其他准备公开发表之材料，送交检查局内之技术课
影片	凡影片公司、各政府机关之摄影部门及各政府机关委托影片公司摄制之影片皆自动送检
通讯社	凡在情报部大厦中设有办公室，而与其在佛立特街之本社，互通电话，并自有电报设备之通讯社，例如路透社、新闻联合社、英国联合社等，须由其职员将稿件二份送检
拍至国外之电报	通讯员可送交情报部，由该部交电报公司发出，或由通讯员直接交电报公司发出
电话	无线电话只准许往美国。且仅限于：关于报纸事务之通话；述读经过检查之书局新闻；解读国外通至本国之新闻
邮政	邮寄稿件送检之手续：通讯员将稿件送交检查；由通讯员以平常邮寄方式发出，但如遇抽检，乃由非新闻检查人员，送交新闻检查人员检查
英国广播公司	广播大厦中设有广播公司检查组，以供咨询及从事合作事宜

　　此外，还通过"新闻主办人联合会"的合作实行新闻的软性钳制。政府只要感到某项问题或将严重影响到战时政策，不论在何时即可要求该联合会劝告各会员不要去讨论这项问题，或把这项问题尽可能地轻描淡写。但自战事爆发后，政府和"新闻主办人联合会"的代表成立了特别联合委员会，逐日解决某项论题应否禁刊的问题。还在1942年初，丘吉尔首相提出并由国会加以通过了一则《新闻法案》，以加强对战时报业的管制。[①] 这一切强行管制措施致使新闻事业受到很大的影响，各通讯社及报社受到很大打击，其中英国的中央通讯社于1938年12月即停止发行主要新闻稿，离职的记者70余人。各报因新闻稀少，费用加大，只有减少篇幅，增加报价，《每日快报》于1939年11月首先加价，各报相继跟进。战事爆发后一个月，伦敦四大报，广告收入减少30%。[②] 后来报业经营资金的筹集也受到严格管制，根据1946年英国议会通过的贷款（管制

---

　　① 参见亚浦夏根（K. H. Abshagen）《英国新闻纸面面观》，学鸣译，《上海记者》第2卷第5、6期，1944年。

　　② 参见马星野《ABC三国出版自由之比较》，《中国新闻学会年刊》1942年。

与担保）法案，凡欲以发行股票或债票的方式而贷款或征集资金者，必须有财政部的特许，且资本之来源应在报纸上公布，关于外国资本的投资，须着眼于收支的平衡。① 甚至英国政府还实行战时经济措施，实行战时新闻纸张的配给限制，限制各种企业资本与利润的膨胀。所以有学者把战时英国报业呈现的特点概括为：报纸的收入以发行为主；报纸的广告收入大受限制；政府税收的增加和报纸利润的减低；英国政府战后继续实行报业管制也使每种报纸都有平均发展的机会。②

而美国在战时也是严格管制报业经营的。有记载显示，在1941年12月8日太平洋战争爆发后，美国就立即施行新闻统制。在罗斯福总统所采取九项战时措施之中，其中第五、第六两项是关于新闻统制的，如发至国外电讯，一律加以检查；业余无线电台，非经特别许可，不得使用。而且罗斯福总统通过发表炉边谈话确定新闻发表"必经官方证实，且其发表不至直接间接有利于敌人"两项原则。后来美国国会授权罗斯福总统合并美国邮电通讯，建立检查制度，总统并宣布："美国领土内实行半自动半强迫之检查制度，检查发出之电报、信件及无线电广播，以防军事情报资敌，实为必要之举"。③ 其中1943年《美国报业战时实施条例》就明确规定：该条例的一切要求，适用于一切广告品，新闻信，公司及商业报告，致编者函，个人及社交新闻（此等新闻常透露军事或外交行动，或本条例所限制之事物），以及论述新闻及传闻之评论家及专栏作家等。报纸、杂志，以及其他一切发表之媒介除经主管当局准许发表者外，应勿发表之特殊情报，可归为下列各项：武装部队；舰船之行动，货物，等等；舰船因敌方攻击而沉没或受创等；空袭；海陆军随军记者；飞机；要塞与空军设备；破坏；气候；谣言；战区访问记与函件；照片与地图；军事情报；战俘、被扣侨民，非军人罪犯；发来美国之战事消息；一般问题。④ 所以，有人对美国战时报业统制经营的特点是这样概括的："美国的战时新闻检查，不论对作战有无利害关系，非经相当时日，或事件本身作用丧

① 《报学杂志》1948年创刊号。
② 参见田玉振《英国对报业的管制》，《报学杂志》第1卷第4期，1948年。
③ 马星野：《ABC三国出版自由之比较》，《中国新闻学会年刊》1942年。
④ 参见《美国报业战时实施条例》（1943年2月1日修正本），《中国新闻学会年刊》1944年。

失时，是不能通过的。"①

总而言之，在战乱时期，即使一直号称为世界"自由""民主"程度最高的英国、美国等西方发达的资本主义国家，为了战争的胜利以及国家利益、民族利益也只能施行报业战时统制，无法像和平时期一样保证公民的正常自由、民主权利的实现。

2. 对国民政府战时报业行政统制问题及策略的思考

战时报业行政统制是任何国家非常时期普遍采用的常见措施，也是最为复杂烦琐的行政手段。当时新闻学界主要围绕战时报业行政统制的正当性、国营论以及实际存在的具体问题及其解决展开深入的探讨。

首先，当时新闻学界讨论最频繁的问题就是战时报业行政统制的正当性与法理基础。有学者从报纸的使命与任务来论证报业战时管制的合理性，认为报纸"一面宣达政府政令，一面导扬民意，欲政府政令有效的宣达，就须时时把政令的作用和意义讲解，给老百姓知道，要导扬民意，就要充实人民的知识，使其对于政令有判断力，才能产生合理的民意"。②所以他要求管制新闻应以不违反中央最高国策和三民主义原则的言论与消息为限妥善处理宣传与引导的关系以达到统制的效果，而非负面影响。③也有人在考察英美"言论自由"的报纸及德意苏俄作为政府公告机构的报纸体制之后认为中国应采取折中办法，也即为了抗战的急需，在保留既有报业体制的同时报纸应自觉加强与政府的联系，遵守与执行国家的战时管制政策。他认为："为吾国计，似应采取折衷办法，吾国自有报纸以来，即为代表民意的性质，现在大事更张，必有很多困难，制度无妨保存旧的，不过目下当此和平建国时期，亟需上下协力，和衷共济，最好政府与报纸密切联系，言论上保持一致之方向，同时报纸对于民间困苦，亦应尽量阐扬，俾不致稍有所忽视。"④并建议在新闻界自当尽全力协助政府的同时，应在政府指导下共同研究决定具体的管制政策以提高管制效率。⑤还有学者认为新闻统制是世界各国所采取的普遍政策，只不过所采取的方式不同而已，但从内容上分类的话，一般可以分为积极与消极两方

---

① 祖勋：《战时英美新闻检查》，《常识》1944 年第 4 期。
② 郑祖荫：《谈谈新闻的管制》，《战时记者》第 3 卷第 2、3、4 期，1940 年。
③ 同上。
④ 关企予：《吾国新闻事业之过去与将来》，《记者月报》1941 年第 2、3 期。
⑤ 同上。

面的统制以及其他形式的统制。具体而言：

> 不论哪个国家，甚至于所谓言论比较自由的英国和美国，对于新闻事业都有一种统制政策，不过所采取的方法，各有不同。大致说来，可以分为两类，其一是消极方面的统制，——即如新闻检查，新闻登记，新闻电报管理等；其二是积极方面的统制，即为新闻来源的统制，通讯社的国营或半官营。此外像报纸上言论的统制，新闻事业人才的统制，其他报业行政的统制，都是统制新闻事业的必须工作。①

这些研究都从法律制度、报纸的使命、世界各主要国家的通行做法等方面论证了战时报业行政统制的合理性，为国民政府战时报业行政统制提供了理论支持。

其次，实行战时报业国家统一经营也是在抗战时期国内比较盛行的一种报业战时行政统制的主张。有人强调新闻事业国营论，认为"吾人先当认清：新闻事业是国家的，不是地方的；是社会的，不是个人的；是神圣的，不是职业的。基此认识则新闻应归国营，自无疑义"。国营化的办法除了登记立案及检查之外，应先定合时宜的新闻管理政策，使全国报馆、通讯社合理分布与调节，新闻从业人员适当训练与使用，电讯、报纸及时供应与传递。② 也有人认为"报业行政统制的彻底化，当然是国营"。③

此外，许多学者针对抗战时期报业行政统制存在的具体问题也表达了自己的意见和建议。有人概括抗战时期报业发展存在的重要问题有：报纸数量太少而且没有合理分布；工作向后方转移未能配合全面抗战的任务；内容单调未能显示特殊的作风与创造精神；专业人才缺乏不能适应当前工作的需要；业务发展无计划；管制方法欠周密。④ 针对报业行政统制的具体问题，赵占元认为在报纸没有完全收归国营以前，为了提高效率以满足抗战的需要国民政府应从原材料的采购、发行、地域分布与财政津贴等方

---

① 赵占元：《国防新闻事业之统制》，汗血书店1937年版，第83—84页。
② 参见彭国栋《新闻国营论》，《战时记者》第3卷第6期，1941年。
③ 赵占元：《国防新闻事业之统制》，汗血书店1937年版，第136—137页。
④ 参见张志智《发展全国新闻事业刍议（上）》，《新闻战线》第2卷第7、8期，1942年。

面对报业加以统制。① 具体而言，在报业材料采购的统制方面，"其计划，在积极方面，应由中央造纸厂从速开工，以满足需求，实现自给自足。其他如油墨机器之来源产量，也应由中央统筹准备，各报馆之购买材料，应统向中央指定或所请求购买，以免浪费。在消极方面应强制各报馆竭力节约原料消费，储备日后非常时期之大用"。② 也有人认为各中央日报设备应力求完备，各县小型报纸设备可酌量办理③；常见的措施有减少报纸篇幅，提高广告的价格。在报纸发行的统制方面，"报纸之发行，应求其迅速，定价须力求低廉，当边疆地方有阅内地报纸之必要时，如有飞机，应由飞机转送，最好应该由中央宣传部代各大报分发各大都市，使新闻传递迅速，适应于非常时期之急迫需要"。④ 也有人建议在印刷与发行上要让新闻以先睹为快⑤；在报馆分布的统制方面，"最好在每个有一万人以上的城镇，须设地方报纸一家，更要注意的是，将新闻事业的中心迁移到内地安全地带"。⑥ 中央直辖党报应平均分布于各省中，现有报社集中同一地区而超过当地需要者应酌予调整，全国各县应普办小型报纸。⑦ 在财政津贴的统制方面，"为求报业行政统制之强化，当然是要实现新闻事业国营，在目前尚未能实现这主张之前，至少应由政府给以相当的津贴，来充实其业务，使其有力量尽国防宣传的责任。如果能在全国报馆之间设立一个联合的最高机关，由政府为之领导，则统制之成效更易顺见，而于国防上亦较能发挥力量"。⑧ 有人建议经费补助须有划一的标准，各县创办时必要设备应由中央统筹办理。⑨ 还有人对《〈出版法〉施行细则》中关于刊行报纸及通讯稿之最低资本数目表示不同观点，认为设立创办资本的最低数目会阻碍报纸的普及，并将使全国报纸都变成有资产者的代言工具。这既不能普及报纸也不能为民众谋福利。⑩ 在沦陷区方面，要与当地民众

① 参见赵占元《国防新闻事业之统制》，汗血书店 1937 年版，第 137 页。
② 同上。
③ 参见张志智《发展全国新闻事业刍议（上）》，《新闻战线》第 2 卷第 7、8 期，1942 年。
④ 赵占元：《国防新闻事业之统制》，汗血书店 1937 年版，第 139 页。
⑤ 参见张志智《发展全国新闻事业刍议（下）》，《新闻战线》第 2 卷第 9、10 期，1943 年。
⑥ 赵占元：《国防新闻事业之统制》，汗血书店 1937 年版，第 139 页。
⑦ 参见张志智《发展全国新闻事业刍议（上）》，《新闻战线》第 2 卷第 7、8 期，1942 年。
⑧ 赵占元：《国防新闻事业之统制》，汗血书店 1937 年版，第 140 页。
⑨ 参见张志智《发展全国新闻事业刍议（上）》，《新闻战线》第 2 卷第 7、8 期，1942 年。
⑩ 参见张志让《出版法施行细则之商榷》，《新闻记者》第 1 卷第 3 期，1937 年。

及游击队取得联系，设备应力求简便，工作人员须有特殊训练，应绝对以宣传为唯一目的，要绝对的通俗化，应由中央统筹计划。① 在战区方面，要与当地军队密切配合，设备应力求简便，工作人员须有特殊训练，要绝对的通俗化，应由军事机关统筹计划。② 在报纸内容方面，内容要彻底净化，要充分发挥教育作用，要尽量大众化，要做到迅速正确，要做到活泼有力，要以国家民族立场为立场。在创造精神方面，在不违背共同目标的前提下要发展各报个性，在不违背新闻检查原则的前提下发挥舆论力量。在技术竞赛方面，在编辑及采访上，稿源集中于中央通讯社统筹拍发后，各报在采访上颇多便利，同时也予各报采访工作以极大的障碍。在管理组织方面，建立新闻事业指导管理机构，中央党政军机关联合组织全国新闻事业管理局和各省新闻事业管理局，各县市设新闻检查员。在加强新闻事业管理方面，确立新闻事业设置标准，确定新闻事业奖惩标准，限制新闻纸任意加价，加强新闻事业组织。③ 在言论统制方面，有人认为一般言论可以由各报主笔遵照中央所颁的原则自由撰写，关于内政、外交、是非、民族意识等普遍的内容，尤其是遇有特殊的外交事件或者是重要的国家设施等特殊的内容，中央宣传部须将中央的意旨传达给各报馆，并传达理论要点，或者经由中央撰成社论分发各报刊登，或者召集各大报主笔开社论会议。④ 在报社管理制度方面，有人肯定了国民政府报业管理的"发行人制"，也即"经理制"，认为这种制度，与"主笔制"及"总编辑制"相比，在民国时期各种事实环境之下，"发行人制"确实比较容易使报纸得以快速发展。⑤ 这些意见和建议针对性强、可操作性大，对于抗战时期报业行政统制实际执行中出现的普遍问题和常见问题的解决有直接的参考价值与指导作用。

　　3. 对战时报业新闻检查的论证与检讨

　　新闻检查是战时报业统制最重要最具体的措施，所以也往往受人关注与争议。为什么要实行新闻检查以及如何具体科学有效而满意地实行新闻

---

① 参见张志智《发展全国新闻事业刍议（上）》，《新闻战线》第 2 卷第 7、8 期，1942 年。
② 同上。
③ 参见张志智《发展全国新闻事业刍议（下）》，《新闻战线》第 2 卷第 9、10 期，1943年。
④ 参见赵占元《国防新闻事业之统制》，汗血书店 1937 年版，第 131 页。
⑤ 参见陈铭德《报纸经营与报社管理》，《中国新闻学会年刊》1942 年。

检查都是极大的难题，当时新闻学界为此也进行了较为深入的理论研究。

首先，有人通过回顾新闻检查产生的历史来佐证新闻检查的合理性与正当性。从报纸自身历史来看，新闻检查是随报纸的产生随即出现的，他认为"是以印刷机发明，便产生新闻纸，而新闻检查亦随之而产生，故有'检查制度比印刷术只后三日'之说，而检查制度之于印刷术，有如忠实之侍从，无往而不相随"。[①] 而国内抗战时期新闻检查制度的产生也是一个自然、渐进的过程，认为在新闻检查所成立之前上海市政府就曾派专人和各报社进行联络工作，凡政府方面对于新闻有意见时，都由这专员随时通知各报，并经常与各报洽商新闻的刊载与取决言论的向背，在双方谅解合作下口头取决一切，但并不采取任何检查形式。直到 1933 年 1 月 19 日中国国民党第四届中央执行委员会第五十四次常务会议通过重要都市新闻检查办法以后在京、沪等重要都市成立了新闻检查所。之后，虽然新闻界反映强烈、意见不少，但政府方面为了进一步统制新闻，把新闻检查所于 1936 年5 月由中央党部宣传委员会改为军事委员会管辖。[②] 由此可见，新闻检查对于报业来说是伴随着产生的自然结果，又是情理之中的现象。

其次，许多学者从抗战、国家、社会、民族、宣传等多方面的需要反复论证了战时新闻检查的重要性与必要性。有人认为新闻检查的目的就是由政府部门统制新闻信息的发布以保守国家机密，他的观点是"检查的目的就是使一般不利于国家民族生存的消息意见，整部或一部分的禁止发表，以保守国防上所需要的秘密。不过何者为政府应守之秘密，亦唯政府机关知之最详，所以检查新闻的执行，有由政府统制之必要"。[③] 汪惠吉认为新闻检查是战时宣传战的总枢纽，他强调"新闻检查这一种制度，施用在战时，有它特殊的意义，其功用直等于操握一国宣传战的总枢纽"。[④] 有人认为战时新闻检查的目的与任务是：统一意志，坚定信心；阐扬国策，安定社会；暴露敌对，争取兴国。所以新闻检查的标准与原则是：彻底根绝敌人荒谬言论，绝不有意无意间为之传播；竭力阐扬抗战建国最高指导原则——三民主义，绝不妄加非议；现行外交政策，表示绝对信任，绝不随便批评，同时与同盟国家之友情，亦不稍加伤害；保守军事

①　振华：《新闻检查之理论的基础》，《中兴周刊》第 7 卷第 176 期，1937 年。
②　参见宗兰《中国的新闻检查制度》，《上海记者》第 1 卷第 1 期，1942 年。
③　赵占元：《国防新闻事业之统制》，汗血书店 1937 年版，第 85 页。
④　汪惠吉：《我国战时新闻检查制度概述》，《新闻学季刊》第 1 卷第 4 期，1941 年。

机密，绝不泄露；协赞国策推行，绝不攻奸；促进经济建设，绝不报道其进展实况，资敌研究或破坏；鼓舞士气，不加刺激；激励民心，勿令颓丧。① 有人认为新闻检查是指导新闻界形成国家民族所需要的舆论与指示新闻界保守国家的秘密，这在一定程度上说，新闻检查也是保障新闻自由。② 还有人认为从社会国家民族的利益出发，新闻检查都是非常必要的。具体而言，再加上"新闻纸是社会上一种普遍的有力的教育，经过刺激与反刺激的作用，给予个人社会及国家民族的影响甚大"。③ 所以新闻检查不可避免而且很必要。同时从社会国家民族利益出发，在抗战时期实行新闻检查更是毫无疑虑的。他的解释是：

> 新闻检查之最大的意义在根据国家的新闻政策，防范不适当的新闻的刺激，以免引起本国或国际不利的反应，这是从消极的观点而论。若从积极的观点而论，则新闻检查乃根据国家的新闻政策，指导新闻界以适当的新闻的刺激，以引起国内或国际的有利的反应，健全个人，促进社会，繁荣国家民族。总之，新闻检查乃完全以社会国家民族的利益为出发点，其根本意义也就在此。④

而且严厉的新闻管理包括严厉的统制、限制报纸的言论、集中消息来源，统一宣传，以发展整个力量。⑤

此外，当时新闻学界还就新闻检查中存在的普遍问题以及如何做好新闻检查做了具体的探讨。抗战时期新闻检查主要存在的问题有：外报不受检查，以至于国内报纸对新闻检查表示不满⑥，在新闻检查执行过程中存在费力不讨好、易遭报人恨、检查不一致等问题。⑦ 既然在非常时期实行新闻检查是应有之义，又存在各种各样的问题，那么在救亡图存时期又如何做好新闻检查呢？为了有效实行新闻检查，必须通过确立新闻报道原则

---

① 参见李中襄《战时宣传与新闻检查》，《中国新闻学会年刊》1944 年。
② 参见振华《新闻检查之理论的基础》（续），《中兴周刊》第 7 卷第 177 期，1937 年。
③ 振华：《新闻检查之理论的基础》，《中兴周刊》第 7 卷第 176 期，1937 年。
④ 同上。
⑤ 同上。
⑥ 参见振华《新闻检查之理论的基础》（续），《中兴周刊》第 7 卷第 177 期，1937 年。
⑦ 参见李震涛《在北平担任"新"检工作的回忆》，《新闻学季刊》第 1 卷第 2 期，1940 年。

办法、调整新闻宣传机构办法、增进新闻记者之工作效能办法等方面制定战时重要新闻政策,并要求新闻检查者先须具备够做新闻记者之条件,尤须谙熟各种新闻法令和规章且应时时与新闻记者取得友谊上的联系。① 有人认为新闻检查收效的条件是:要认清新闻检查的必要;认清目标;新闻界与新闻检查机关应密切联络,通力合作;应具有专门训练而业务精通的工作人员。② 有人建议改善新闻检查机构;统一全国新闻检查机构;新闻检查人员应统筹支配;新闻检查机关应与当地报社人员密切联络。③ 也有报人建议新闻检查做到"法网恢恢,疏而不漏"即可,认为"无论从国家大局上,或报界小局上说,都需要政府对报界网开三面。我愿拥护政府管理新闻,但希望不要太过苛细,能做到'天网恢恢,疏而不漏'的程度就够了"。④ 为了进一步做好战时新闻检查工作,中国国民党十二中全会根据中央宣传部提出的《出版检查工作报告及检讨》修正通过改进出版检查制度决议案,其内容主要有:

> 应根据本党依法保障人民言论自由之政策,改善出版检查制度。将现有各出版审查检查机关,合并设立战时出版指导机关,隶属于行政院。战时出版指导机关之组织条例,及战时出版审查标准,交常委会于六月三十日以前审慎议定,期于七月一日实行。出版指导机关设立时,将应行裁并之出版检查原有经费及公粮等,一并划归该出版指导机关。⑤

以上建议对做好战时新闻检查工作针对性强,具有较强的现实指导意义。

4. 对战时新闻人才统制的理论研究

"统制新闻事业人才,也是统制新闻事业之必要手段,也可说是达到新闻统制目标的一条捷径。"⑥ 那么又如何在战时实行新闻人才的统制呢?

---

① 参见汪惠吉《我国战时新闻检查制度概述》,《新闻学季刊》第 1 卷第 4 期,1941 年。
② 参见振华《新闻检查之理论的基础》(续),《中兴周刊》第 7 卷第 177 期,1937 年。
③ 参见李震涛《在北平担任"新"检工作的回忆》,《新闻学季刊》第 1 卷第 2 期,1940 年。
④ 王芸生:《新闻的选择与编辑》,《中国新闻学会年刊》1942 年。
⑤ 《十二中全会改进出版检查制度决议案》(1944 年 5 月 20 日通过),《中国新闻学会年刊》1944 年。
⑥ 赵占元:《国防新闻事业之统制》,汗血书店 1937 年版,第 132 页。

其根本的方法就是大力培养战时急需的新闻人才，而直接的办法就是规范与保障现有的新闻从业人员。

治本的方法是由中央党部、中央宣传部等党政机构创办一所新闻院校培养战时急需的新闻专业人才以弥补战时新闻人才的缺乏。[①] 根据中华民国第二届参政会的提议，以县为单位创办地方报纸以充实国家通讯社，仅每个县就需要至少3名新闻工作人员，全国1900个县，大约共需要有训练的新闻记者5700多人。[②] 这直接导致了新闻人才的需求与供给的严重落差，以至于整个报界出现了人荒问题。[③] 所以国家也深感"新闻记者在抗战过程中，其任务之重大与工作之艰苦，实非有丰富之学术经验者不能胜任。为增进新闻记者之学识与工作效能，在目前培养大批干部新闻记者，并予以各种优待，以负此种艰巨工作，实为必要"。[④] 所以普遍认为应由中央政府统筹培养，训练新闻人才。如有人建议各报社所需人才亦应由中央统筹训练。[⑤] 所以为了满足抗战宣传的需要，解决报界人才紧缺的问题，"必须训练人才，训练人才，则须设立学校，最好由国家设立学校，宗旨容易一致，国策容易实行，将来有了造就新闻专门人才之高级学校，则学术与技术的进步，亦必迅速"。[⑥] 同时要求"其培养机构及学生名额，似应预计今后新闻事业发展之趋势，设法予以扩充。同时训练方面亦应充分加强，俾能提高素质。至于目前从业人员之中，当不乏优秀特出之人才。此则有望于各新闻机构之主持人员，留心识别，提携而奖拔之，使蔚为国用"。[⑦] 培养新闻事业人才，大量训练各种新闻工作人员，可分为长期和短期训练，训练要点除了新闻事业上必具之基本知识外，应特别注重专业精神之培养。[⑧] 其中有人建议政府为了适应抗战的需要应该迅速地举办"战时新闻记者训练班"，培养大批有高度政治水准、知识水准及

---

① 参见赵占元《国防新闻事业之统制》，汗血书店1937年版，第132—136页。
② 参见马星野《新闻记者之训练问题》，《新民族》第2卷第19期，1938年。
③ 参见陆铿《报界的人荒问题》，《新闻战线》第1卷第8、9期，1942年。
④ 马星野：《新闻记者之训练问题》，《新民族》第2卷第19期，1938年。
⑤ 参见张志智《发展全国新闻事业刍议（上）》，《新闻战线》第2卷第7、8期，1942年。
⑥ 关企予：《吾国新闻事业之过去与将来》，《记者月报》1941年第2、3期。
⑦ 陈立夫：《新闻事业与文化建设》，《中国新闻学会年刊》1944年。
⑧ 参见张志智《发展全国新闻事业刍议（下）》，《新闻战线》第2卷第9、10期，1943年。

丰富的新闻学修养的健全的新闻人才，对敌人作有力的新闻战。① 具体而言，可以由政府设立战时新闻记者训练班，分别定期召集全国新闻记者实施军事政治等各种训练。也可以在政府当局辅助之下，由新闻界组合，或新闻学术团体，举办战时记者训练班。如组织全国报业协会，负责训练现有的报业人员或各国立大学设立新闻学系或设立短期的新闻人才养成所，克服教材、师资、设备严重缺乏的困难进行短期的基本职业培训，以满足报业人才的现实需要。② 但从报馆方面来说，也应重视并采取具体措施来培训与储备新闻人才。比如有人介绍了湖北报业的人才培训办法主要有：就各大学新闻系毕业生施以实际之训练；就各大学政经系毕业生，选其有志终身从事于新闻事业者，施以各专门技术之训练；报社自办新闻人才训练班、技工训练班，或请托当地大学或职业学校代办；确立人事计划，使各员工安心工作；报社各部门练习生名额增多。③ 还有人介绍了福建报业的人才培训与储备办法：各大报社自己搜罗学有根底的优秀青年，分发各部实习，由报社高级人员予以适当的指导，培养终身从事新闻事业的坚定志趣，训练从事新闻工作的技能，同时由各重要报社联合会同在闽优良大学，举办新闻专科，造就新闻人才。④ 甚至有人建议新闻记者的培训要注意编辑管理并重、训练青年造就干部、报社与新闻学校之联系。⑤ 也有人建议通过捧几个编辑与社会见面使其成为社会知名人物，获得较高的社会地位，扭转新闻界原有的不良风气，从而吸引青年们去做无名"编匠"的报纸编辑，为报业增加新的血液。⑥ 还有人就一般党报人才的培训提出了具体的意见，最好由党的最高宣传机关中央宣传部来开办一个"党报人材训练所"或"党报记者专门学校"专门培训党报新闻记者，使党报工作人员活泼、敏捷、勤勉与公正；对于政治、社会、经济、法律等各科常识都有所涉猎甚至有深刻的研究；具有实际经验；还要有革命的精神；对党义要有深刻的研究；要明了党的历史；认识党的环境。⑦

　　① 参见裴克《培养战时新闻人才》，《战时记者》1939 年第 5 期。

　　② 参见马星野《新闻记者之训练问题》，《新民族》第 2 卷第 19 期，1938 年。

　　③ 《各地报业现状及战后发展之意见》，《中国新闻学会年刊》1944 年。

　　④ 同上。

　　⑤ 参见聂世琦《如何培养报业管理人才》，《新闻战线》第 2 卷第 7、8 期，1942 年。

　　⑥ 参见刘光炎《怎样增加新血输》，《中国新闻学会年刊》1944 年。

　　⑦ 参见张源鹏《党报人材的训练》，载王瀚如《新闻学集》，天津大公报西安分馆 1931 年版，第 144—147 页。

　　治标的方法是通过制定新闻记者资格条件来规范现有新闻从业人员以及通过职业保障、严密监察和职业公会等方面强化对现有新闻记者的管理。① 由于抗战时期新闻从业者的生活条件非常差、薪酬普遍低甚至没有基本的保障，所以新闻界普遍呼吁改善新闻记者的境遇并要求提供职业保障。当时有人感叹报馆员工的悲惨生活，甚至影响到了健康，"……尤其是报馆的新闻编辑应付困难日夜倒置，脸色灰白，健康日减，说得厉害一点，简直过着悲惨的生活。不独没有像一般人所想象的那样美满，而且哑子吃黄连，暗苦无处说"。② 即使与同时期其他行业相比，待遇也偏低，甚至不能保证基本的健康，"物价及材料飞跃的猛涨，报价的增长，无论怎样是赶不上的。报社员工的一般待遇，比普通公务员低，但他们工作时间（没有星期日）倒比一般公务员多；又因为工作时间在夜间，以及营养不良的关系，他们大多保持不了水平线的健康"。③ 所以有人建议"工人有家室之累的，让他的家室也参加这个集团工作；不可能时，也得让他家室有赡养之资，而享受大家一样的生活。子女教育、疾病、婚、丧、养老，这一切的事，都要照料接济，不使工人稍有后顾之忧，然后才能发挥工作最大的效果"。④ 还有人要求提高待遇、提供进修、年功加薪、养老、抚恤等制度；为保障报人一切安全计，应由中央制定保障法。⑤ 甚至有人对《新闻记者法》的不足提出了自己的意见，他认为政府为了鼓励新闻记者尽职奉公起见，在最低限度上，《新闻记者法》中应规定国家对新闻记者应特予褒奖或抚恤的内容有："由于职务上之非常成就，对国家有重大勋劳者；忠于职务，致被杀害，或残疾者；对新闻事业之发展，新闻学术之研讨，在技术上，或学理上，有重大贡献者；继续服务新闻事业十五年以上，著有成绩者。"⑥ 新闻记者在执行职务的过程中应要求有关机关予以适当的便利，同时国家应予以适当限制的内容有："新闻记者之待遇，应视当地生活程度，由主管机关会同该地记者公会规定一最低之标

---

① 参见赵占元《国防新闻事业之统制》，汗血书店 1937 年版，第 132—136 页。

② 文心：《报馆新闻编辑的生活》，《现代青年》第 6 卷第 2 期，1942 年。

③ 《各地报业现状及战后发展之意见》，《中国新闻学会年刊》1944 年。

④ 张万里：《战时报业工人管理之研究》，《中国新闻学会年刊》1944 年。

⑤ 参见张志智《发展全国新闻事业刍议（下）》，《新闻战线》第 2 卷第 9、10 期，1943 年。

⑥ 成舍我：《〈新闻记者法〉（上）的缺点及其补救办法》，《新闻战线》第 3 卷第 5 期，1943 年。

准，遇重要物价剧烈变动时，得随时予以调整；新闻记者之工作时间，通常应以每晚十二时为止，其担任十二时以后之深夜工作者，每人所担任工作时间之总数，应不得超过四小时；新闻记者每星期休息一日。"[1] 而对于取消记者证书必须力求审慎。[2] 也有人对《〈出版法〉施行细则》中关于报纸发行人最低教育资格的限制提出异议，认为要改变我国教育原本不普及、文化水平过低的问题，不应该消极限制报纸发行人的教育资格，而应该提倡学校的广泛开设、提倡报馆与通讯社的普及。[3] 此外，也有人在抗战的非常时期积极建议组建新闻记者的职业组织来保障新闻记者的基本权益，认为，"新闻记者公会的组织，已为新闻界一般的要求，亦为政府当前急欲促成之事。新闻界的要求，多少为基于人类群性发展，达成互助互利，进而贡献力量于抗建（即抗战建国——引者注），政府促成的目的，更十足由于时代的需要。"[4] 还有人对于组建国内新闻记者团体的宗旨、任务、会员资格、组织、经费、章程等具体问题都进行了详尽的筹划。其宗旨是"研究新闻业务，发展新闻事业，促进文化宣扬政令"。任务是"研究新闻学术事业；促进社会文化地方风尚；协助政府对内对外宣传；砥砺新闻记者品德；维护共同利益；联系国际记者"。会员资格是"限于领有证书及现在从事本业务者"。实行强制入会，"非加入公会不得执行业务"。组织级数要求是"采有级数无系统原则，即分县市、省市、全国联合会三级。下级团体为上级团体之会员，组织区域一律以行政区域为准"。法定人数规定"县市 10 人以上发起；省市以三个县市公会以上发起，及全体过半数同意；全国联合会以三个省市公会以上发起，过半数同意，但必要时得由社会部会同目的事实有关机关以命令组织之"。指挥监督权是"各级社会行政机关、其目的事业，同时受目的事业机关指导监督"。职员、名额、任期是"一律称理监事，其中县市公会员额：理事3—9 人，监事1—3 人；省市公会员额：理事9—17 人，监事3—5 人；全国联合会员额：理事11—21 人，监事3—7 人。任期一律以 2 年为限，连

①　成舍我：《〈新闻记者法〉的缺点及其补救办法（上）》，《新闻战线》第 3 卷第 5 期，1943 年。

②　参见成舍我《〈新闻记者法〉的缺点及其补救办法（未完）》，《新闻战线》第 3 卷第 6 期，1943 年。

③　参见张志让《出版法施行细则之商榷》，《新闻记者》第 1 卷第 3 期，1937 年。

④　朱家让：《关于组织新闻记者公会》，《新闻战线》第 2 卷第 7、8 期，1942 年。

选得连任一次"。经费来源是"入会金；常年或常月会费；呈准主管官署后筹集事业经费"。章程应载明的事项是"名称、区域及会所所在地；宗旨、组织及任务；会员入会、出会及除名；理监事名额、职权及选任、解任；会员大会及理监事会议之规定；会员应遵守之业务道德与风纪；经费及会计；章程之修改"。会员范围是"以现在报社或通讯社担任撰述、编辑、采访业务之编辑人，及主办报社通讯社之发行人，并依法登记记者为限。据中国新闻学会方面的意见，认为凡在教育部认可之国内外大学新闻学系，或新闻专科学校毕业，得有证书，而在报社或通讯社担任发行、广告、会计、稽核、印刷、管理之人，视为新闻记者"。同时还须举办福利事业以维系人心。①

　　以上是抗战时期新闻界对战时报业管理理论研究的主要内容，是报业统制经营的具体理论内容，也是报业管理学在抗战非常时期的理论拓展与完善。

四　战时报业管理学理论在新闻专业教学中的传播

　　在全面抗日战争期间，战时报业管理理论不仅形成，而且还作为新闻专业教学基本内容进入新闻院校的课程教学，得到传播与普及。据记载，在重庆的中央政治学校新闻系开设了"报业管理"，该课在 1938 年由陈固亭讲授②；中国国民党中央宣传部、中央政治学校合办新闻事业专修班则开设了"通讯社组织与经营""报馆会计""广告与发行""工场管理""印刷术"等报业管理课程。其中"通讯社组织与经营"由萧同兹主讲，每周 1 小时，共 20 小时，甲乙组合班；"报馆会计"由王逢辛主讲，每周 2 小时，共 24 小时，甲组及乙组下学期；"广告与发行"由黄天鹏主讲，每周 2 小时，共 24 小时，甲组及乙组下学期；"工场管理"由薛伯庸主讲，每周 2 小时，共 24 小时，甲组及乙组下学期；"印刷术"则每周 1 小时，共 12 小时，乙组下学期。③ 在燕京大学新闻系，"报业管理"成了经常开设的新闻学必修课程之一，该课开设在大三一学年，共 6 学分，包括实习 1 学分；还有选修科目"广告与发行"，第 3、4 学年，共 2

---

　　① 朱家让：《关于组织新闻记者公会》，《新闻战线》第 2 卷第 7、8 期，1942 年。

　　② 参见李建新《中国新闻教育史论》，新华出版社 2003 年版，第 127 页。

　　③ 参见《中国国民党中央宣传部、中央政治学校合办新闻事业专修班课程纲要》，《新闻学季刊》第 1 卷第 2 期，1940 年。

学分①；重庆的复旦大学新闻系开设"报业管理"，该课在 1938 年由胡健中主讲②；在四川壁山的国立社会教育学院新闻系开设了"报业经营与管理"，该课在 1945 年 8 月由《申报》经理马荫良讲授③；民治新闻专科学校 1937 年在上海设立报业管理系，1943 年在重庆开设"报业管理"，由朱全康讲授④；北平伪中华新闻学院则开设了"报业管理"，每周 1 小时。⑤ 此外，香港中国新闻学院开设了"报馆经营法"，由吴范寰讲授；上海法政学院新闻专修科开设了"报纸经营管理"；天津高级职业函授学校则开设了"新闻社组织法及开办手续"，等等（见表 3.1.5）。

表 3.1.5　　　　1937—1945 年大学新闻系、新闻专修科与
新闻职业学校所开设的报业管理课程

新闻教育机构	有关报业管理的课程
中央政治学校新闻系（1938 年）	报业管理
中国国民党中央宣传部、中央政治学校合办新闻事业专修班	通讯社组织与经营、报馆会计、广告与发行、工场管理、印刷术
复旦大学新闻系	报业管理
燕京大学新闻系	报业管理、广告与发行
国立社会教育学院新闻系（四川壁山，1945 年）	报业经营与管理
民治新闻专科学校（重庆，1943 年），报业管理系（上海，1937 年）	报业管理
（伪）中华新闻学院（北平，1942—1945 年）	报业管理
香港中国新闻学院（1939 年）	报馆经营法
上海法政学院新闻专修科（1938 年）	报纸经营管理
天津高级职业函授学校（1938 年）	新闻社组织法及开办手续

① 参见蒋荫恩《新闻教育感想》，《中国新闻学会年刊》1944 年。
② 参见李建新《中国新闻教育史论》，新华出版社 2003 年版，第 106 页。
③ 同上书，第 77 页。
④ 同上书，第 81 页。
⑤ 同上书，第 159 页。

第二节 中国近代报业管理学在抗战以后的
完善与传播(1945—1949)

抗日战争胜利以后，全国报业与新闻教育都纷纷恢复发展。尤其随着报业实践中报业管理在报馆中地位的提高，报业管理的研究也得到了重视，并取得了不少学术成果，报业管理学术理论得到进一步深化与完善，同时也通过在新闻专业教学中把报业管理作为专业技术教育的重点继续传播报业管理的学术理论与观念。

一 报业管理学战后完善的背景：主流报业跨地区集团化连锁经营

随着抗日战争的全面胜利，全国的重心转向了国内经济、政治、文化、社会的建设。虽然不久便爆发了全国性内战，但是在国民政府多次修订的《公司法》的推动下，全国主流报业还是得到了跨越式的发展。其中最突出的也是最具历史意义的就是全国主流报业的跨地区集团化连锁经营。如《大公报》自 1945 年抗战胜利以后逐步发展成为拥有天津版、上海版、重庆版、香港版四个版本及台湾航空版每天同时发行的跨区连锁报业股份公司——大公报社股份有限公司。该公司在事务管理、材料采购、人事管理及财务管理上都是实行统一的规则和章程，由总管处进行统一管理。[①] 陈铭德的《新民报》也从南京创刊后发展成为由南京版、重庆版、成都版日刊和晚刊、上海版晚刊、北平版日刊组成拥有 5 个分社 8 份报纸的民营报业集团。[②] 从企业法人代表的原则来看，这其实就是个"五社八版"同时出版发行的报业跨地区连锁股份公司——新民报股份有限公司，并由《新民报》总管处对业务、人事、财务、物资进行集中统一管理。[③] 还有天津天主教报纸《益世报》在抗战后由南京中国天主教总教主于斌组织复刊并发展成为拥有天津版、北平版、南京版、上海版、重庆版，每天销量达 8 万份的报团。[④] 此外还有西安版。为了联合力量，互通有无，

---

① 参见胡太春《中国报业经营管理史》，山西教育出版社 1998 年版，第 67—86 页。
② 参见方晓红《中国新闻史》，南京师范大学出版社 2010 年版，第 188 页。
③ 参见胡太春《中国报业经营管理史》，山西教育出版社 1998 年版，第 91 页。
④ 参见方汉奇主编《中国新闻事业通史》第 2 卷，中国人民大学出版社 1996 年版，第 699 页。

1945 年 11 月 19 日益世总公司成立益世报股份有限公司，由于斌任董事长，刘航琛任总务长，范争波任新闻处长，潘朝英任秘书长①，统一管理全国各地《益世报》。直至 1949 年新中国成立前夕《益世报》各版才纷纷停刊。

更具有标志性意义的是国民党官办报纸也纷纷跨地区集团化连锁经营。其中国民党中央直辖的《中央日报》在抗战以后在南京、上海、重庆、贵阳、昆明、桂林、长沙、福州、厦门、广州、沈阳和长春 12 个城市同时出版，共出版 30 个版。② 而且南京中央日报社还在 1946 年出版的《中央晚报》，1947 年正式组建由陈立夫为董事长的南京中央日报股份有限公司，同年上海中央日报股份有限公司也正式组建。但中央日报总社和分社只是名义上的称谓，而无实际隶属关系，是一个十分松散的联合体③，自 1946 年起在直属党报中一律实施企业化，改制为股份有限公司，建立起组织、财务、人事、广告、发行等一整套内部管理机制。④ 此外，国民党老牌军队报纸《和平日报》（又名《扫荡报》）1944 年在重庆募集资本组建股份有限公司，成立理事会和监事会，并设立总社和管理处⑤，实行"经营商业化""管理军事化"方针。⑥ 抗战胜利以后和平日报总社迁至南京，并在重庆、上海、台湾、广州、南京、兰州、沈阳等地皆有分社⑦，最终发展成为南京版、重庆版、上海版、汉口版、兰州版、广州版、沈阳版、台湾版和海口版 9 个地方版同时出版的跨区连锁股份经营的报业公司。直至 1949 年中国政权的变化，该报业各版在中国大陆自动停刊。

这些集团化股份制的民办连锁报系和官办连锁报系都在发行、广告、人事、组织、财务等方面推行科学化的企业管理，同时这些主流报业企业

①　参见陈方中《于斌枢机传》，台湾商务印书馆 2001 年版，第 135 页。
②　参见陈昌凤《中国新闻传播史：传媒社会学的视角》，清华大学出版社 2009 年版，第 218 页。
③　参见胡太春《中国报业经营管理史》，山西教育出版社 1998 年版，第 100 页。
④　参见沈松华《民国报业的公司化进程研究》，《杭州师范大学学报》（社会科学版）2009 年第 4 期。
⑤　参见郑炯儿《从"扫荡"到"和平"：〈扫荡报〉研究（1931—1950）》，硕士学位论文，"国立"台湾师范大学，1999 年，第 76 页。
⑥　《扫荡世界人类的公敌》，《扫荡报》（重庆版）1943 年 7 月 23 日第 1 版。
⑦　参见许孝炎《我所见到的中国新闻事业——新闻讲座之二》，《新闻学季刊》1947 年第 3 卷第 1 期。

普遍的企业化经营管理实践把整个中国近代报业企业科学化管理活动推向了高峰。这也进一步应验了戈公振所预言的"民国成立以后，党争岁不绝书，凡不欲牵入政治旋涡之报纸，遂渐趋向于营业方面。物质上之改变，商业色彩大见浓厚，故谓之为营业时期"。①

二　战后报业管理学研究的主要成果

历经 8 年全面抗战之后，终于迎来了重建国家的美好时刻。国内报人、学者虽然历经内战的侵扰，但是仍然克服困难，深入思考与研究国内报业管理中出现的实际问题，并取得了一些显著的学术成果。其中就笔者的统计发现，在这一时期新闻学期刊所发表的关于报业管理的 50 篇论文中，有关报业生产管理的 9 篇，报业发行的 5 篇，报业广告的 4 篇，报馆人事的 16 篇，报业市场的 4 篇，报馆组织的 1 篇，报馆制度的 5 篇，报馆财务的 2 篇，报业管理综合论文 4 篇（见表 3.2.1）。

表 3.2.1　　　1945—1949 年新闻学期刊中发表的关于报业管理研究的论文数量

期刊论文内容范畴分类	报业生产	报业发行	报业广告	报业人事	报业市场	报馆组织	报馆制度	报馆财务	报业管理综合
期刊论文数（篇）	9	5	4	16	4	1	5	2	4
期刊论文总数（篇）	50								

此外，在仅有的几部新闻学理论的代表性著作或译著中对报业管理的报业发行、报业组织、报业广告等部分具体内容也做了较为详尽的概括与总结。如储玉坤的《现代新闻学概论》中关于报业管理的有"现代报馆的组织""报纸的印刷""报业管理""报纸的广告""报纸的发行"等章②；萨空了的《科学的新闻学概论》中有"管理报纸的原则""编辑部的组织""经理部的组织与工作""印刷厂的组织与管理""总管理处的组织与工作"等章③；还有王揆生、王季深翻译的美国弗朗克·莫特的

---

① 戈公振：《中国报学史》，三联书店 1955 年版，第 21 页。
② 储玉坤：《现代新闻学概论》，世界书局 1945 年第 2 版。
③ 萨空了：《科学的新闻学概论》，香港文化供应社 1946 年版。

《美国的新闻事业》中涉及报业管理的有"报纸与合并与系统""广告与发行"等章①；王季深、吴饮冰翻译的英国斯蒂德的《新闻学的理论与实际》中有"报纸的经济""印刷术""发行与广告""新闻事业之商业化"等章②；恽逸群的《新闻学讲话》中有"新闻机关的组织及其他"等章③，等等。

更为难能可贵的是，还出版了报业管理的著作、教材。其中最有影响的就是詹文浒编著的《报业经营与管理》，该书于 1946 年 1 月由正中书局出版。目前我们能查阅的是 1947 年 10 月正中书局的版本。该书主要包括经验的背境（景）、创造自己的事业、组织之道、发行原理、报纸广告、排印问题、理财原则共 7 篇 27 章。④ 此外，当时还有李次民的专著《报业技术与管理》由自由出版社（广州）出版，但目前没有实物文献可供查阅与考证。

总体上，战后短短的几年时间里国共内战又全面爆发，这也使得这一阶段有关报业管理学研究受到影响与限制。所以从学术成果的形式来看，无论是期刊论文还是相关著作中涉及报业管理的内容章节或报业管理学专著、教材都相对比较少。

三　战后报业管理学理论的完善与发展

战后虽然全国陷入了全面内战，但是很多报人、学者仍然克服重重困难，思考与探讨当时全国报业管理中的具体问题，不断推进报业管理的理论建设，完善与发展已有的报业管理学术理论与观念。

（一）国内报界对报业托拉斯的排斥与防范

随着战后南京、天津、上海、北平等主要大都市的各大主流报业的恢复发展与壮大，并逐步成为跨地区集团化连锁经营的报业股份有限公司。新闻界又重新思考与探讨报业托拉斯的实际问题。

---

① 　［美］弗朗克·莫特：《美国的新闻事业》，王揆生、王季深译，上海文化服务社 1947 年版。

② 　［英］斯蒂德：《新闻学的理论与实际》，王季深、吴饮冰译，上海文化服务社 1947 年版。

③ 　恽逸群：《新闻学讲话》，华中新华书店 1948 年版。

④ 　参见詹文浒《报业经营与管理》，正中书局 1947 年版。

　　1. 国外报业托拉斯现象研究的借鉴

　　随着战后国内报业跨地区连锁经营的发展，国内新闻学者、报业经营管理者又积极引入国外已经普遍化的报业托拉斯经营的理论与实践。其中当时最突出的就是翻译、引进美国著名新闻学者莫特的《美国的新闻事业》一书。莫特在这一书中对报业托拉斯的概念、起源及美国报业托拉斯经营的实践进行了较为系统的分析与介绍。美国早期新闻学者莫特认为报系（也即报业集团，简称报团，以下同）的界定非常困难，他在 1947 年王揆生、王季深翻译出版的《美国的新闻事业》一书中强调"所谓报系，其形式不相同，其完成也各有阶段，所以要下准确的定义实在是不妥当的，一般的统计材料也没有什么意思"。[①] 他还认为，"近代报系的形成，起源于老斯克列泼斯（即斯克里普斯——引者注）所拥有的报纸"。[②] 这也是新闻史一直公认的史实，也就是说斯克里普斯报团是美国也是世界的第一个报团。

　　由于报业集团化可以节省成本费用，世界各国报业集团化趋势也就自然势不可当。所以莫特认为虽然报系难以界定，"可是报系的大概的趋势是很容易看得出来的"。莫特在《美国的新闻事业》一书中以每 10 年为一个周期对 20 世纪 40 年代以前美国报系的发展趋势做了较为具体的概述。他在书中指出，在 1900 年，有 8 个报系，控制着 27 种报纸，大约要占全国报纸销路的 10%。到 1910 年，已有 12 个报系，拥有报纸数增加一倍，几乎所增的半数都是由于"斯克列泼斯—麦克莱系"的扩张。到 1920 年，包括战时在内，有不少新报系成立，所拥有报纸数又增加了一倍。但真正的全盛时期是在 1920 年以后的 10 年间，那时报系增加到 60 个左右，所拥有报纸超过 300 种，占全国报纸总发行数额三分之一以上。在 1930 年以后的十年间，正值不景气时期，上面的数字也足以代表这一时期的大概情形，当然并不尽然，这 10 年间大体上是既不进步，亦不退步。但我们应该注意，在星期报中，报系的报纸要占几乎一半的销路。[③]

　　除此之外，美国新闻学者莫特对美国主要报团（即报系）及其报团

────────────

　　① ［美］弗朗克·莫特：《美国的新闻事业》，王揆生、王季深译，上海文化服务社 1947 年版，第 49 页。

　　② 同上。

　　③ 同上。

老板做过专门介绍。莫特在《美国的新闻事业》一书中首先列举介绍了运作成功的报系，如最老的小报系之一密歇根州的"鲍斯报系"（Booth Newspaper）拥有 3 种以上报纸，"勃勒希—摩尔系"（Brush‑Moore）拥有 3 种报纸，"李氏报业组合"（Lee Syndicate）拥有 3 种以上报纸，考柏系（Copley Chain）拥有 4 种以上报纸，"奥格登"（H. C. Ogdén）报系拥有 14 种报纸，"史比特"（Merritt C. Speidel's）报系拥有 10 种报纸，"加奈脱"（Frank E. Gannett）（也就是目前美国甘耐特报团的前身）拥有 15 种以上报纸，"考克斯"（James M. Cox）报系拥有 6 种报纸，"列特兄弟"（Ridder's）报系拥有 7 种以上报纸，还有"小斯克里普斯"报系和"赫斯特报业帝国"等。同时还列举了一些经营不成功的报系，如门塞（Frank A Munsey）报系先后兼并或创办报纸 14 种左右，但他在忙于兼并的同时却无心经营，结果大多报纸都陷入危机，报团亏损严重；凡台皮尔脱（Vanderbiet）小型报系也在 1920 年后结果不佳；麦克番登（Bernarr Macfadden）曾拥有 10—12 种报纸，在大萧条时期崩溃了；布林（Pulliam）报系和一般报业公司（General Newspapers, Inc）一度兴盛但最终没落；勃洛克（Paul Blook）报系后来也只剩 3 种报纸。① 此外，莫特在《美国的新闻事业》一书中还专门以较长的篇幅重点介绍了被新闻界称为"报业绞肉机"的"大事业家"——门塞·斯克列泼斯－霍华德报系的变迁、赫斯脱（W. R. Hearst）及其报系的沉浮。②

2. 国内报界对报业托拉斯的排斥与防范

报业托拉斯虽然是当时国外报业集团化经营的普遍现象，甚至是很习以为常的问题，但国内报界自从史量才收购《新闻报》股权风波之后对此却一直非常敏感，甚至不敢多谈，进而遭到多数人的否定与排斥。直到战后，即使有数家报纸已经推行跨地区的集团化连锁经营，但对报业托拉斯排斥的普遍观念与态度依旧没有改变。其中新闻学者储玉坤对报业托拉斯的趋势、原因、形式与后果等做了较为深入的研究。他首先详尽地分析了世界各国报业集团化经营的趋势，他认为，现代报业"……而在报业的经营方面，则采用科学的管理方法，完全资本主义

---

① ［美］弗朗克·莫特：《美国的新闻事业》，王揆生、王季深译，上海文化服务社 1947 年版，第 49—54 页。

② 同上书，第 31—48 页。

化，像普通企业一样，Single Enterprizer，Corporation，Combination 也已
奏过了这三部曲，而完全托拉斯化了，尤其是英美的报业被操纵在几个
报业巨子的手里，组织所谓'报团'，尽其操纵报业的能事"。① 并进一
步具体解释了英美报业托拉斯的具体情况，认为，"至于现代报业的托
拉斯化，在英美最为显著，所谓连锁报团（Chain Newspaper），就是操
纵报业的托拉斯。记得 1913 年英国新闻学会会长唐纳德（Robert Don-
ald）曾说过现代报业托拉斯化的趋势：'世界产业最显著最重要的趋
向，就是兼并；在兼并的潮流中，新闻事业也不能例外。一个资本雄厚
的公司，可以拥有许多报纸，这种兼并的结果，便是全国报纸，集中在
少数资本家的手里。'到现在他的话完全成为事实了。目下英美的报业
蒸蒸日上，销路一天增加一天，报馆的资本一天雄厚一天，可是报纸的
数目却一天减少一天。"② 同时储玉坤还认为美国的连环报团也有报业
集团公司和报业公司集团两种组织形式，他指出："美国连环报团有两
种组织方式，一种组织一个公司（Corporation），以此公司拥有许多报
纸，如美国波氏（Booth）报团组有波氏公司，公司共有 11 家报纸，每
家报纸由公司统一派理事主持；另一种连环报团中各报纸其本身都有一
个公司，只是各个公司的股票操在一个人的手里，如赫斯特报团规模非
常大，总共有 22 家，内设连环报团总经理，其所属各报馆表面上都是
独立的，各有公司理事会推选的总经理，但一切要受总经理（连环报团
总经理）的支配。"③ 此外，储玉坤还认为报业托拉斯的原因除了现代
生产事业以外还有科学技术、资本、广告、发行、成本、读者等诸多因
素。他认为：

> 第一是科学的进步，技术的改良，使创办一家报馆，非有雄厚的
> 资本不可。……总之，报业需要资本的增加，实为使现代报业托拉斯
> 化的主要因素之一。其次是广告在报纸营业上的地位日趋重要；过去
> 报纸的生存，端赖定户所付的报费；但是现代报纸唯一的主要收入，
> 就是广告费……因此一般大报每年都有极大的盈余；使一般资本家和

① 储玉坤：《现代新闻学概论》，世界书局 1945 年第 2 版，第 13 页。
② 同上书，第 21 页。
③ 同上书，第 23—24 页。

企业家，把报业也当作普通的商业经营，其组织上也和其他的产业一样，由公司组织扩大化为托拉斯组织。第三，现代报业既以广告费的收入作为其主要的来源，但要求广告效力大，各商家都乐于刊登，就非设法增加报纸的销路不可……而如何始能使报纸的销路增加，一是在同一的市场内不许有敌报的存在；二是在把许多地方的报纸归到一个组织，藉此可以使广告商就范。要达到上述的目的，于是兼并与削减，便成了势所必至的趋向了。第四是大量生产的经济，消极方面在减低生产成本，积极方面在增加报业的盈余。……最后的因素，在读者对于报纸的态度已经转变，过去重视报纸的言论，而现在读者看报，要看的是新闻与各种娱乐文字……①

最后，储玉坤认为报业托拉斯的后果就是言论自由成为空话，这是报业的危机。他解释说："本来报纸评论的功能，仅在引导舆论，走入正轨，现在被操纵在少数资本家的手里，刊载千篇一律的评论，如何能尽量发挥报纸引导舆论的功能呢？不仅如此，而且言论自由也变成了'徒托空言'了。所以现在报业的托拉斯化，也就是现在报业的一大危机"。②

著名新闻学者萨空了则进一步主张通过司法独立与报纸"民意机关"化来防范报业托拉斯。他首先认为必须防范中国报业的托拉斯经营，他认为："抗战胜利，帝国主义的桎梏既脱，中国社会的向资本主义之途迈进是毫无疑义的。在这发展中，鉴于美英的前车，报纸这应属于民众的报道消息提供意见的工具，可能为大财阀资本家所独占。在一个系统下，建立几十个报社、通讯社于几十个大城市。这种现象在美国已写下了无穷的罪史页，这种报业托拉斯一定不会为民众服务，代表民众利益，所以这是未来社会中必须防止的一种报业的发展。"③ 同时他建议一方面可以通过司法独立来限制报业托拉斯的消极面，他认为：

有人或者以为这一现象可以用一种法令来予以限制，如限制新闻

① 储玉坤：《现代新闻学概论》，世界书局 1945 年第 2 版，第 21—22 页。
② 同上书，第 28 页。
③ 萨空了：《科学的新闻学概论》，香港文化供应社 1946 年版，第 32—33 页。

事业的资本。其实是无从限制的……著者希望限止的是作恶，所以还应从司法独立这一方面来着想，报纸如以作恶为目的，自然违法，只希望检察官能认真检举来防止就够了。例如恶意的揭人阴（隐）私，写成黄色新闻，检察官可以妨害风化起诉，而当事人更可以毁谤起诉，如此政府既未以特别法令干涉言论自由，而使不良报纸不能为所欲为，才是较有实效的办法。①

　　另一方面就是实行报纸"民意机关"化来防范报业托拉斯，他认为"积极的设法使报纸成为大多数民众自己的相互报道消息，提供意见的工具"。② 具体地说，"不论是在首都，还是在各省，这类报纸的社长，可以改为民选。或于选举民意机关议员时选出，或由各级民意机关中互选产生。最好是单纯选出，选省议员时同时选一省报社社长，选县议员时，同时选一县报社社长。全国性报纸的社长，全国性的通讯社社长，则与全国最高民意机关议员同时选举"。③ 同时"政府不能再以国库予以津贴，皆须求以营业自养。这些机构，如果办得好，本都是可以营业自养的；不予津贴，是为了求其逐渐完全代表民意……改为民选之后，还有一点，必须强调，那就是所有束缚言论自由的法令机构，应当一律取消，民众人人有创办报纸之自由。报纸只受法院检察官根据刑法提出之控诉，与其他民众依民法而向法院控诉的诉讼。此外再不能有任何单行法以束缚报纸为目的"。④ 这些观点与设想的出发点非常好，也符合当时新闻界对报业托拉斯的主流意见，但是在现实来看只能停留在理论层面的思考，而实际操作并非如此简单。

　　（二）推动"报纸下乡"经营的观念

　　在战后重建过程中，为了实现农村的民主，中美两国曾签订协议推行"农村复兴计划"。为了配合"农村复兴计划"的推行，新闻界曾积极推动"报纸下乡"运动，出现了农村报业经营管理的新主张与建议。有些学者提出了"报纸下乡"的方案，如推行城市报纸下乡的方案，瞿菊农提出的设想是"报纸未尝不可加印'缩小版'，只印新闻与评论

① 萨空了：《科学的新闻学概论》，香港文化供应社1946年版，第39—40页。
② 同上书，第33页。
③ 同上书，第37页。
④ 同上书，第37—38页。

一类，而少印广告，定价特廉"。① 还有创办地方报纸（或乡下报纸）的方案，其中王洪钧提出创办乡下报纸的设想是由政府来推动，实行城市、地方和乡村三级报纸层层服务。具体地说，他界定的"乡下报纸"就是在最需要报纸而没有报纸的小县和大的市镇所办的报纸。并且由政府力量来推动，要求干电池收音机和油印机各一架，经费开支由县教育费为主、乡人自筹为辅，由县民众教育馆和乡镇中心国民学校主办，报纸内容由国家电台提供（简明新闻、科学知识）、地方报纸与自己采写相结合，实行城市、地方和乡村三级报纸本身的合作与服务。② 而胡次威认为，"真能够做到报纸下乡的，还是地方报纸。据我所知，四川一省，便有半数以上的县份办得有报纸，除了刊载国内外时事及本省政闻之外，各有各的地方特性，因此便做到了下乡"。③ 罗廷光也认为，"报纸要普及乡村，我也赞成除中央报外尽量发展地方报纸。因为地方报纸，可充分披露地方新闻——这些新闻才是地方人民最关心最爱知道的"。④ 最后还有农村报业连锁的方案，成舍我提出"报纸下乡"实施方案的设想是以首都为总社，通过广播传递，以县为单位，在全国两千个县创办一份农村连锁报纸。具体而言，总社设在首都，以县为单位，每县办一份报纸，通过广播把在首都弄好的新闻、评论、标题字体等传递，再由各县单位收取，并保留部分版面供各地刊载当地新闻。每一县算是一个小组，每组都配有担任收银、印刷、发行及当地采访等工作的专业人员三五个，配有轮转油印机和收报机各一台，负责小组所在县报纸的具体事务。⑤

（三）报业有效发行理论的再次提出与论证

在以往一味追求发行数量的基础上，在抗战胜利后全国报业恢复发展的过程中，很多学者进一步认识到报纸发行的重要性，于是有人开始反思

① 瞿菊农：《报纸下乡》，《报学杂志》1948 年第 6 期。

② 参见王洪钧《报纸下乡与下乡报纸》，载武月卿、孔珞、祝修膺等记录《报纸下乡问题（本刊第六次座谈会）》，《报学杂志》1948 年第 5 期。

③ 胡次威：《利用广播代替报纸，白话之外兼用方言》，载武月卿、孔珞、祝修膺等记录《报纸下乡问题（本刊第六次座谈会）》，《报学杂志》1948 年第 5 期。

④ 罗廷光：《报业利赖教育经济，教育报纸相互为用》，载武月卿、孔珞、祝修膺等记录《报纸下乡问题（本刊第六次座谈会）》，《报学杂志》1948 年第 5 期。

⑤ 参见成舍我《用轮转油印机印报，首都设总社发电稿》，载武月卿、孔珞、祝修膺等记录《报纸下乡问题（本刊第六次座谈会）》，《报学杂志》1948 年第 5 期。

过去报业发行渠道与营销方式，并逐步探讨报业发行的规范性及其有效性。

首先，在反思报业经营"广告本位"现象的过程中，进一步分析在国家经济衰退的背景下报业"发行本位"的独特现象。有记载，在 20 世纪 30 年代的美国经济恐慌中也曾出现"发行本位"的现象，"因为广告的收入减少，报纸欲打开销路，不得不从发行入手；又因发行数字受着一般不景气影响，本来在那里低降，现在欲从发行方面，获得一部份经济的接济，自然需用极大努力，而发行部和发行经理的成绩亦由此而大著"。① "从此以后，发行经理的地位与（之）前大不相同，他在报馆中占据极重要地位，不仅关于发行本身的问题须由他来主持，来解决，即对于出版的一般政策，他也具有决定性的发言权。在若干报馆内，发行经理的地位仅次于发行人而已。"②

其次，在反思与检讨过度追求报纸发行数量的基础上再次提出报纸有效发行论。在各大报纸市场化促销与推广的发行竞争过程中，有人批评报纸发行通过与新闻无关的方法来促销与推广是有损报纸的地位、影响与信用的，认为，"近年来有一种风气，便是以与新闻本身绝无关系的方法来推广销路，譬如替定户保险和开奖等等以增加销数，再藉以提高广告刊费。这种风气也足以损害报纸的地位与影响。这种方法，以新闻言，是全无价值，至多不过多找几个所谓'登记读者'，而读者的目的无非贪保险的利益，或是多买几份报去，专剪赠券，初非为了读报。在这种情形下，广告客户实在收不到预期的效力"。③ 并认为"报纸发行的前提与基础是使自己的报纸，真能成为可能范围内最优越的报纸；刊印最上乘的特稿；从事真正的社会服务工作；从事实上，证明你的报纸确属大公无私，纯洁正直"。④ 甚至建议学习与借鉴国外通过法律干预与管制的办法来尽量保证发行数量有效可行。据记载，美国 1912 年 8 月 24 日公布法律规定日报发行人必须在每年十月一日，以经过宣誓的书面声明，交给邮务总长，其中述及过去十二月中售出或分发给订户的平均销数。违反该法的发行人，

---

① 詹文浒：《报业经营与管理》，正中书局 1947 年版，第 113 页。
② 同上书，第 114 页。
③ ［英］斯蒂德：《新闻学的理论与实际》，王季深、吴饮冰译，上海文化服务社 1947 年版，第 19 页。
④ 詹文浒：《报业经营与管理》，正中书局 1947 年版，第 112 页。

可能丧失第二类新闻纸的邮政特权。在法国，根据相关法律，报纸和其他期刊必须每一期中公布其销数，该项数字并由情报部的代表定期加以证实。在拉脱维亚和波兰，必须把报纸印刷的份数通知当局。① 在此基础上，有人提出报业有效发行的基本原则是："第一，必须有效；第二，必须简单，不能过于繁复；第三，必须合乎经济原则；第四，必须争取优越读者，不以读者之量的激增，引为己足，且须注意读者之质的提高，使其对于报纸本身，对于广告客户均属有利；第五，必须注意读者之量的累积性的增加，所谓累积性的增加，盖指反于突然的跳跃而言。"②

此外，对于间接发行和自主发行也进行反思与规范。有学者批评甚至痛恨当时报贩与派报社操纵报业发行的现象，提出组建一个全国性出版发行公司来规范、统一全国报纸、杂志等出版物的发行。"这种报贩与派报社因为他不隶属报社也不隶属读者，成为真正的自由职业，所以他们往往不对读者尽应尽的职责，有时还有受人利用与报社为难的事。"③ 而且"一种对社会影响极大的新闻事业，其发行网操纵在这般人手中，自然极不合理"。④ 所以他主张创办一个全国性的出版物发行公司，"要以有知识的人做发行工作，代替那些无知无识而昧良心来只想牟利的书商报贩"。⑤ 与此同时，也有学者对当时报馆自主发行存在的问题进行反思。詹文浒认为，一方面直接订户报（也即报馆直接发行或自主发行网的订户——引者注），读者直接向报馆订阅，由发行部直接处理递送、收账等具体事务，报馆雇用报差按地址递送。其好处在读者的地址直接留在报馆，有需要时可直接与之通信。所以一般报馆很注意直接订户的吸收。另一方面，自主发行的缺陷在于：报馆要为发行部职员负责计算收账等事，为报差专司每日递送之事；送报的报差按月支薪，多送少送工资固定，存在吃大锅饭现象，且工作缺乏积极性、效率低、服务态度差；更无心去发展新的订户。⑥ 正因为如此，所以有人建议对自主发行直接订户的服务加强管理与规范，尤其重点调查订户停止订阅的原因，比如订户停止订阅是否因为编

---

①　参见罗森堡（Ignaz Rothenberg）《报纸的销路》，*The Newspapers*，1946 年，葛思恩译，《新闻学季刊》第 3 卷第 2 期，1947 年。

②　詹文浒：《报业经营与管理》，正中书局 1947 年版，第 130 页。

③　萨空了：《科学的新闻学概论》，香港文化供应社 1946 年版，第 155—156 页。

④　同上书，第 156 页。

⑤　同上书，第 157 页。

⑥　参见詹文浒《报业经营与管理》，正中书局 1947 年版，第 123 页。

辑欠佳、送递迟误、报差服务不周到、报费太高、对直接订户不加优待以至反不如零购报纸或其他。①

（四）报业广告管理科学化理论的深化

报业广告管理的科学化、专业化一直是中国近代报业广告管理所追求的目标，尤其在历经八年全面抗战以后报业理论界与实务界更进一步深入探讨报业广告管理科学化的问题。

首先，强调的是报业广告评价的标准与手法问题。其中有学者认为，"广告要具有艺术性、时间性、空间性、伦理性、社会性、客观性"②。所以为了达到此标准，有学者建议：为了引起注意，可以通过引起读者好奇心、利用故事表现法、具体表现、提出问题、警惕与宣扬、密切关系、谦虚诚恳等，同时为了引起读者好奇心往往又会采用对照、新奇、明白浅显、适宜、重复、利用时机等方法。③ 如果报馆自身难以实现广告设计制作的科学化、艺术化、专业化的话，甚至建议把报馆的报纸广告的设计、制作交给专业的广告公司来完成。因为"广告公司的优点，在使广告的设计，益趋于尽善尽美，能满足广告主顾的要求，增加广告的效力"④。可是从报馆自身经济利益来看，"……广告公司对于报纸，也有极大的流弊：使报纸养成依赖广告公司的习惯，而不望在广告上力图上进；报纸广告既为广告公司所操纵，无形中造成广告公司对于报纸的优势，报纸在其压迫之下，只能听其支配；广告主顾与报纸之间，因有广告公司的从中阻梗，关系疏远，自难互相合作；报纸收入势必减少；易受利用，对于广告公司转来的广告，很难拒不刊载"⑤。

其次，继续倡导开发作为报纸新式广告类型的分类广告。长期以来，"中国报界对于分类广告，其所以未经全力发展者，无非因为它的字数少，收入少，可是它的手续，还是同样的麻烦，同样的要接稿样，要开发票，要应付主顾"⑥。但是对读者来说，一方面"分类广告的内容，在某种意义之下就是新闻，而且在若干读者看来，或比一般新闻更有新闻价

---

① 参见贾克岐《报纸发行技术丛谈》，《新闻学季刊》第 3 卷第 2 期，1947 年。
② 庄伯勋：《新闻广告学》，《报学杂志》第 1 卷第 7 期，1948 年。
③ 同上。
④ 储玉坤：《现代新闻学概论》，世界书局 1945 年第 2 版，第 190 页。
⑤ 同上。
⑥ 詹文浒：《报业经营与管理》，正中书局 1947 年版，第 163 页。

值"。① 所以分类广告在欧美国家报纸广告中是最常见最普遍的广告形式，甚至连最负盛名的英国《泰晤士报》等世界性主流大报都非常重视并普遍刊登分类广告。尤其值得一提的是英国《泰晤士报》，该报读者不是大众化的市民，而是政治家、外交家、法官、学者、教士、高级官员、海陆军将帅、一部分市镇的贵族和地主以及一般称为上流社会的人。他们为了了解英国的社会生活，也爱读《泰晤士报》的分类广告。该报一般第一、二、三版几乎全为分类广告，比伦敦其他各报的分类广告都要多，分类广告所刊载的事，主要有个人的出生、死亡及租赁，求职，营业，投资，收集邮票，喂养鹦鹉、猫、狗，购买照相机，等等。尤其通过这些分类广告还吸引了英国全国妇女购买订阅这张报纸。②

此外，还非常重视报业广告经营的道德伦理问题，以净化报纸广告。一方面鼓励各大报纸自觉地规定拒绝刊登的广告，以净化报纸版面。其中当时国内某些著名大报曾纷纷规定拒绝刊登的广告，以净化报纸广告。如《大公报》曾规定拒绝刊登的广告有：广告措词及体裁以不越法规范围为限，如有关风化或有关法律责任及其他妨碍者，得删改之或拒绝刊登；书籍杂志及一切刊物等广告，须经本馆审查其内容后，认为无关风化或不致干涉禁令者，方可照登。③《新闻报》也规定拒绝刊登的广告是：本报收登广告，其措词及体裁以宗旨正当、不越法规为限，其有关风化及损害他人名誉或接近欺骗者，一概不登；出版品之广告，不得有诲淫词句，如标题奇突，书目淫秽者，该书内容须经本报检阅后，认为无关风化，方可照登。④《和平日报》（也即《扫荡报》）曾规定拒绝的广告有："广告以不越法规为限，否则本馆得删改之或拒绝刊登；凡涉及他人名誉及一切具有特殊性质之广告，刊户须觅本埠妥实商保，在保单上盖章负完全责任，本报方可刊登；凡涉及迷信（如星相）及不正当之药品（如壮肾淋丹等）……之一切广告，本馆概不刊登；书籍杂志及一切刊物之广告，须将原出版品交本报审查，认为无碍国家法令者，方能照登。"⑤ 另一方面，则主张借鉴美国报界通过行业

---

① 詹文浒：《报业经营与管理》，正中书局1947年版，第163页。
② 参见詹文浒《报业经营与管理》，正中书局1947年版，第39—40页。
③ 参见穆加恒《商业广告的净化问题》，《报学杂志》第1卷第10期，1949年。
④ 同上。
⑤ 同上。

组织监督与规范报纸广告的经营。如在美国，"全国广告业联合会"与"美国广告公司协会"在1932年合作起草了一项道德法规。凡是广告上的谎言、夸大、关于货价令人误会的话，伪科学的宣传，假证明书，非礼的话或是攻击他人营业，都在管制之列。还成立了一个具有权威的"批评委员会"——一个广告业的最高法院，来执行它。还有，1913年"美国日报业公会"合并三个团体，成立一"广告局"，郑重保证推进广告业务。这个"广告局"虽产生于"美国日报业公会"，但有它自己的会员，是一个独立组织。① 他们希望国外报界的这些先进做法能借鉴和引入到国内报业广告的管理实践中来。

（五）战后报业体制改革问题的思考

战后国内报纸虽然延续了战前所有制的多元化，但是普遍经济薄弱，国家意识淡漠，甚至缺乏法律、道德责任。从各报经营者的背景及政治立场来看，有国民政府及执政党国民党所创办与经营的报纸，有共产党、民盟、青年党等其他在野党派所创办与经营的报纸，也有天主教等教会所创办与经营的报纸，有无党无派的民间私人创办与经营的报纸，还有外国人在华创办与经营的报纸。但是这些报纸普遍存在的问题是：不能代表读者真正意见，经济基础不稳固，报社设备简陋，无超然独立之认识与风格，不能自动向国家负责，忽视法律及道德上责任。②

面对战后国内报纸所有的种种问题，当时很多学者从宏观、微观上思考战后和平发展时期报业体制的改革。

1. 战后报业体制改革的战略谋划

当时新闻理论界一直争论的一个核心议题就是报业的"国营"与"私营"问题。其中很多学者在认识到报业私营存在诸多弊端之后纷纷赞成甚至推崇当时苏联的报业国有国营体制，也有学者认为应该建立符合当时中国国情的报业体制。

（1）借鉴苏联报业体制建立报业公营制

从宏观层面，有学者在批判英美资本主义报业体制的基础上，大肆赞扬苏联社会主义报业体制，并主张通过吸取两种报业体制的长处来改革与

---

① 参见［美］弗朗克·莫特《美国的新闻事业》，王揆生、王季深译，上海文化服务社1947年版，第152—153页。

② 参见许孝炎《我所见到的中国新闻事业——新闻讲座之二》，《新闻学季刊》1947年第1期。

发展战后报业。他认为英美资本主义报业生产方式是纯商业经营，只有报业寡头才真正拥有新闻自由，对此他是这样解释的：

前者（即英美式资本主义的方式——引者注）是在自由放任的经济制度下，纯然作为一种商业经营，也随着一般商业发达的路线而发达，自由竞争的结果，优胜劣败，资本大的才能够网络人才，增添设备，搜购优良原料，改良生产技术，资本小的便逐渐被消灭，被吞并，资本积累的结果，于是形成了寡头独占，形成了托拉斯，控制了整个市场。他的商品固然要投合消费者的口味，但它可以自己的意志来左右消费者，消费者无力反抗。它也可以利用消费者心理的弱点，来做巧妙的赚钱生意。……欧美的新闻出版事业并不在大众的手上，不在新闻从业员手上，而是在少数寡头企业家的控制下。真正享有新闻自由的只是这些寡头们，并不属于任何其他人。①

相反，他认为苏联社会主义报业的国家经营体制值得赞扬，或许真能发挥真正的新闻自由精神，他的解释是：

苏联在原则上是没有自由竞争的企业的，新闻事业是绝对的在国家控制下，苏联的政权是绝对受共产党控制的，苏联的新闻事业也便是共产党所控制的。苏联是没有个人自由，只有国家自由的，苏联的新闻事业便充分表现这种精神。……但是苏联新闻事业的经营方式是值得赞扬的，即是作为一种公众事业由国家经营，而不受私人的控制。它不给大多数人的新闻自由，但也不给少数人的新闻自由。这如苏联的一切工商企业是一致的，他可以站在整个国家的利害立场，为消费者做合理的考虑，它不去迎合消费者的畸形心理。这一点是苏联新闻事业特殊的贡献，只有在国家经营之下，才能够做得到的。如果苏联能够放弃其思想统制政策，则这种制度下的新闻事业或许真能发挥真正的新闻自由精神吧。②

---

① 朱沛人：《中国新闻事业之路》，《新闻学季刊》1947 年第 1 期。
② 同上。

之后，根据当时全国报业发展的实际情况，他认为有资本主义报业经营体制发展的不良趋向。他对此是这样描述的：

> 我们的新闻事业今天只刚才走上发达的初步，种种迹象指示，我们是在走欧美的旧道路。我们在争新闻自由，也是在争欧美式的新闻自由。大都市里新闻事业机构如雨后春笋，日渐增多，如果社会更安定一点，经济更稳定一点，新闻事业的单位一定更要多，但即使在目前，资本的斗争已经开始了，豪取强夺的现象已经存在了，具体而微的托辣斯已经萌芽，如果我们任其自由发展，这种现象必然一天天更剧烈，更扩大，最后必然完成以几个大都市为中心，养成几个大新闻事业的集团，占有了整个新闻自由而后已。①

所以，他认为战后全国报业的改革与发展应该吸取欧美资本主义报业体制与苏联社会主义报业体制两者的长处，从而真正实现新闻自由的理想。他的解释是：

> 我们应该兼取欧美式及苏联式之长。……换言之我们的新闻事业应该以国营为原则，一切新闻机构是属于国家的、社会的、人民的，不受任何政治集团、私人、思想、主义的控制，它好象法院，是有完全的独立精神，只受法律的限制，它又像学校，享有完全的思想自由，不受其他势力的影响。它的经费来自国库，收入归之国库，不受私人的津贴，不以营利为目的。它也不是政府机关的，不代表政府党派的立场。新闻从业人员依法律进退，并保障其职位及执行职务的自由。任何人可以在不违反法律，不违反公众利益的前提下，要求国营的报社通讯社予以报道及言论自由。极右极左的思想并存于一张报纸中，如会议会中一样。这样的新闻事业，才是最民主，最平等，最自由，最进步的新闻事业，才能真正实现新闻自由的理想。②

---

① 朱沛人：《中国新闻事业之路》，《新闻学季刊》1947年第1期。
② 同上。

（2）建议建立三民主义下中国特有的新闻体制——"资本家出钱，专家办报，老百姓说话，政府认真扶助，依法管制"

还有学者在批判当时全世界的英美式、苏联式、法西斯式三种报业制度后，提出以"资本家出钱，专家办报，老百姓说话，政府认真扶助，依法管制"为核心内容的三民主义下中国特有的新闻制度，作为中国战后理想的报业制度模式。他认为英美式高度的"言论出版自由"制虽然具有创办自由、批评自由、发表自由等主要特点①，但是：

>　　……这种自由却完全被报纸所有者，换言之，即少数资本家劫持操纵，宰割无遗。英美人民，既不能个个办报，个个都是报纸的主人，只好眼看少数资本家，打着"代表舆论"旗帜，实行其自私自利勾当。政治上的党同伐异，故不待论，下焉者，为求迎合低级趣味，更不惜败坏人心，流毒社会，所谓报纸"黄祸"，乃为英美现行报纸制度下最所痛心疾首之事。②

同时政府还出台种种办法③限制滥用言论出版自由，所以"虽确已达到相当高度，但这种自由，人民得之于国家平等的法律，失之于社会不平等的经济，试问这种制度下的报纸，安能代表真正的言论出版自由？"④而苏联式的"报纸国有"制：

>　　依据史大林宪法第一百二十五条，第一二两项，虽没以公民均有其言论出版自由权，但这种自由权，不仅赖以表现的报纸，只共产党部，政府机关及劳工团体，有权经营，即连印报的一切工具，个人也

---

①　成舍我认为主要特点有：创办报纸，除依普通商业的手续外，不须特别登记；无事前检查；不能以命令禁刊某项消息；有权批评政府官吏失职，不犯毁谤法，但鼓励暴行者除外；有权发表任何消息；虽英有公务秘密法之限制，事实上此法极少援用。参见成舍我《报纸必如何始"真"能代表"民意"》，《中国新闻学会年刊》1944年。

②　成舍我：《报纸必如何始"真"能代表"民意"》，《中国新闻学会年刊》1944年。

③　成舍我认为限制言论自由的办法主要有：鼓励暴行；对个人公开诽谤；淫秽文字及春药广告；广告而含有欺诈意味者；离婚案件中有关风化之供辞；宣传含有赌博性质之彩票；批评未判决案件，等等。参见成舍我《报纸必如何始"真"能代表"民意"》，《中国新闻学会年刊》1944年。

④　成舍我：《报纸必如何始"真"能代表"民意"》，《中国新闻学会年刊》1944年。

不许私有。在理论上讲，苏联是无产阶级专政的国家，国内既只有一个阶级，则仅许代表着一个阶级的机关团体，有权办报，亦即等于允许了每一个苏联公民，有了自由权。不过这种解释，无论其正确程度如何，但在不分阶级，以争取全民福利为目的中国现有三民主义政制之下，当然是未便采用的。①

还有法西斯式的"报纸统制"则更是毫无新闻自由可言。他以纳粹德国为例，认为在这种报业制度下：

> 不仅报纸出版，须先经过特种登记，且每一从事新闻事业之记者，亦须具有亚利安种族，纳粹信仰，及其他特定资格，取得记者登记证，并加入工作区城之记者公会后，始能执业；宣传部长有权随时取消任何记者之登记证，而无任何法院，可以接受被取消登记证者之控诉；新闻去取，评论要点，均须遵照宣传部指示，宣传部并于每报派编辑一人，驻馆督导。②

所以"像这样被严厉统制着的报纸，当然毫无'言论出版自由'可言。但在纳粹说来，'自由'还是'无恙'，因为它准许私人经营报纸，这真是对'言论出版自由'这种神圣灿烂的高贵名词一重大侮辱"。③ 所以成舍我得出的结论是："无论国营私营，世界现行的三种制度，没有一种，可容许我们囫囵抄袭，我们今后乃只有根据中国的特殊环境，在三民主义最高纲领之下，创建我们中国未来的报纸制度……"④既然如此，成舍我认为应该建立三民主义国体下中国独有的新闻制度，并概括为"资本家出钱，专家办报，老百姓说话，政府认真扶助，依法管制"。该报业制度模式的"主要办法为将资本权，言论权别分。每一报馆，略如私立学校之董事会，由国家立法，组织一编辑委员会，除投资主办报馆者得自由延聘委员会三分之一外，余由学术机关，法定民众团体，读者代表选派三分之二。凡主笔编辑之任免，言论

---

① 成舍我：《报纸必如何始"真"能代表"民意"》，《中国新闻学会年刊》1944 年。
② 同上。
③ 同上。
④ 同上。

方针之制定，皆由此委员会决定，资方无权干涉"。① 并进一步解释了该报业制度模式的内涵。

具体而言，"资本家出钱"的主要意思是：

> 我的看法，中国报纸，如果不成为国家独占事业，而允许私人经营，则无疑的，这种事业，一定会一天一天走向大规模资本化。也和经济的自由主义下其他事业一样，资本越小越赔本，越大越赚钱，结果，小资本报馆无法存在，大资本连锁制（CHAIN SYSTEM）的报业托拉斯，即应运而兴。唯一原因，就是现代报纸，需要高度印刷机，及一切新式装备，如飞机运送，电传写真之类，这些工具，都绝非小资本所能置办。而且资本愈大，所办报馆及附属事业愈多，支出愈能节省，成本愈能减轻。
>
> 我们既认定未来的中国报纸，将走向大规模资本化，则新闻事业，自然不能不欢迎"有钱出钱"，换一句话说，为求未来中国新闻事业有快速伟大的发达，我们第一原则，应该不拒绝资本家向新闻事业投资。②

而"专家办报"的意思是："在科学发达，分工精密的现阶段，我相信战后新闻事业，这种现象，亦未必将归于消减。只有研习新闻，或新闻事业中之某一技术部门，并以办报工作为终身职业的人，才能参加新闻工作。"③

还有"老百姓说话"的意思是：

> 我主张国家立法，报纸虽准许私营，亦准许与其他任何大规模企业，在同一原则或限度内，获取利润，但每一报馆，必须组织一编辑委员会。……委员会人选，除三分之一得由投资主办报馆者自由延聘外，其余三分之二，则应依一定比例，由学术机关、公共法团、读者代表，分别选派，至于比例如何规定，代表选派程序如何，在立法

---

① 成舍我：《报纸必如何始"真"能代表"民意"》，《中国新闻学会年刊》1944 年。
② 同上。
③ 同上。

时，当然尚须详加研讨，尤其宪政时期，政党林立，由政党主办之报纸，如何能在此制度之下，不妨害其本身正当的宣传目的，要均有悉心考虑之必要。此编辑委员会一经成立，则凡主笔总编辑之任免，报馆言论政策之制定，及对每一重大事件发生时采取之态度，即悉应由其决定，主办报馆者，无权干涉。此委员会既有三分之二之多数出自人民选派，则报馆言论记载，亦即可真正与老百姓意旨相配合。以资本家个人利益及意志支配报纸言论，及所谓黄色新闻之流弊，亦从此可望避免。从另一方面说，报纸既真能代表老百姓说话当然即可得到老百姓爱护。……今以代表老百姓说话，而得到大量销路，对于资本家争取利润之目的，并无损害，在资本家自亦不致因编辑权被限制，而即减少其投资新闻事业之兴味……①

此外，"政府认真扶助，依法管制"的意思是"所谓扶助，一定要'认真扶助'，不能仅以若干空洞好听的名词，敷衍了事"。而"所谓管制，一定要'依法管制'，不仅没有法律根据的管制，在报馆不能接受，且这种法律的订定，除了最不得已外，订好能包括在一般法律范围以内。特别为报馆订定的法律，以愈少愈好"。②

2. 战后报业体制改革的具体建议

从微观层面，有学者主张吸收与借鉴欧美报业发展的具体经验与做法。其中有人批评与否定英国政府在战后继续对报业推行的消极管制，认为："关于英国政府限制纸张广告和发行，只能说是对于报业管制的一种消极方法，其积极办法是在实行调查报纸业务和经济情况，以便进一步实行报业管制的准备。执行这种调查工作的，是英国国会所设的皇家报业委员会。"③ 相反，有人却主张学习与借鉴美国合众社的新闻自由计划行动，主张在新闻的采访和传播上准许公开竞争，其要点有：新闻采访自由，竞争平等；所有通讯社设备均可自由运用；在新闻的传递上，官方的限制要减少至最低限度；所有报纸均可刊载各项新闻。④ 与此同时，当时还有学者从微观层面对战后全国报业体制的改革提出了一

①　成舍我：《报纸必如何始"真"能代表"民意"》，《中国新闻学会年刊》1944 年。
②　同上。
③　田玉振：《英国对报业的管制》，《报学杂志》第 1 卷第 4 期，1948 年。
④　参见汤德臣《美国报业战后趋势》，《中国新闻学会年刊》1944 年。

些具体的战略措施，认为战后新闻事业发展中，政府应筹划的内容有：预先规定我国新闻事业之发展计划；限制私人经营的报业集中于大都市，而奖励或资助各僻远边区之私人的经营；创立新闻专科学校或在各大学校中普遍设立新闻专修学系，作为培植新闻事业人才之基础；提高新闻从业人员之待遇，并须严令无论国营或商营之报业，切实遵守政府法定之退休及休假各项规则；限制一般都市中霉烂的有害国民精神之教育的报纸发行，并明令规定对于在社会上在国际获有成就之报纸通讯社之奖励办法。① 这些具体的建议针对性强，对当时报业的经营与发展较有现实意义。

3. 建议组建报业股份有限公司以便筹集资本

随着社会物价的变化以及报业之间竞争的加剧，创办报业公司的首期启动资本的门槛越来越高，甚至存在被资本操控与左右的局面，有人称之为"报业资本化"。其中著名报人刘豁轩在抗战时期对"报业资本化"局面是这样描述的，"以前三五万元，甚至三五千元便可以办报；现在，如在津沪等地，新办一个（份）报纸起码非一二百万不可。不用说几千几万，就是三十万五十万的资本，也等于以卵击石。所以民（国）时期以来，津沪两地很少新兴的独立经营的报纸。就是以党或政府为背景的报纸，在两个地方也不能立足"。② 许邦兴在抗战时期也认为，"办一大报纸，想设备完全，规模适中，资本当在百万元左右"。③ 到了战后，报业对资本的依赖更为加剧。为了解决报业公司的筹资问题，有学者建议对报业公司进行股份制改造，组建报业股份有限公司，通过发行股票或债券的方式筹集报业公司运作所需要的资本。

其中詹文浒认为，在独资营业、无限公司、两合公司、股份有限公司、股份两合公司五种报业公司的组织形式中，采用股份有限公司最为适合。他解释的理由是：与其他四种公司组织形式相比较，股份在有限公司的优势在于能通过吸收小资本集成大资本以增加国家生产力，国家有利可图的事业免为富豪所独占，公司营业状况公示于众，公司股票自由转让，足以刺激一般劳动者之储蓄心，而具有高深之学识者未必有雄

---

① 参见王亚明《复员期中的新闻事业》，《中国新闻学会年刊》1944 年。
② 刘豁轩：《中国报业的演变及其问题》，《报学》1941 年第 1 期。
③ 参见许邦兴《中国小型报纸》，《报学》1941 年第 1 期。

厚之资本，公司则为股份责任有限负担较小，所以资本最易募集，而其魄力亦最为雄厚。① 他还进一步解释说："股份有限公司每股之股款有限，可使一般民众易于筹措而乐意参加。报纸应为民众所有，出版报纸之报馆，应让民众多有发挥主张之便利，而股份有限公司之组织，则可达到该项目的。因此我们认为报馆之组织，以采取股份有限公司的制度为最相宜。"②

4. 再次主张报馆建立与健全"新式会计"制度以便科学理财

虽然在战前报界就积极推动"新式会计"制度，但这个系统工程远未完结。所以在战后继续讨论报馆如何建立与健全这个财务会计体系。由于"新式会计"讲求科学管理、精确计算，要求建立内部牵制制度、成本会计制度、资产折旧制度、信誉估值制度、预算决算制度等，并且在分类的会计账户上，以"借""贷"为记账符号进行复式记账，同时采取会计凭证、会计账簿和会计报表的会计文件体系，通过资产、负债和收入、费用类账户之间的相互关系精确计算公司财务状况以及经营损益状况，这种会计制度可以通过会计、出纳、稽核三个独立的财务机构相互监督又相互合作以达到公司财务风险管理的科学化。所以当时很多新闻学者建议报业公司特别要采用"新式会计"的预算、商誉、折旧与损益报表等新的会计方式。比如有人建议"报业务使开支不超过收入，而有利润可图，最好事前能编制预算"。③ 那么怎么预算呢？詹文浒说："我们不能凭空编造预算，我们应当有数字根据，这所谓根据不外两种：其一，为自己过去的经验。其二，为其它同级报馆的数字用以作为参考。"④ 报馆预算编制依据的应急办法，就是简单成本计算办法。詹文浒提出"总数量法"（quantity method）、"直接人工法"（direct labor method）、"主要成本法"（prime - cost method）。⑤ 并通过年终损益报表（即为收益与费用报表，其内容见表 3.2.2⑥）来对预算进行决算。

---

① 参见詹文浒《报业经营与管理》，正中书局 1947 年版，第 79—80 页。
② 同上书，第 80 页。
③ 储玉坤：《现代新闻学概论》，世界书局 1945 年第 2 版，第 179—180 页。
④ 詹文浒：《报业经营与管理》，正中书局 1947 年版，第 207 页。
⑤ 同上书，第 220 页。
⑥ 同上书，第 241—244 页。

表 3.2.2　　　　　　　　　　　　　损益报表内容

项目	内容
收益	发行收入、广告收入、承印收入、其他收入
费用	耗用材料（纸张、油墨及其他材料）；人工（薪金、工资）；编辑费（稿费、动力、电灯、电话、电报、修理、邮资、旅费、运费、文具、租金、伙食、铅耗、书报、医药、保险费、奖金、杂支、电台材料、折旧）；管理费（薪金、工资、呆账损失、折旧）；其他费用（承印成本、其他支出）

还有商誉，它是社会对企业的长期信用，是能够为报馆带来超额的巨大利润的无形资产，但因为报馆商誉的折算非常复杂而且没有统一可操作性的估算标准，所以报馆商誉一直没有得到足够的重视。于是有人再次引入国外商誉估价的办法供国内报界参考，以便推广报馆商誉的估算与统计。其中有人介绍当时美国有位名叫诺克斯（Clyde H. Knox）的报馆经纪人对报业估值的计算公式。其计算公式有：在物质价值以外，再加每年纯利的两倍；在物质价值以外，再加每年纯利的三倍；在物质价值以外，再加每一订户一年的订报费；不问报馆的物质价值多少，仅将每年的纯利提升十倍；在物质价值以外，每有一个订户即予以十元的估价；在物质价值以外，每有一个订户即予以二十元的估价；不问报馆的物质价值多少，以每年的总收入作为根据，外加总收入的百分之二十，算是对于商誉的估计。[①] 还有人介绍了劳勃（Arthur T. Robb）的估价方法，他在《主笔与发行人》（1926 年 8 月 7 日）以每一千份销数价值一万元的比率，也即每份价值十元的比率，估计一家报纸的发行和商誉；以一年的广告和发行的总收入作为发行与商誉的估价，外加该年资产对负债的差额，以及工厂、机械及其他设备的时值；以一年的纯利作为发行与商誉价值的百分之十，也即以一年纯利的百分之百作为发行与商誉的价值，外加当年资产对负债的差额，以及工厂、机械及其他设备的时值；以上三法并用，而其平均数作为报纸的估价。[②]

还有折旧，也就是指固定资产如房屋、机器之类因使用而损耗的部分，所以折旧费就是固定资产的消耗分摊在经营期间的一种营业费用。这种费用主要用于将来置换损耗的资产，因此也称为置换基金或折旧基

---

① 参见詹文浒《报业经营与管理》，正中书局 1947 年版，第 226 页。
② 同上书，第 229 页。

金。由于折旧费用的估算没有固定的标准，所以报馆在估算折旧费用的时候得选择适合自己的计算方法。有人建议，一般的办法是比较不易损耗的资产采用百分之十的折旧率，而比较容易损耗的资产采用百分之二十五的折旧率；还有一种办法是对全部资产课以每月百分之一的折旧率。① 这些财务管理的项目不仅在当时是先进的、科学的，即使在今天也仍然是各企事业单位财务管理的基本项目。

此外，当时新闻学者还对战后报业经营与管理的其他一些问题也有过零星的思考。

四　战后报业管理学理论在新闻教学中继续传播

战后全国主要大学新闻系、报学系及新闻专科学校都先后恢复办学，并进一步强化了报业管理课程的开设，继续传播报业管理学术理论。据记载，国立政治大学新闻系 1946 年第 2 学期课表显示在该系大四开设"报业管理"课程一年，每周 2 个课时，曾经由詹文浒教授主讲；私立民国大学新闻系 1947 年第 1 学期课表显示该系开设了"报业管理""印刷术""出版术"等课程，其中"报业管理"4 学分，"印刷术"2 学分，"出版术"2 学分；国立暨南大学新闻系 1947 年第 1 学期课表显示该系在大二开设了"报业管理"课程一年，必修课，每周 2 学时；中国新闻专科学校 1947 年第 1 学期课表显示新闻 205（科学）开设了"报业管理"一学期，必修课，每周 2 学时；民治新闻专科学校 1946 年第 2 学期所开设的必修课中设有"报业管理""报业会计""报业印刷"与"报纸推销"等课程②；国立复旦大学新闻系 1947 年课表显示，该系在大三开设了"印刷研究"课程，每周 2 学时（见表 3.2.3）。还有报人袁昶超所拟定的报学科目表中也包括了"报业管理"，要求该课程研究报社的组织、行政、设备；讲求报务、财政和工场的管理，及发行、广告和推销的问题。③ 甚至有人建议把报业管理作为新闻专业教育的重点内容之一继续传播报业管理学术理论。当时上海文化函授学院教授王师莱就主张把报业经营与管理和采访、编辑等技术

① 参见詹文浒《报业经营与管理》，正中书局 1947 年版，第 230 页。
② 参见施志刚《论中国新闻教育》，《读书通讯》第 152 期，1948 年。
③ 参见袁昶超《报学系课程概述》，《报学杂志》第 1 卷第 7 期，1948 年。

一起作为新闻教育的重点。他认为，"采访、编辑、报业经营与管理构成的新闻事业的技术是新闻教育的重点"。[①] 并进一步解释说，"报业经营与管理：从报纸的制作过程上讲，采访编辑与经营管理，对于提高工作效率一层，有同样的重要性；而后者更具体的表现在人力物力的节制上。至于印刷的管理，将决定报纸的出张时间，报纸的发行，可由人为的努力而适量增加。而广告的管理，特别需要注意技术。例如：如何才能使新闻与广告配合，而发挥其效力？如何能不损及报格，而保有广告刊户？以及如何才能不受广告公司的影响？这一切均须对广告学有深切的了解，对实践工作有充分的经验，才能办得到"。[②]

表 3.2.3　　　　　1945—1949 年大学新闻系、新闻专修科与
新闻职业学校所开设的报业管理课程

新闻教育机构	有关报业管理的课程
国立政治大学新闻系（1946 年）	报业管理
国立复旦大学新闻系（1947 年）	印刷研究
私立民国大学新闻系（1947 年）	报业管理、印刷术、出版术
国立暨南大学新闻系（1947 年）	报业管理
中国新闻专科学校（1947 年）	报业管理
民治新闻专科学校（1946 年）	报业管理、报业会计、报纸推销、报业印刷

本章小结

在民国报业管理学术理论体系形成以后，由于全面抗日战争以及国内全面内战的相继爆发，报业遭受严重破坏，报业管理的研究也受到战争的干扰与影响。但是在全体报人、学者的艰苦努力下，报业管理的研究也仍然取得了一些难得的成果，报业管理学术理论得到了进一步的发展与完善。这一方面表现在 1937—1945 年全面抗战时期以战时报业一般经营理论、战时"报纸下乡"的市场经营理论及战时报业统制经营理论等为主体的战时报业管理理论体系得以形成，并且这些战时报业管理的理论还在

[①]　王师莱：《新闻教育的重点在哪里》，《文化通讯》1947 年第 2 期。

[②]　同上。

战时仅有的大学新闻系、新闻学院校的新闻学专业教学中以"报业管理"专门课程的方式得到继续传播。另一方面也表现在 1945—1949 年抗战胜利后内战爆发期间，随着国内报业的恢复发展，报业管理研究的恢复与发展，报业管理学术理论在报业集团化经营、"报纸下乡"、报业有效发行、报业广告科学管理、战后报业改革等方面都得到了进一步的完善与发展，而且这些研究所取得的成果也在大学新闻系、新闻院校的新闻学专业教学中以"报业管理"专门课程的形式得以继续传播。

第四章　中国近代报业管理学术群体

——报业管理学共同体初步形成

根据学术共同体的概念，我们发现无论是有形的还是无形的学术共同体，或者正式的还是非正式的学术共同体，作为共同体的一种具体形式，其构成必然要有共同的成员、共同的规范、共同沟通的渠道与平台。所以，如果以此为标准的话，有学者认为中国近代新闻学共同体在 20 世纪 20 年代便已形成。[①] 后来，随着中国近代报业管理学作为新闻学独立分支学科的诞生，中国近代报业管理学共同体作为中国近代新闻学共同体的分支也相继形成，并一直依托新闻学的学术团体、学术期刊等沟通平台进行学术交流。

第一节　学术共同体、学科范式等相关理论的研究综述

在有关中国近代报业管理学术群体的研究过程中，本书尝试引入学术共同体、托马斯·库恩的学科"范式"的理论来分析作为新闻学共同体独立分支的报业管理学术群体。

一　学术共同体的理论研究综述

学术共同体是随着共同体概念的广泛使用，而沿用到了科学领域的，从而出现了科学共同体，然后由科学共同体进而扩展到了所有自然科学、社会科学、人文科学等所有的学术领域，于是出现了学术共同体。

---

① 参见姜红《现代中国新闻学科建构与学术思想中的科学主义》，博士学位论文，复旦大学，2006 年，第 63 页。

（一）共同体概念的演变

"共同体"的英文表达是"community"，也有人翻译为"团体""社群"等。据 Delanty 考证，"共同体"作为总结、归纳和组织我们日常生活经验的概念，最早可以追溯到亚里士多德对古希腊城邦生活的描述。[①] 但随着时代的变迁，"共同体"的概念越来越多，并不断变化。其中，George Hillery 在回顾古往今来所涉及"共同体"定义的文献后就归纳出 94 种不同的表述。[②] 透过这些概念的变迁，Delanty 在对古希腊、古罗马、中世纪以及启蒙运动时期共同体观念变迁考察后发现，尽管各个时期其所涉及的内涵和外延不尽相同，围绕着概念所展开的普适性和特殊性的争论不断，但在各种概念中一以贯之的是将共同体视为一种"同感"（communitas，拉丁语），即一种不能被任何社会和政治安排所化解的归属感。[③] 所以，现在社会学中的"共同体"的本质依然是由有形的或无形的"同感"而聚集成群或团体。其中的"同感"或"归属感"其实也很模糊多样且多变，如共同的价值观、共同的宗教信仰、共同的目标、共同的兴趣等，只要能找到共同的特征、需要或属性都可以集聚成"共同体"。如德国学者斐迪南·滕尼斯认为的，共同体建立在有关人员的本能的中意或者习惯制约的适应或者与思想有关的共同的记忆之上。其中血缘共同体、地缘共同体和宗教共同体等作为共同体的基本形式，它们不仅仅是其各个组成部分加起来的总和，而且是有机浑然生长在一起的整体。[④] 而且共同体的类型主要是建立在自然的基础之上的群体（家庭、宗族）里实现的，此外，它也可能在小的、历史形成的联合体（村庄、城市）以及在思想的联合体（友谊、师徒关系等）里实现。[⑤] 所以，英国现代思想家齐格蒙特·鲍曼认为，共同体是指社会中存在的、基于主观上或客观上的共同特征而组成的各种层次的团体、组织，既包括有形的共同体，也有无形的共同体。[⑥] 而德国社会学家马克斯·韦伯则认为，在个别场合、平均状况下或者在纯粹模式

---

① Gerard Delanty, *Community*, New York: Routledge, 2009, p. 1.

② George A. Hillery, Jr. , "Definition of Community: Areas of Agreement", *Rural Sociology*, Vol. 20, No. 4, 1955.

③ Gerard Delanty, *Community*, New York: Routledge, 2009, p. 4.

④ 参见 [德] 斐迪南·滕尼斯《共同体与社会：纯粹社会学的基本概念》，林荣远译，北京大学出版社 2010 年版，第 48—76 页。

⑤ 同上书，第 2 页。

⑥ 参见 [英] 齐格蒙特·鲍曼《共同体：在一个不确定的世界中寻找安全》，欧阳景根译，江苏人民出版社 2003 年版，第 1 页。

里，只要社会行为取向的基础是参与者主观感受到的情感或者传统的共同属于一个整体的感觉，这时的社会关系，就应当称作为"共同体"。① 因此，可以说任何一个共同体作为部分社会个体基于一种"同感"而集聚成群或团的社会关系，其核心构成要素是共同体的成员、共同体内部的沟通、共同体的共同规范（也即"同感"）。

（二）从科学共同体到学术共同体

"如果科学想要提高自己的身份，摆脱教会和学究界的束缚，那么它就需要把科学交往的活动中心转向科学共同体。"② 沙姆维等人进一步强调科学共同体在学科建设中的重要地位，他们认为，"学科首先是一个以具有正当资格的研究者为中心的研究社群。各个体为了互相交流和对他们的研究工作设立一定程度的权威标准，组成了这个社群"。③ 所以科学界为了自己的"同感"而积极集聚在一起组成科学共同体。随着自然科学领域科学共同体的发展与普及，社会科学、人文科学也纷纷组织自己的学术研究共同体，因此所有学术研究的共同体即通称为学术共同体。但学术共同体则是共同体作为基于一种"同感"而集聚成群或团的社会关系在学术领域的具体形态。

一般认为，首次使用"学术共同体"这个概念的是 20 世纪英国哲学家布朗，他在《科学的自治》一文中把全社会从事科学研究的科学家作为一个具有共同信念、共同价值、共同规范的社会群体，以区别于一般的社会群体与社会组织。而美国科技哲学家托马斯·库恩（Thomas S. Kuhn）认为，学术共同体由一些有专长的实际工作者组成，他们由他们所受教育和训练中的共同因素结合在一起。他们自认为专门探索一些共同的目标，也包括培养自己的接班人。这种共同体具有这样一些特点：内部交流比较充分，专业方面的看法也比较一致。同一共同体成员很大程度上吸收同样的文献，总结类似的教训。④ 而原全国人民代表大会常务委员

---

① 参见［德］马克斯·韦伯《社会学的基本概念》，胡景北译，上海人民出版社 2005 年版，第65页。

② ［德］汉伯里·布朗：《科学的智慧——它与文化和宗教的关联》，李醒民译，辽宁教育出版社 1998 年版，第 14 页。

③ ［美］沙姆维、梅瑟-达维多：《学科规训制度导论》，黄德兴译，载华勒斯坦等《学科·知识·权力》，刘健芝等编译，三联书店 1999 年版，第 21 页。

④ 参见［美］托马斯·库恩《必要的张力：科学的传统和变革论文选》，范岱年、纪树立等译，北京大学出版社 2004 年版，第 289 页。

会副委员长，现任中国人民政治协商会议副主席、中国科协主席韩启德认为：所谓的学术共同体就是指一群志同道合的学者遵守共同的道德规范，相互尊重、相互联系、相互影响，共同推动学术的发展，由此而形成的群体。① 由于"科学共同体是围绕着某些具体的科学问题的研究形成的。从理论上说，有可能是：科学问题类型的多样性有多少，科学共同体模式的多样性就有多少"。② 但无论如何，作为共同体的一种具体形态，学术共同体非常强调内部的共同规范、共同标准或共有的"范式"。但是由于这种共同规范往往也存在有形的或无形的两种形态，所以学术共同体既有有形的也有无形的。其中有形的学术共同体也就是我们日常所能看到的有正式组织存在的学术共同体，也称为"正式的学术共同体"，比如学会就是正式学术共同体的典型。这种学术共同体往往是根据人员编制、章程或者其他正式文件而建立的，所以成员之间一般有严格的规范和等级差别。而无形的学术共同体往往是比较松散的自由联合体，也称为"非正式的学术共同体"。这种学术共同体既没有正式的"学会"等组织的存在，也没有明确的条文规定，更不会聚集在一起交流观点，但只要那些专业人员在该领域内取得一定的研究成果，赢得同行的认可即可。甚至有人把它称为"社会圈子"，其解释是："描述一个研究领域整套人员的社会组织的最好的名词是'社会圈子'这个概念。社会圈子的准确边界限很难划定。这个群体的全体成员的界限也是很难找到的。社会圈子的每一个成员通常知道另外一个成员，但是并不知道全部的成员。一个研究领域的成员在地理上是分散的，其分散达到这种程度，以致从来没有发生全体成员的面对面接触，而部分成员的接触也只是在一定时期发生。间接的互动，通过有关聚会的互动，是社会圈子的重要方面。为了受到社会圈子中某个成员的影响，并不一定要认识他。科学家不仅能够受到素不相识的作者撰写的书籍的影响，而且能够通过第二方的谈话及通讯接受第二手的信息。"③ 而且"在社会圈子中，没有正式的领导人，虽然一般都有中心人物。权威关系

---

① 原全国人民代表大会常务委员会副委员长、中国科协主席韩启德在第十一届中国科协年会致开幕词，2009 年 9 月 8 日，中国科学技术协会网（http://www.cast.org.cn/n35081/n35593/n38815/11482350.html）。

② ［美］黛安娜·克兰：《无形学院——知识在科学共同体的扩散》，刘珺珺等译，华夏出版社 1988 年版，第 2 页。

③ 同上书，第 12 页。

是与构成科学活动基础的职业规范相反。人们认为，科学家彼此之间只能是建议和批评，而不能下命令。与科层制相比较，甚至与不那么正式的实体，如部落和家庭相比较，社会圈子的组织并不那么完善。社会圈子的成员常常是以他们的兴趣为基础而聚集在一起的，他们并不以地理上的接近和所属的地位为基础。研究领域的成员是由于他们对于一组问题的特定研究路线有共同的信奉而聚在一起的"。① 国内也有学者对此做了较为详尽的解释，我国著名经济学家张曙光认为："学术共同体是一个自由人的松散联合体。在这里，只有思想上的认同和学界同仁的默许，每个人都是自由人，在法律和伦理的限度内，其成员的思想和行为可以不受其他约束，不仅进出完全自由，而且行动也充分独立，做什么，如何做，皆由自己选择，并为自己的选择负责。这里没有长官意志，没有行政命令，没有组织纪律，但有自己的传统、自己的规范、自己的秩序，一切以无声的约束和自觉的遵从来实施和维持。因此，学术传统是自由的传统，学术规范是自我实施的规范，学术秩序是一种自发的秩序。"② 同时 "正是由于学术共同体有着自由的传统，是自发的秩序，这种传统和秩序的维续，除了法律以外，全靠共同体的自治和自律。不仅需要每一个学人的自觉遵从，而且需要共同体的一致行动。如果没有每个学人的自觉遵从，没有共同体的一致行动，这样的学界将不成其为学界，而是乌合之众，自然也不会创造出什么像样的学术成果"。③ 也就是说学术传统与学术规范才是学术共同体的共同规范，但这都依靠自觉与自发来实现，而非制度化或体制化的，所以有人说："学术共同体不是课题组，不是学术协作组织，它首先是精神共同体；学者不仅是同事，更是同仁，这只是一种愿望吗？"④

根据上述学术共同体的概念，我们发现无论是有形的还是无形的学术共同体，或者正式的还是非正式的学术共同体，作为共同体的一种具体形式，其构成必然要有共同的成员、共同的规范、共同沟通的渠道与平台。所以，如果以此为标准的话，中国近代新闻学共同体的形成是显而易见的。后来，随着中国近代报业管理学作为新闻学独立分支学科的诞生，中

---

① ［美］黛安娜·克兰：《无形学院——知识在科学共同体的扩散》，刘珺珺等译，华夏出版社 1988 年版，第 13 页。

② 张曙光：《学术共同体的自治和自律》，《学术界》2011 年第 6 期。

③ 同上。

④ 王晓渔：《学术共同体的消逝与重建》，《中国图书评论》2008 年第 4 期。

国近代报业管理学共同体作为中国近代新闻学共同体的分支也相继形成。

二 托马斯·库恩的学科"范式"理论的研究综述

某个领域的学术群体在内部之间多渠道频繁沟通与交流的基础之上，逐渐形成了"同感"，也即共同的规范或者共同的传统。按照美国著名科技哲学教授托马斯·库恩学科"范式"（paradigm）的解释，也就是共同的范式。反过来，这些共同规范或共同传统又是学术共同体之所以形成的根本。

具体而言，托马斯·库恩认为"范式"就是"意欲提示出某些实际科学实践的公认范例——它们包括定律、理论、应用和仪器在一起——为特定的连贯的科学研究的传统提供模型"。① 对此他还进一步解释说，"范式"具有两个明显的特征，一方面，"它们（指某些科学——引者注）的成就空前地吸引一批坚定的拥护者，使他们脱离科学活动的其他竞争模式"；同时，"这些成就又足以无限制地为重新组成的一批实践者留下有待解决的种种问题"。② 事实上，这仅是库恩个人的理想与假设，因为几乎不可能实现。所以，虽然库恩也强调"理论要作为一种范式被接受，它必须优于它的竞争对手，但它不需要，而且事实上也决不可能解释它所面临的所有事实"。③ 换句话说，库恩所说的"范式"虽然具有明显的竞争优势，但不是万能的，不能解释所面临的所有事实。但是自从他提出"范式"这个观点以来，就遭到了众多的争议、批评。为了更明白具体地表达"范式"的确切含义，于是库恩在1970年对他所提出的"范式"做了进一步的修正，他解释为："'范式'一词有两种意义不同的使用方式。一方面，它代表着一个特定共同体的成员所共有的信念、价值、技术等构成的整体。另一方面，它指谓着那个整体的一种元素，即具体的谜题解答；把它们当作模型和范例，可以取代明确的规则以作为常规科学中其他谜题解答的基础。"④ 以至于后来他甚至建议用"学科基质"来更具体地表达"范式"的内涵，他解释说："'学科基质'（disciplinary matrix）：用

---

① ［美］托马斯·库恩：《科学革命的结构》，金吾伦、胡新和译，北京大学出版社2003年版，第9页。

② 同上。

③ 同上书，第16页。

④ 同上书，第157页。

'学科'一词是因为它指称一个专门学科的工作者所共有的财产；用'基质'一词是因为它由各种各样的有序元素组成，每个元素都需要进一步界定。"① 在此基础上，库恩进一步强调他所指的"学科基质"应包括"符号概括""形而上学范式""价值"与"范例"四个成分。② 简单地说，库恩认为，"范式是团体承诺的集合"③，"范式是共有的范例"。④ 虽然库恩屡次解释他所提的"范式"的含义，但是他的"范式"的含义不仅在不断变化和修正而且意思依旧模糊，甚至由此所引起的多种解读、争议和批评也从未间断。其中学者玛斯特曼（Masterman）对于库恩的"范式"做了内容分析，指出库恩的"范式"概念可以划分为形而上学范式、社会学范式与人造或构造范式三大类，其中在形而上学范式中，判决性地认识事件是观察的新角度，是神话，是形而上学的思辨；在社会学范式中，事件是普遍承认的科学成就；而在人造的或构造范式中，范式提供了一组工具或仪器，提供了对于具体问题进行研究的手段，提供了解决问题的方法。并认为"人造的或构造范式"的含义是和库恩关于科学发展的观点最为一致的。⑤ 也有学者对此评论道："范式作为看得见的一种方式，一种观点，一种模型；范式作为特殊类型的工具或者作为解决问题的方法。直观地说，主张范式是许多研究领域所共有的一种看见和说明事件的方式，这种观点好像是可以自圆其说的。整个学科常常对于现象采取共同的定向方针，另一方面，库恩和玛斯特曼心中看待解决难题方法，好像是研究领域的非常专门的某种东西。范式之解决难题的'力量'，来自它对于具体的问题组的独一无二的适用能力。正是这种特点使得范式很难用一般的词汇来定义。"⑥ 其实虽然库恩的"范式"含义模糊、多变，甚至引起诸多的争议，却是被全球学术界普遍接受与频繁使用的一个概念，近乎可以说是学术共同体"同感"、共同规范或共同传统的最恰当的表达。

　　库恩之所以屡次试图清晰定义"范式"，是因为"范式"对学术共同

---

　　① ［美］托马斯·库恩：《科学革命的结构》，金吾伦、胡新和译，北京大学出版社 2003 年版，第 163—164 页。

　　② 同上书，第 164—168 页。

　　③ 同上书，第 163 页。

　　④ 同上书，第 168 页。

　　⑤ 参见［美］黛安娜·克兰《无形学院——知识在科学共同体的扩散》，刘珺珺等译，华夏出版社 1988 年版，第 26 页。

　　⑥ 同上书，第 27—28 页。

体非常重要。他认为："范式既给后来进入这门学科的研究者提供了研究的'摹版'，也给他们提供了研究的依据和选择问题的标准，科学共同体取得一个范式就是有了一个选择问题的标准。当范式被视为理所当然时，这些选择的问题可以被认为是有解的问题。在很大程度上，只有对这些问题，科学共同体才承认是科学的问题，才会鼓励它的成员去研究它们。"① 他还曾强调"范式"是学术共同体"在某段时间内所接纳的研究方法、问题领域和解题标准的源头活水"。② 对此托马斯·库恩曾更为形象地解释，他认为，"范式不仅给科学家以地图，也给了他们绘图指南"。③ 所以"取得了一个范式，取得了范式所容许的那类深奥的研究，是任何一个科学领域在发展中达到成熟的标志"。④ 也因此可以断定，"专业团体的成员必须被看成是游戏规则或作为明确判断的某种等价基础的惟一持有者"。⑤ 换句话说，"一个范式就是一个科学共同体的成员所共有的东西，而反过来，一个科学共同体由共有一个范式的人组成"。⑥ 因此，学术共同体的关键与核心在于他们内部之间是否形成共同的"范式"。

第二节　中国近代报业管理学共同体的成员构成相对复杂

"确定共同体成员的身份并不难。最高学位的学科，专业学会的成员资格，所阅读的期刊，这些通常已足以确定一个成员的身份。"⑦ 也就是说，判断共同体成员资格的标准主要是学位学科、会员资格、阅读期刊等。其实除此之外，研究成果、从事职业也是判断共同体成员资格的重要参考依据。根据上述参考标准，中国近代报业管理学共同体的成员构成相对复杂。从报业管理研究的学术成果来看，作为新闻学共同体独立分支的中国近代报业管理学共同体主要由具有报业经理经验而且出版了报业管理著作或教材的报业管理学教授与学者、具有实务经验而且

---

① ［美］托马斯·库恩：《科学革命的结构》，金吾伦、胡新和译，北京大学出版社2003年版，第34页。

② 同上书，第94页。

③ 同上书，第100页。

④ 同上书，第10页。

⑤ 同上书，第151页。

⑥ 同上书，第158页。

⑦ 同上书，第159页。

出版了新闻学著作或教材的理论新闻学教授与学者，以及仅发表了报业管理研究专门论文的报业管理层和相关政府官员组成。就笔者根据中国近代出版的相关文献进行统计发现，公开出版论著 1 部或发表论文 1 篇及以上的学者总共 52 人，其中具有报业经理经验而且出版了报业管理著作或教材的报业管理学教授与学者共计 8 人，占 15%；具有实务经验而且出版了新闻学著作或教材的理论新闻学教授与学者共计 22 人，占 42%；仅发表了报业管理研究专门论文的报业管理层共计 19 人，占 37%；仅发表了报业管理研究专门论文的相关政府官员共计 5 人，占 10%。其中个别学者有多重身份，如马星野、刘光炎既是新闻学者、教授又是政府官员。同时从学历与职业背景来看，大部分都有国外留学学历或留洋经历以及报业实务经验与教学经历。其中从学历背景来看，25 人具有海外留学学历或海外留洋经历，占 49%，14 人拥有国内大学学历，占 27%，还有 13 人学历背景资料不全，无法统计。从职业背景来看，在这个学术共同体中，44 人都有报业管理、报业实务等从业经验，占 86%，30 人具有教学经历，占 59%。

一　具有报业经理经验的报业管理学教授与学者

在作为中国近代新闻学共同体分支的报业管理学共同体中，其核心的学术队伍则是长期从事报业管理研究与教育、具有报业经理经验且研究成果显著的报业管理学教授或研究者。笔者根据中国近代所出版的报业管理学专著或教材进行统计（见表 4.2.1），这群学者主要包括刘觉民、詹文浒、吴定九、钱伯涵、孙恩霖、徐润若、刘豁轩、黄天鹏共 8 人。[①] 从教育与知识背景来看，这群学者一般都曾经在报馆担任过报馆经理的职务，具有丰富的报业管理的实际经验，同时长期从事新闻学专业或报学专业的报业管理课程的教学与研究（只有吴定九没有教学经历）。且大多数人都有过海外留学或越洋考察的经历，其中有海外留学学历的有刘觉民、詹文浒、吴定九、钱伯涵、徐润若、黄天鹏，有越洋考察经历的有刘豁轩。而从研究成果来看，这群学者对报业管理的学术

---

① 根据林德海《中国新闻学书目大全（1903—1987）》一书提供的书目发现，当时还有李次民也出版了专著《报业技术与管理》，该书由自由出版社（广州）出版，但目前没有实物文献可供查阅与考证，因此本书无法对他和他的专著展开分析。

研究成果在当时都表现得非常显著，其中大部分都出版了报业管理的专
著或教材，如出版了中国第一部报业管理学专著《新闻事业经营法》
的吴定九，出版了中国第一本比较完善的报业管理学教材《报业管理概
论》的刘觉民，早期合作编写了报业管理学教材《报馆管理与组织》
的钱伯涵、孙恩霖，新出版了报业管理学综合性教材《报业经营与管
理》的詹文浒。同时还有出版了中国第一本报业发行的报业管理学专门
性教材《新闻发行学》的徐润若。此外，还有刘豁轩与黄天鹏，虽然
他们出版的都是新闻学综合著作，但其中含有报业管理的具体内容。由
于他们通过专著与教材的出版首次明确了当时报业管理研究的基本问
题、学科框架与研究方法，这不仅标志着国内报业管理作为新闻学独立
分支学科的形成，同时由于"在每一个领域中，书目是由其最活跃的成
员编纂的。使用这样的书目，需要接受书目编纂者对于研究领域的范围
和有关出版物的观点"。[①] 而且"使用那些由研究领域中的知识渊博的
成员以全面的观点编纂的书目，是确认研究领域的思想理论和社会组成
的最简单的方法"。[②] 所以这些专著与教材更奠定了他们在当时国内报
业管理的学科理论体系建设与学术研究活动中的领袖与中坚地位。因
此，他们可以说是当时报业管理学共同体这一新闻学共同体分支中最活
跃、最具权威性的核心与领导者。

表 4.2.1　　中国近代具有报业经理经验的报业管理学教授或研究者

研究者简介	报业管理学研究成果	学习与从业经历
吴定九（1889—1930年），名吴鼎，字定九，上海嘉定人，近代新闻学家	《新闻事业经营法》（1930 年）	早年留学日本名古屋工业专门学校学习土木工程，曾专职于《京报》的经营管理工作
刘觉民，四川蓉县人	《报业管理概论》（1936 年）	毕业于国民党中央党务学校（即中央政治学校前身）、美国密苏里大学新闻学院。曾在中央政治学校新闻系任教，讲授"报业管理"课程。曾任重庆《中央日报》发行人

---

① ［美］黛安娜·克兰：《无形学院——知识在科学共同体的扩散》，刘珺珺等译，华夏
出版社 1988 年版，第 13 页。

② 同上书，第 14 页。

续表

研究者简介	报业管理学研究成果	学习与从业经历
钱伯涵	《报馆管理与组织》（1936 年）	美国密苏里大学新闻学学士。曾主编《申报·电影》专刊，代表天津《益世报》参加第二届世界报界大会。申报新闻函授学校教授、复旦大学新闻系广告学教授
孙恩霖，字沛甘，上海人	《报馆管理与组织》（1936 年）	上海复旦大学文科毕业，曾任《申报》记者、编辑，兼任申报新闻函授学校、民治新闻专科学校教授
詹文浒（1905—?），浙江诸暨人	《报业经营与管理》（1946 年）论文：《培养报业人才管见》（1944 年）	上海光华大学毕业，留学美国哈佛大学，获硕士学位。曾任上海世界书局编译主任、《中美日报》总编辑、重庆《中央日报》副社长、中央政治学校新闻系主任、上海《新闻报》总经理、上海市记者公会理事，兼任上海暨南大学新闻系主任
徐润若	《新闻发行学》（1936 年）	曾留学日本研究经济，回国后曾任申报新闻函授学校教授
刘豁轩（?—1976），名明泉，天津市蓟县人	《报学论丛》（1946 年）①论文：《中国报业的演变及其问题》（1941 年）	南开大学新闻系毕业，曾任天津《益世报》总经理兼总编辑、北平燕京大学教授、新闻系主任，先后开设"报学概论""报业管理及营业""中文编辑""新闻学史"等课程
黄天鹏（1909—1982），广东普宁人	《新闻记者论》（1930 年）、《中国新闻事业》（1930 年）等	日本早稻田大学新闻学硕士学位。曾主编《新闻学刊》《报学杂志》，曾任《申报》《时事新报》主笔，重庆《时事新报》《重庆各报联合版》经理，复旦大学新闻系报馆管理教授、上海沪江大学商学院新闻科教授

二　具有报业实务经验的理论新闻学教授与学者

在作为新闻学共同体独立分支的报业管理学共同体中，还有一群非常重要的成员就是兼顾报业管理研究但长期所从事的主要研究却是理论新闻学的教授与学者。就笔者根据中国近代所出版的新闻学专著与教材进行统计发现，主要有徐宝璜、邵飘萍、戈公振、任白涛、李公凡、曹用先、吴晓芝、谢六逸、刘元剑、孙怀仁、俞爽迷、周孝庵、袁殊、张

---

① 刘豁轩的新闻学研究成果主要是 1946 年天津益世报社出版的《报学论丛》及翻译约斯特《报学原理》，但属于新闻学综合性研究，其中含有报业管理的内容但非报业管理专门研究。

友鸾、赵君豪、马星野、管翼贤、田玉振、鲁风、储玉坤、萨空了、恽逸群22人①。从学术成就上看，他们一般都出版了一部或数部新闻学专著或教材，有的还发表若干篇包括报业管理内容在内的新闻学术论文（见表4.2.2）。他们既是中国新闻学学科的奠基者与创立者，也是国内新闻学研究的中坚力量，还是报业管理研究的先驱与另一重要力量。其中包括因为出版了中国第一本新闻学著作《新闻学》而被称为中国新闻学奠基者、"拓荒者"的徐宝璜，兼新闻记者、《京报》社长、新闻学教授三职于一身而被誉为"新闻界全才"②的邵飘萍，出版了"中国新闻史研究的开山之作"③的戈公振，出版我国第一本实用新闻学著作《应用新闻学》的任白涛，被誉为我国现代新闻事业教育的奠基者之一的复旦大学新闻系创立者谢六逸，还有栖息政学两界的著名报社社长、学者、教授、官员马星野，等等。他们在研究理论新闻学的同时，几乎都对报业管理的某些具体问题有所涉及，尤其是报业发行与广告等报业管理的基本问题都有专门"章"或"节"的形式展开较为深入的研究。而从学历背景来看，他们大多有国外留学、越洋考察经历或毕业于国内大学新闻系，其中有海外留学经历的有徐宝璜、邵飘萍、任白涛、谢六逸、孙怀仁、俞爽迷、袁殊、马星野、管翼贤9人，有越洋考察经历的有戈公振，国内新闻系毕业的有张友鸾、储玉坤。而从职业背景来看，他们大多数是具有报业实务经验的兼职或专职的新闻学教授或新闻学研究者。其中做过专职新闻学教授的有徐宝璜、谢六逸、袁殊、马星野、管翼贤、储玉坤、恽逸群7人，而有报业记者、编辑、管理等实务经历的有徐宝璜、邵飘萍、戈公振、任白涛、吴晓芝、谢六逸、孙怀仁、周孝庵、袁殊、张友鸾、赵君豪、马星野、管翼贤、田玉振、储玉坤、萨空了、恽逸群17人。

---

① 此外，还有其他学者，如孙如陵，贵州松桃人，中央政治学校新闻系毕业，长期从事新闻教育和新闻工作。1949年以后，曾任台湾《中央日报》副刊主编，任教于台湾政治大学、台湾师范大学、中国文化学院新闻系，著有《报学研究》。但他的贡献更多在1949年以后，不属于本书研究的范围。

② 参见方晓红《中国新闻史》，南京师范大学出版社2010年版，第82页。

③ 参见方汉奇《新闻史是历史的科学》，载方汉奇《新闻史的奇情壮彩》，华文出版社2000年版，第308页。

表 4.2.2　　中国近代涉及报业管理学研究的理论新闻学教授与学者

研究者简介	学习与从业经历	含有报业管理内容章或节的新闻学著作
徐宝璜 (1894—1930)，字伯轩，江西九江人	毕业于美国密歇根大学，获得经济学和新闻学学士学位。曾任北京《晨报》编辑、北京大学教授兼校长室秘书、平民大学新闻系主任。讲授"新闻学"课程	《新闻学》(1919 年)
邵飘萍 (1884—1926)，原名镜清、振青，字飘萍，浙江金华人	浙江高等学堂毕业。曾与人合办《汉民日报》，在日本创办东京通讯社，在北京创办新闻编译社与《京报》。曾任《申报》《时报》和《时事新报》等报主笔，《申报》驻京特派员	《实际应用新闻学》(1923 年) 《新闻学总论：国立法政大学讲义》(1924 年)
任白涛 (1890—1952)，河南南阳人，笔名冷公、一碧	日本早稻田大学政治经济学毕业，曾任上海《民立报》《神州日报》《新闻报》驻开封特约通讯员，创立中国新闻学社，任《新湖北日报》总编辑	《应用新闻学》(1921 年)
戈公振 (1890—1935)，原名绍发，字春霆	东台高等学堂毕业。曾参加编辑《东台日报》，在《时报》担任校对、助编、编辑、总编，曾任《申报》设计部、图书周刊编辑及申报摄影新闻社主任，上海大夏大学、国民大学、复旦大学新闻系、沪江大学商学院新闻学科、民治新闻学院兼职教授，南京中央大学新闻学系主任。曾周游欧美日本考察各国新闻事业	《中国报学史》(1927 年) 《新闻学》(1940 年) 论文：《告有志于报业者》(1931 年)
李公凡	不详	《基础新闻学》(1936 年)
曹用先	毕业于南开大学外语科	《新闻学》(1933 年)
吴晓芝	曾在女子师范大学、华北大学、北平师范大学讲授新闻学，参与创办《岳阳日报》，主办《交通日报》《北平日报》《宣南晚报》《平津晚报》	《新闻学之理论与实用》(1933 年)
谢六逸 (1898—1945)，号光燊，字六逸，笔名宏徒、鲁愚，贵州贵阳人	日本早稻田大学政治经济科毕业，创办复旦大学新闻系，并任系主任，曾任申报新闻函授学校教授，主持过《中央日报》贵阳版	《实用新闻学：申报新闻函授学校讲义之三》(1935 年)
刘元剑	不详	《新闻学讲话》(1936 年)

续表

研究者简介	学习与从业经历	含有报业管理内容章或节的新闻学著作
孙怀仁（1909—1992），浙江省杭州市人	东京早稻田大学攻读经济学，曾任《申报年鉴》经济部分的主编，申报新闻函授学校教授	《新闻学概论：申报新闻函授学校讲义之一》（1936 年）
俞爽迷（1905—1986），又名素昧，字颂明，浙江平阳人	上海复旦大学文学学士，美国哥伦比亚大学图书馆学与文学硕士。曾任南京文化学院教授、江苏省立教育学院副教授兼图书馆主任等	《新闻学要论》（1936 年）
周孝庵（1900—1973），字晓安，上海人	上海法政大学毕业，获法学学士学位，曾任《时事新报》新闻版主编兼采访部主任，曾创办新闻大学函授科，并在复旦大学新闻学系、沪江大学商学院新闻科、上海法政学院新闻专修科、申报新闻函授学校任教	《最新实验新闻学》（1937 年）
袁殊（1911—1987），原名学易，又名达斋，笔名碧泉等，湖北蕲春人	早年 3 次赴日本留学，攻读新闻学和东洋史。曾在上海创办《文艺新闻》，曾任新声通讯社记者、外论编译社社长、《华美晚报》记者，创立上海自修大学，设立新闻专科	《新闻法制论》（1937 年）
张友鸾（1904—1990），字悠然，笔名悠悠、草厂等，安徽安庆人	北京平民大学新闻系毕业，曾任《世界日报》总编辑，《国民晚报》社长，南京《民生报》《新民报》总编辑和上海《立报》总编辑。曾自办《南京早报》，合办《南京人报》，重庆《新民报》主笔	《战时新闻纸》（1938 年） 论文：《新闻纸面》（1942 年）
赵君豪（1903—1966），江苏兴化人	交通大学毕业，曾任申报新闻函授学校教授，《申报》记者、编辑，复旦大学新闻系编辑教授，上海法政学院新闻专修科教授	《中国近代之报业》（1938 年）
马星野（1909—1991），名伟，浙江平阳人	中央政治学校、密苏里大学新闻系毕业，曾任《党军日报》主编，在政治大学外交、行政等系讲授新闻学课程，并主持成立新闻系。曾任中宣部新闻事业处处长、南京中央日报社长，创刊主编《报学杂志》	《英国之新闻事业》（1943 年） 论文：《发展地方报刍议》（1939 年）、《地方报纸的症结及其对策》（1939 年）、《新闻记者之训练问题》（1938 年）、《欧美报纸之销路推广术》（1934 年）
管翼贤（1899—1951），湖北蕲春人	日本法政大学政治经济科毕业，历任北平朝阳大学、平民大学、民国大学、北平大学法学院新闻学教授，燕京大学兼任讲师，主办北平时闻通讯社、实报社，兼充汉口正义报社、上海晨报驻平特派员。曾主持出版汉奸报纸《华北新报》和《武德报》，任两报理事长兼社长，主持北平（日伪）中华新闻学院	《新闻学集成》（第 4、5 册）（1943 年）

续表

研究者简介	学习与从业经历	含有报业管理内容章或节的新闻学著作
田玉振	曾任中央通讯社记者	《新闻学新论》（1944年）
鲁风	不详	《新闻学》（1944年）
储玉坤（1912—2002），江苏宜兴人	南京中央政治学校大学部新闻系毕业，曾任中国新闻专科学校教务长，讲授新闻学概论，上海之江大学新闻系主任、《文汇报》总主笔，为《正言报》《中央日报》《和平日报》《新闻报》《申报》等撰写社论	《现代新闻学概论》（1945年）
萨空了（1907—1988），笔名了了，内蒙古翁牛特旗人	曾任《世界日报》和《北京晚报》编辑、记者，主编《世界画报》，《立报》总编辑兼经理，香港《立报》总编辑，《新疆日报》第一副社长。主持《新蜀报》工作，参与创办香港《光明报》，任总经理。曾在中国大学、北平新闻专科学校、北平民国学院新闻系讲授新闻学	《科学的新闻学概论》（1946年）
恽逸群（1905—1978），江苏武进人	曾任中国新闻专科学校校长，讲授新闻学概论，历任《立报》《译报》《导报》总编辑，新华社华中总分社编委，《大众日报》总编辑，《新民主报》社长	《新闻学讲话》（1947年）

三 报业管理层及相关政府官员

除了报业管理学教授与学者、理论新闻学教授与学者之外，在作为新闻学共同体分支的报业管理学共同体中还有一群报业管理层与相关政府职能部门的官员。笔者根据中国近代所发表关于报业管理的论文进行统计发现（见表4.2.3），主要有成舍我、陈铭德、邹韬奋、汪汉溪、程沧波、胡政之、汪英宾、俞颂华、潘公弼、张志智、张静庐、许邦兴、张万里、解宗元、周钦岳、钱沧硕、聂世琦、陆铿、孙义慈、刘光炎、许孝炎、陈立夫22人。从学术成就上看，他们都在学术期刊上公开发表了1篇以上关于报业管理的研究论文或经验体会性文章。从职业背景来看，他们大多是报业总经理、总编辑、社长、新闻部门主任、政府新闻主管部门处长或国民党党政要员。其中报业高层管理有成舍我、陈铭德、邹韬奋、汪汉溪、程沧波、胡政之、汪英宾、俞颂华、潘公弼、张志智、张静庐、张万里、周钦岳、陆铿、刘光炎、许孝炎16人，报业中层管理有解宗元、钱沧硕、聂世琦3人，还有孙义慈、许邦兴、陈立夫、刘光炎等政府官员。

同时有新闻教学经验的是成舍我、程沧波、汪英宾、俞颂华、潘公弼、周钦岳、刘光炎 7 人。从学历背景来看，他们很多人有留学国外或越洋考察的经历，如程沧波、胡政之、汪英宾、俞颂华、潘公弼、陈立夫等都有海外留学经历，而成舍我、邹韬奋、周钦岳等曾到海外游历考察。

表 4.2.3　　中国近代研究报业管理的报业管理层与相关政府官员

报业经理或官员简介	学习、从业经历	报业管理研究论文、文章或包含报业管理内容的专著
成舍我（1898—1991），原名成勋，笔名百忧、大哀等。湖南湘乡人	北京大学中文系毕业，曾任《健报》校对、编辑，上海《民国日报》副刊编辑，北京《益世报》担任主笔、采访主任、总编辑，曾游历考察欧美日本报业，集资创办《世界晚报》《世界日报》《世界画报》与世界新闻专科学校、南京《民生报》、上海《立报》	有关论文有：《中国报纸之将来》（1932 年）、《三种报纸的出路》（1936 年）、《"纸弹"亦可歼敌》（1939 年）、《我们需要"平价报"》（1943 年）、《〈新闻记者法〉的缺点及其补救办法》（1943 年）、《报纸必如何始"真"能代表"民意"》（1944 年）报纸文章：《我们的宣言》（1935 年）
陈铭德（1897—1989），四川长寿人	北京国立法政大学毕业，曾在成都法政专科学校教授新闻学，同时兼任《新川报》总编辑、《大中华日报》主笔、中央通讯社编辑，在南京创办《新民报》，自任社长、公司董事兼报社总经理	论文：《报纸经营与报社管理》（1942 年）
邹韬奋（1895—1944），原名恩润，江西余江人	先后在福州工业学校、上海南洋公学和圣约翰大学学习。曾任中华职业教育社编辑股主任，主编《教育与职业》月刊、《生活》周刊、《大众生活》《生活日报》《生活星期刊》《抗战》《全民抗战》	报纸文章：《办私室》（1929 年）、《编后随笔》（1930 年）、《〈生活〉五周年纪念特刊预告》（1930 年）、《用人的三种制度》（1930 年）、《征求一位同志》（1930 年）等
汪汉溪（1874—1924），字龙标，江西婺源县人	毕业于梅溪书院，曾考中秀才。曾任上海南洋公学总务、《新闻报》总经理兼董事	论文：《新闻事业困难之原因》（1923 年）
程沧波（1903—1990），原名中行，江苏武进人	毕业于复旦大学，曾留学英国伦敦大学。曾任复旦大学教授兼新闻系主任、上海《时事新报》主笔、《中央日报》首任社长	论文：《新闻记者的健康问题》（1942 年）、《七年的经验》（1944 年）
胡政之（1889—1949）；名霖，字政之，以字行，四川成都人	曾在日本东京帝国大学读法律，曾任《大共和报》《新社会报》总编辑，创办国闻通讯社和《国闻周报》，新记《大公报》创办人之一，任总经理兼副总编辑	论文：《中国新闻事业》（1930 年）

续表

报业经理或官员简介	学习、从业经历	报业管理研究论文、文章或包含报业管理内容的专著
汪英宾（1897—1971），别号省齐，江西婺源人	毕业于圣约翰大学政治系、美国密苏里大学新闻学院。历任《申报》协理，上海《时事新报》编辑主任、总经理，《大公报》设计委员，兼南方大学报学系主任、光华大学、沪江大学、圣约翰大学、复旦大学新闻系教授	论文：《中国报业应有之觉悟》（1930年）
俞颂华（1893—1947），名垚，江苏太仓人	早年就学于清华学校和复旦公学，毕业于东京法政大学。任北京《时事新报》副刊《学灯》主编，任《申报月刊》《申报周刊》总编，并一度兼《申报》总编，任香港《星报》主笔、新加坡《星洲日报》总编，并与梁漱溟主编《光明报》，曾任商务印书馆《东方杂志》主编，《广西日报》及衡阳《大刚报》总编，中华职业教育社机关刊物《周讯》主编，曾兼任中央大学、东吴大学、沪江大学、暨南大学、中央政治学校大学部新闻系教授，国立社会教育学院新闻系主任	论文：《论报业道德》（1939年）
潘公弼（1895—1961），上海嘉定人	日本东京政法学校毕业，曾与邵振青合办"东京通讯社"，曾任上海《申报》《时事新报》驻日通讯员，《时事新报》编辑，北京《京报》主笔，《时事新报》总编辑、总经理、总主笔等，创办上海《商报》并任主笔。曾在上海国民大学新闻系、上海沪江大学商学院新闻科任教。曾主持《申报》笔政，任《星洲日报》总主笔、国民党中央宣传部东北特派员，创办长春《中央日报》并任社长。曾任香港《国民日报》社长	论文：《报馆的组织》（1931年）
张志智（1907—1973），字季真，山西崞县（今原平）人	早年毕业于中央政治学校大学部，获教育学学士。历任福建民报社、福建中央日报社、华南通讯社社长，中国国民党中央组织部处长等职。曾任南京《大公报》总经理、南洋日报社社长、立法院立法委员	论文：《发展全国新闻事业刍议》（1943年）
张静庐（1898—1969），浙江镇海人	曾任天津《公民日报》、北京《公民日报》、上海《商报》编辑，创办上海杂志公司，任总经理，重庆联营书店总经理	含有报业管理内容的专著：《中国的新闻记者》（1928年）
许邦兴，江苏苏州人	北平燕京大学新闻系毕业，曾任"行政院善后救济总署"联络专员（上海）、中央广播事业管理处编审、国际广播电台（南京）英语评论员	论文：《中国小型报纸》（1941年）
张万里，山西太谷人	曾任《时事新报》总经理	论文：《新闻记者应有的修养》（1935年）、《战时报业工人管理之研究》（1944年）

续表

报业经理或 官员简介	学习、从业经历	报业管理研究论文、文章或 包含报业管理内容的专著
解宗元	曾任《中央日报》营业主任，曾在重庆新闻专科学校讲"报业经营与管理""广告学"课程	论文：《报业经理部门的人才问题》(1943年)
周钦岳（1899—1984），四川巴县人	曾赴法勤工俭学。曾任重庆《新蜀报》主笔、总编辑、总经理，上海中华电讯社总编辑	论文：《广告与发行》(1942年)
钱沧硕	曾任中央通讯社编辑主任、昆明《中央日报》总编辑	论文：《谈编辑》(1942年)
聂世琦	曾任《中央日报》采访部主任	论文：《如何培养报业管理人才》(1942年)
陆铿（1919—2008），号"大声"，云南保山人	重庆中央政治学校新闻专修班毕业，曾任职中国国际广播电台、《中央日报》的副总编兼采访部主任、副总编辑	论文：《报界的人荒问题》(1942年)
孙义慈，字佛真，浙江奉化人	曾任浙江省新闻处处长	含有报业管理内容的论著：《战时新闻检查的理论与实际》(1941年)
刘光炎（1904—?），字厚安，又名玲琛，祖籍浙江绍兴，生于湖北省宜都潘湾	复旦大学普通文学系毕业。曾任国民革命军团政治教官、立法院特约编纂、《中央日报》主笔兼中央《时事周报》主编、总编辑并兼总主笔。兼任国立复旦大学新闻系教授兼导师、考试院人事行政会顾问、中央训练团政治指导员、宣传部宣传委员，并兼任党报社论委员会的执行秘书，任中央文化委员，兼任三民主义研究会主任委员及三圣宫新闻文化训练班教授，任重庆各报联合版编委会主任委员、《中央周刊》社社长、《建设日报》新闻顾问。曾在中央训练团、中央政治学校、世界新闻专科学校主讲新闻业务	《新闻界的空气》(1942年)、《怎样增加新血输》(1944年)
许孝炎（1900—1980），字伯农，湖南沅陵人	北京大学英国文学系毕业，曾创办《实践旬刊》，任英文《北京导报》编辑，曾在国民党宣传部工作，国民党上海、北平党部委员，英文《国民新报》、上海《中央日报》编辑，河北《民国日报》社长，中宣部副部长，天津《民国日报》董事长，立法委员	论文：《本党的宣传机构及其运用》(1942年)、《我所见到的中国新闻事业——新闻讲座之二》(1947年)
陈立夫（1900—2001），浙江吴兴人	毕业于北洋大学，后留学美国匹兹堡大学，获采矿学硕士学位。历任国民党中央党部秘书长、中央组织部长、中央政校代教育长、教育部长、立法院副院长、行政院政务委员、"总统府"资政及中央评议委员会主席团主席	论文：《新闻事业与文化建设》(1944年)

第三节 中国近代报业管理学共同体内部沟通的渠道基本具备

从学术共同体产生的历史来看，学术会议、学术杂志是科学家们接触、交流信息的重要渠道与平台，也是学术共同体形成的重要条件。有记载："这些早期的科学团体使科学具备了个性，并促进了对科学感兴趣的人与对应用科学感兴趣的人的接触。它们之所以做到了这一点，部分原因是举行会议——在会议上具有不同兴趣的人能够相遇并交流信息，部分原因是出版科学杂志。《学人杂志》于 1665 年 1 月在法国出版；两个月后，作为一项个人冒险事业，皇家学会的干事亨利·奥尔登伯格出版了《哲学学报》。《哲学学报》是第一个专门致力于科学的杂志。近代科学赖以建立的知识本质上是累积的和公共的，正是大量的科学杂志，使之成为可能。人们能够通过这些杂志与国内外的科学保持接触，他们能够通过发表一些他们已完成的实验的报道为科学成长做出自己的贡献，他们这样做时甚至有点羞怯。"[1] 其实，不仅在学术共同体产生的过程中，即使在学术共同体发展得非常成熟完备的今天，学术会议与学术期刊也仍然有非常重要的地位与作用，以至于把学术会议、学术期刊作为判断是否正式的或有形的学术共同体的重要依据与标准。而且在此基础上逐渐产生了学术共同体的典型——"学会"。后来"学会"甚至当作某一有形的"正式的学术共同体"成立的标志。随着科学研究的深入发展、精细分工，"科学家从其自己的专门化领域走出得越远，他在寻觅信息时就必须越多地依靠正式交流系统：会议、杂志、书籍和文摘与索引服务"。[2] 从而学术共同体内部沟通的主要渠道也逐步发展成由学术会议、学术杂志、学术论文、学术著作、科研项目、工作报告等构成的正式交流系统。但从中国近代新闻学、报业管理学研究的文献资料来看，当时报业管理学术共同体一直作为新闻学共同体的独立分支进行系统的学术研究，所以其内部沟通与交流的渠道主要有报业管理学论著以及借助于新闻学的学会、学术会议、学术杂志、学术著作等交流渠道。

---

① ［德］汉伯里·布朗：《科学的智慧——它与文化和宗教的关联》，李醒民译，辽宁教育出版社 1998 年版，第 16—17 页。

② ［美］黛安娜·克兰：《无形学院——知识在科学共同体的扩散》，刘珺珺等译，华夏出版社 1988 年版，第 109 页。

一　报业管理学论著的相互阅读与引证

无论是正式的还是非正式的学术共同体，他们内部成员之间都自始至终在通过学术著作和专业教材的相互阅读与引证来自觉地相互进行学术思想的交流与沟通。他们彼此之间可能未曾相识，更没有过直接的学术交流，但是通过阅读、引用他们所认同的同行的学术观点与学术见解，或者批评、修正同行的学术观点与研究成果，相互在学术著作或教材中进行学术对话，通过文字进行学术的交流。他们的交流"……既是清清楚楚地存在着，又是以现在只能模糊理解的方式彼此相互联系着"。① 而事实上，学术共同体作为松散的自由人的学术联合体，作为精神共同体，他们内部更普遍更便捷的日常沟通与交流就是通过学术论著的渠道来进行的。根据文献计量学中引证的原理，"知识的增长，通过每个研究领域全部历史中逐年出现的出版物的数目来度量。思想之间的联系，用出版物中出现的参考文献来度量。科学家之间的关系，则使用在回答他们的非正式交往情况以及对他们写作最有影响的资料来源的问题时，彼此提到的名字的多少来衡量"。② 那么中国近代报业管理学共同体内部之间学术思想的沟通与交流也可以从当时有关报业管理著作和教材的参考文献来度量，从而考察他们彼此之间相互沟通、交流甚至影响的情况。就笔者的统计发现，中国近代报业管理学专著与教材共计出版了6部，同时在29部理论新闻学著作与教材中也含有报业管理内容的章节。遗憾的是，当时一般与报业管理学相关的著作与教材的参考文献格式不规范，往往没有标注引文，有的甚至根本就没有列出参考文献，即使在有引文的少数相关专著与教材中，其参考文献所标注的内容也往往不详尽。所以无法通过量化统计来考察当时报业管理学术共同体内部是如何通过引证文献在相互之间进行学术思想的沟通与交流的。在此只能根据笔者在对文献的逐一阅读中所发现的有关引证，简单举例引证，如贾克岐的《报纸发行技术丛谈》一文曾引用詹文浒《报业经营与管理》关于报纸发行的观点③，俞爽迷的《新闻学要论》

---

① ［美］黛安娜·克兰:《无形学院——知识在科学共同体的扩散》，刘珺珺等译，华夏出版社1988年版，第2页。

② 同上书，第17页。

③ 参见贾克岐《报纸发行技术丛谈》，《新闻学季刊》第3卷第2期，1947年。

曾把吴定九的《新闻事业经营法》列入参考文献①，许邦兴的《中国小型报纸》曾多处引用戈公振的《中国报学史》的相关观点②，等等。

虽然无法通过引证数量的多少来佐证中国近代报业管理学共同体成员之间通过著作或教材渠道沟通与交流的实际情形，但是他们之间通过阅读进行学术思想沟通与交流的行为则是毫无疑问的。因为阅读是自文字出现以来人类便有的一种常见的古老的思想沟通与交流的方式，虽然当时报业管理学术共同体成员之间甚至从未面对面接触过，但他们之间一直都在相互阅读各自新近出版的报业管理学著作、教材，无形之中在进行学术与思想的沟通与交流。

二　依托新闻学共同体的沟通平台

由于自中国近代报业管理学诞生以来一直属于新闻学的学科范畴，作为新闻学的独立分支学科，所以报业管理学共同体作为新闻学共同体的分支也主要依托新闻学期刊、新闻学术团体等新闻学共同体沟通渠道进行学术与思想的交流。

（一）借助于新闻学期刊进行沟通

学术杂志是学术共同体内部沟通与交流不可缺少的渠道与平台。一方面，因为学术共同体的成员大部分时间往往是分散于工作所在的各个地方，所以必须通过学术杂志与期刊来交流各自研究的成果、心得与体会。正如美国学者黛安娜·克兰所言："然而，重要的是要了解，一个研究领域并不完全是一个直接接触的集团。其成员在地理上非常分散的。大多数的思想交流是靠通信或出版物进行的。"③　另一方面，学术杂志还是学术研究成果公开发表并获得同行承认甚至是回避其他领域同行批评的重要载体。因为"一个学派，是以其门徒不加批判地接受领袖人物的思想体系为特征的。它拒绝外部的影响，拒绝承认外部工作的正确性。这样一个群体可以依靠自己创办的杂志回避来自其他领域之同行的批评"。④　所以，在文献学中，"一篇论文被引证的频率作为其创新性的量度。在研究领域

---

① 参见俞爽迷《新闻学要论》，大众书局 1936 年版。

② 参见许邦兴《中国小型报纸》，《报学》1941 年第 1 期。

③ ［美］黛安娜·克兰：《无形学院——知识在科学共同体的扩散》，刘珺珺等译，华夏出版社 1988 年版，第 39 页。

④ 同上书，第 81 页。

中，一篇论文被引证的频率表示它所包含的信息对于其他成员是有用的"。[①] 而且"对于引证的研究表明，在每一组新发表的论文的参考文献中，大约有一半使这些论文和早些时候的一小组出版物联系起来，这些出版物的大多数和引证它们的论文在时间上是很接近的。另外一般的参考文献。显然是任意地把这些论文与科学文献中范围很广的一部分联系起来。这些发现告诉我们，基础科学的文献是由紧密地结合在一起的论文簇组成的，每一个集簇又和其他的集簇松散地联系在一起"。[②] 而对于中国近代报业管理学共同体来说，它仍然作为新闻学共同体的独立分支，还没有自己独立出版的学术期刊，所以其主要思想是作为新闻学内容之一而借助于新闻学学术杂志及其他学术杂志进行沟通与交流的。就笔者根据相关文献统计发现，中国近代新闻学术界已经出版了《报学月刊》《报学季刊》《新闻学刊》《新闻学期刊》《报展》《报学》《新闻记者》《战时记者》《新闻学季刊》《新闻战线》《新闻学报》《中国新闻学会年刊》《现代报学》周刊、《报学杂志》等新闻学术期刊（见表4.3.1）。此外，还有一些其他学术杂志，如《东方杂志》《新民族》《文化通讯》《读书通讯》《文艺印刷月刊》《晨光周刊》等。就笔者统计发现，在这些新闻学术期刊及其他学术期刊中共计发表了441篇关于报业管理的论文，其中有关报业生产管理的有96篇，报业发行的12篇，报业广告的44篇，

表4.3.1　　　　　　　**中国近代出版的主要新闻学术期刊**

新闻学期刊名	创办时间与创办者
《新闻学刊》	1927 年 1 月，北京新闻学会
《报学月刊》	1929 年 3 月，黄天鹏主编，上海光华书局发行
《记者周报》	1930 年 5 月，上海新闻记者联合会，戈公振、周孝庵等人编辑
《报学季刊》	1934 年，申时电讯社主编
《新闻学期刊》	1934 年，复旦大学新闻学会
《报人世界》	1935 年，燕京大学新闻系，不定期出版
《新闻记者》月刊	1937 年 5 月 16 日，上海创刊，顾执中主编兼发行人

---

① ［美］黛安娜·克兰：《无形学院——知识在科学共同体的扩散》，刘珺珺等译，华夏出版社1988 年版，第17 页。

② 同上书，第11 页。

续表

新闻学期刊名	创办时间与创办者
《新闻记者》月刊	1938 年 4 月 1 日，中国青年新闻记者学会在武汉编辑发行，后在桂林出版至 1941 年
《战时记者》	1938 年 9 月 1 日，浙江战时新闻学会发行，杜绍文主编
《新闻学季刊》	1939 年 11 月 20 日，中央政治学校新闻系，1942 年 2 月 20 日出版第 2 卷第 2 期后停刊，1947 年 5 月 20 日在南京复刊
《新闻战线》	1941 年 3 月 6 日，中央政治学校新闻系新闻学研究会
《报学》	1941 年，燕京大学新闻学会
《中国新闻学会年刊》	1942 年 9 月 1 日，中国新闻学会
《报学》	1946 年 6 月 10 日，南京《中央日报》出版，1947 年 2 月 19 日出版至第 18 期暂时停刊，1947 年 5 月 2 日续刊，1948 年 4 月 18 日出版第 44 期，再次休刊
《现代报学》周刊（1948 年 1 月改为周四刊）	1947 年 8 月 3 日，北平《华北日报》出版，1948 年 11 月 25 日终刊
《报学杂志》半月刊	1948 年 8 月 16 日试刊，1948 年 9 月 1 日正式出版，马星野主编，出版至第 10 期停刊
《报学周刊》	1949 年 3 月 15 日，南京《中央日报》出版，孙如陵主编

报馆人事的 100 篇，报业市场的 81 篇，报馆组织的 20 篇，报馆制度的 42 篇，报馆财务的 9 篇，报业管理综合论文 37 篇（见表 4.3.2）。就单本新闻学术杂志论文内容分类来看，也有记载，《新闻学季刊》自 1939 年 1 月 20 日出版创刊号，共出版 2 卷 6 期，其内容分布是这样的：关于新闻政策者 6 篇，关于新闻事业史者 8 篇，关于各地报业现状者 8 篇，

表 4.3.2 中国近代新闻学杂志及其他期刊所发表的报业管理论文数

期刊论文内容范畴分类	报业生产	报业发行	报业广告	报馆人事	报业市场	报馆组织	报馆制度	报馆财务	报业管理综合
期刊论文数（篇）	96	12	44	100	81	20	42	9	37
期刊论文总数（篇）	411								

关于新闻专业研究者 4 篇，关于报业组织与管理者 6 篇，关于评论编辑与采访者 24 篇，关于特种新闻者 4 篇，其他 7 篇。[①] 而就南京《中央日报》出版发行的综合性新闻学期刊《报学杂志》来说，该杂志在 1948 年 8 月 16 日出版试刊号，同年 9 月 1 日正式在南京创刊，出版至 1949 年 1 月 16 日停刊，共出 11 期。由中央日报社社长马星野主编，其宗旨是通过研究报学来改进新闻事业，以贯彻"民主理想"，其主要栏目有"报坛清议""座谈会""报学论著""新闻界新闻""报人传记""记者经历""新闻教育"等。其撰述委员 61 人都是当时国民党统治区各大报社、通讯社的社长、总编辑，南京国民政府主管新闻部门的官员和新闻学者，如沈剑虹、成舍我、张友鸾、曾虚白、胡道静、顾执中、蒋荫恩、曹聚仁等。以成舍我、张友鸾等为代表的总经理、总编辑等报业管理层都曾在此刊物上发表过有关报业管理的学术论文。原本应该可以通过学术期刊论文之间的引证来考察与佐证中国近代报业管理学共同体内部之间是如何相互进行学术的沟通、交流与影响的。但遗憾的是当时一般学术论文的参考文献格式不规范，这些论文与同时期报业管理学论著一样往往没有标注引文，有的甚至根本就没有列出参考文献，即使在有引文的少数论文中，其引文文献所标注的内容也往往不详尽。同时这些论文大多数是业务经验类文章，更没有引经据典的可能。所以无法通过文献计量方法来考察当时报业管理学术共同体内部论文引证的整体状况，以及他们又是如何通过学术论文引证进行学术的沟通与交流的。

（二）依托新闻学术团体、学术会议等进行交流

19 世纪西方现代学科的涌现在很大程度上依赖科学学会的形成，"学会的成立标志了知识划分史上的突破"。[②] 学术共同体也通过学会对学术研究规定范式、划分标准、订立规则、确定研究方向。具体而言，"可以这样说，它们（学会）提供了'科学的社会服务'；它们（学会）筹办和安排会议、讨论会、出版物，促进形成专业标准和同行承认。它们（学会）在科学共同体中曾经起了、现在还在起着举足轻重的作用"。[③] 但

---

① 参见孙如陵《〈新闻学季刊〉概述》，《中国新闻学会年刊》1942 年。

② ［美］沙姆维·梅瑟－达维多：《学科规训制度导论》，黄德兴译，载华勒斯坦等《学科·知识·权力》，刘健芝等编译，三联书店 1999 年版，第 16 页。

③ ［德］汉伯里·布朗：《科学的智慧——它与文化和宗教的关联》，李醒民译，辽宁教育出版社 1998 年版，第 33 页。

对中国近代报业管理学共同体来说，它仍然作为新闻学共同体的独立分支，还没有自己独立的学会，所以其主要思想是作为新闻学内容之一而借助于新闻学学会进行沟通与交流的。就笔者根据相关文献记载的统计发现，中国近代曾经成立了北京大学新闻学研究会、平民大学新闻学会、复旦大学新闻学会、燕京大学新闻学会、民国学院新闻学会、中央政治学校新闻学会等大学新闻学会，还有北京新闻学会、天津新闻学研究会、南京新闻学会、平津新闻学会、上海青年记者协会、浙江战时新闻学会等地方新闻学会，还有中国新闻学研究会、中国新闻学会、中国青年记者协会等全国性新闻学会（见表4.3.3）。

表 4.3.3　　　　　　　　　　　**中国近代组织的新闻学会**

新闻学会	创办时间与创办者
北京大学新闻学研究会	1918 年 10 月 14 日，北京大学蔡元培、徐宝璜、邵飘萍等
平民大学新闻学会	1923 年，徐宝璜等
北京新闻学会	1927 年 1 月 1 日，北京新闻界人士组成
天津新闻学研究会	1927 年 3 月，天津《益世报》等 14 家报社和通讯社联合建立
中国报学社杭州社	1929 年，杭州新闻界
复旦大学新闻学会	1929 年，复旦大学新闻系，出版了"上海复旦大学新闻学会丛书"
燕京大学新闻学会	1930 年，燕京大学新闻系，主要成员是在校或离校的学生、教职员
中国新闻学研究会	1931 年 10 月 21 日，由《申报》《时报》《文艺新闻》的进步记者、民治新闻专科学校及复旦大学新闻系的部分师生组成
民国学院新闻学会	1933 年 5 月，北平民国学院新闻专修科师生
南京新闻学会	1935 年 6 月 15 日，肖同兹、赵敏恒、陈铭德等南京新闻界人士
中央政治学校新闻学会	1935 年，中央政治学校新闻系师生
平津新闻学会	1936 年元旦，北平天津新闻界在北平成立
浙江省战时新闻学会	1937 年 7 月，浙江新闻界在绍兴成立，后迁金华
上海青年记者协会	1937 年 11 月 8 日，范长江、羊枣、夏衍等人发起
中国青年记者协会	1938 年 3 月 30 日，范长江等在汉口成立，该协会曾举办"战时新闻工作讲习班"
中国新闻学会	1941 年 3 月 16 日，潘公展、程沧波、肖同兹、马星野、董显光、陈博生等人在重庆发起成立

这些新闻学会都曾组织过正式或非正式的新闻学术会议或学术讨论。其中复旦大学新闻学会与新闻系在 1935 年 10 月曾主持举办了世界报纸展览会，组织了较大的学术会议，并出版了世界报纸展览会纪念特刊《报展》，介绍大会的组织及举办情况，收录了论著文章 20 篇，其中有关报业管理的论文有 4 篇，如成舍我的《三种报纸的出路》、马星野的《新闻职业与大学教育》、谢小鲁的《新闻与广告之伦理观》、吴秋尘的《小型报》等。中国新闻学会、中央政治学校新闻系于 1939 年 10 月在重庆南温泉举办世界报纸杂志展览会，为新闻学共同体、报业管理学共同体提供了一次大型的直接接触与交流的机会，其中《新闻学季刊》1940 年 5 月 20日第 1 卷第 2 期特设《世界报展特辑》报道该展览会，也发表了一系列包含报业管理内容在内的新闻学研究论文。此外国立社会教育学院新闻系在 1948 年 12 月也曾举办全国报纸展览会，为国内新闻学共同体、报业管理学共同体提供了又一次直接沟通与交流的平台（见表 4.3.4）。

表 4.3.4　　　　　　　　　　中国近代的报纸展览会

展览会	主办方
世界报纸展览会（1935 年 10 月）	复旦大学新闻系、复旦大学新闻学会举办
世界报纸杂志展览会（1939 年 10 月）	中央政治学校新闻系、中国新闻学会在重庆南温泉举办
全国报纸展览会（1948 年 12 月）	国立社会教育学院新闻系学生为庆祝社会教育学院建院 7 周年而举办

第四节　中国近代报业管理学共同体的
报纸"企业范式"初步建立

关于传媒管理学、传媒经济学的研究范式或传统，著名传媒经济学教授罗伯特·皮卡德（Robert G. Picard）认为存在理论传统（Theoretical Traditions）、应用传统（Applied Traditions）和批判传统（Critical Traditions）三种传统。[①] 而国内传媒经济学家喻国明等认为传媒经济学的研究有微观经济学、管理经济学、政治经济学三种研究视角，与之对应形成了

---

① 罗伯特·皮卡德：《媒体经济学研究的历史、传统与方法》（*History，Traditions，and Approaches to Media Economics Research*），转引自宋建武《媒介经济学——原理及其在中国的实践》，中国人民大学出版社 2006 年版，第 7 页。

市场范式、企业范式、社会范式三种研究范式。① 如果以此作为标准的话，可以说中国近代报业管理研究的"范式"是应用传统与企业范式，也就是报纸"企业范式"，即从企业管理学的视角研究报馆管理。根据喻国明等关于传媒经济学研究的"企业范式"的解释，"企业范式"的关键视角是管理经济学，其学术基础主要是管理学、组织理论、竞争力理论、创新理论与利基理论，其分析的重点是公司研究，其核心概念主要有成本结构、融资和投资、回报和决策、公司组织、绩效、企业战略等。② 换句话说，传媒"企业范式"其实就是从企业管理学视角，并借助管理学、组织理论、公司制度等学术基础来研究传媒管理的学术模型或"范例"。所以在传媒经济学研究的"企业范式"中，报业管理的学科理论架构一般包含报纸生产、报纸市场、报纸广告、报纸发行、报馆人事、报馆财务、报馆制度、报馆组织等基本概念体系。

那么中国近代报业管理学共同体又是如何建构报纸"企业范式"的呢？根据库恩的解释，"发行专门刊物，建立专家学会，争取列入学校课程中，所有这些活动通常都与一个团体第一次接受一个单一范式密切相关"。③ 也就是说，建立学会、发行专门刊物、列入学校课程是学术共同体建立学科"范式"的基本规程。中国近代报业管理学共同体作为新闻学共同体的独立分支，它主要借助和依托新闻学学会与新闻学期刊来建构自己的研究"范式"（已在本章第三节专门论述——笔者注），同时报业管理也自 1923 年北平平民大学新闻系开设"新闻经营法"课程开始，逐渐普遍列入了新闻学专业的基本课程（已在第二、三章专门论述——笔者注）。此外，更为重要的是中国近代报业管理学共同体的报纸"企业范式"本身的内容如何？根据库恩的观点，教科书是学科"范式"的真实反映，他认为："教科书似乎经常这样暗示：科学的内容是唯一地由书中各页所述的观察、定律、理论所呈现的。"④ 而且"教科书支配一门成熟科学的现象，会使这门科学的发展模式与其他领域的极为不同。让我们暂

---

① 参见喻国明、丁汉青、支庭荣、陈端《传媒经济学教程》，中国人民大学出版社 2009 年版，第 9—14 页。
② 同上书，第 14 页。
③ ［美］托马斯·库恩：《科学革命的结构》，金吾伦、胡新和译，北京大学出版社 2003 年版，第 18 页。
④ 同上书，第 1 页。

且先接受这个论点：普通人和科学家的科学知识，都得自于教科书和源自教科书的少数其他几类文献，这种情形其程度是其他领域前所未有的。然而由于教科书是使常规科学得以延续下去的教学工具，每当常规科学的语言、问题结构或标准改变时，教科书就得全部或部分重写"。① 于是"当个别科学家能够接受一个范式时，他在他的主要工作中不再需要力图重新建立他的领域，不需要从第一原理出发并为引进的每一个概念进行辩护。这项工作可以留给写教科书的人去做。无论如何，有了一本教科书，有创造力的科学家可以从教科书中未深入探讨的地方开始他的研究工作"。② 由此可见，由于教材（或教科书）的内容与观点往往是该学科领域基本达成共识的成熟的定论，被认定为学术理论广泛传播的权威途径，所以教材也"通常是专注于写书时科学共同体所承诺的那套特定范式"。③ 因此，考察中国近代报业管理学共同体的研究范式也同样应该从分析当时出版的教材入手。

一　报纸"企业范式"建构的早期探索

中国近代报业管理学共同体为了构建报纸"企业范式"，进行了较长时间的追求与探索。从目前文献来看，专职于北平《京报》经营管理的吴定九最早根据自己报业经营管理的经验从学科理论的高度努力构建报业管理学的理论架构体系，尝试建立报纸"企业范式"。他在1930年4月由联合书店（上海）出版了《新闻事业经营法》一书，是目前所发现出版时间最早的报业管理学专著，被誉为"我国新闻史上第一部关于报业经营管理研究方面的专著"。④ 目前我们所能查阅的是该著作的第2版，于1932年由现代书局（上海）出版。全书分为总论、编辑部、营业部及印刷部四编，主要内容包括编辑之概要各国新闻社编辑部之组织、编辑部之各机关、营业部之组织、发行、广告，印刷部之设备，印刷部之组织等章（见表4.4.1）。从该著作的章节架构来看，吴定九对报业管理学科框架的设置是从组织理论出发，根据报馆内部编辑、营业、印刷三个机构设

---

① ［美］托马斯·库恩：《科学革命的结构》，金吾伦、胡新和译，北京大学出版社2003年版，第124页。

② 同上书，第18页。

③ 同上书，第123页。

④ 丁淦林等：《中国新闻事业史新编》，四川人民出版社1998年版，第290页。

置的实际，把报业管理学科体系划分为编辑、营业、印刷三大组成部分（即三编），然后又以组织理论的视角进一步分析编辑、营业、印刷三大部门内部的组织架构及其相互之间的关系。这对以后报业管理学的研究与教学影响不小，以至于后来很长一段时间内，把报业管理称为新闻经营法、报馆管理或报馆管理与组织。虽然在今天看来，该报业管理学科范式不尽科学合理，因为该学科框架虽然也包含了报业广告、报业发行、报业生产等具体问题，但其核心概念仅为报馆组织，而没有涉及报馆人事、报馆制度、报馆财务等其他报业管理的核心概念与问题，可是能首次尝试构建报业管理学科范式，确定报业管理研究的范围与边界，这已经难能可贵了。

表 4.4.1　　　　吴定九《新闻事业经营法》的编章节架构目录①

编	章	节
第一编 总论		第一节　新闻事业之商业化 第二节　新闻社之组织 第三节　发行本位与广告本位 第四节　各国新闻纸之经营法
第二编 编辑部	第一章　编辑之概要	第一节　编辑之方针 第二节　编辑之形式
	第二章　各国新闻社编辑部之组织	第一节　美国新闻社编辑部之组织 第二节　英国新闻社编辑部之组织 第三节　日本新闻社编辑部之组织
	第三章　编辑部之各机关	第一节　编辑部组织之拟议 第二节　政治经济系 第三节　社会系 第四节　通信系 第五节　文艺系 第六节　总务系 第七节　参考科 第八节　写真制版科 第九节　校对科 第十节　编辑庶务科 第十一节　整理科 第十二节　综合编辑之机运

① 参见吴定九《新闻事业经营法》，现代书局 1932 年第 2 版。

续表

编	章	节
第三编 营业部	第一章　营业部之组织	第一节　营业部与新闻社之关系 第二节　营业部之方针 第三节　营业部之组织
	第二章　发行	第一节　发行处之组织 第二节　发行之手续 第三节　分馆或代派之办法 第四节　推销方法 第五节　各国之发行法
	第三章　广告	第一节　广告处之组织 第二节　广告处之地位 第三节　广告费之规定 第四节　广告之责任与信用
第四编 印刷部	第一章　印刷部之设备	第一节　制作新闻版之材料 第二节　印刷机器 第三节　工场之管理 第四节　印刷材料之消耗 第五节　印刷技能与纸面之形式
	第二章　印刷部之组织	第一节　分组 第二节　排字组 第三节　制版组 第四节　印刷组 第五节　铸字组 第六节　画版组

后来，钱伯涵、孙恩霖也努力从学科理论体系的高度努力构建报业管理的学科框架，尝试建立报纸"企业范式"。他们合作编写的报业管理学教材《报馆管理与组织：申报新闻函授学校讲义之二》于 1936 年由申报馆出版，主要作为申报新闻函授学校的教材使用。这本教材是在申报新闻函授学校的《报馆管理与组织》授课讲义的基础上修改出版的。该书主要内容包括绪论、报纸系商品、中国报纸发达的现象、报纸之种类及其区别、报馆的组织法、发行方法及组织、发行推销、报纸广告研究、怎样发展广告业务、各部事务管理概况、报馆用人与投资、结论共 12 章（见表4.4.2）。从该教材的章节架构来看，钱伯涵、孙恩霖主要从报馆的组织、发行、广告、用人、投资等实际问题出发设置报业管理学科框架，努力建立报纸"企业范式"。与之前吴定九的《新闻事业经营法》相比，该本教材的学科理论架构有明显的改进，不仅有报馆组织、报纸发行、报纸广

告、报纸印刷等核心概念与问题，还囊括了报馆用人、报馆投资等《新闻事业经营法》所没有涉及的报业管理的核心概念，扩大了报业管理研究的范畴与边界。当然与今天传媒管理学、传媒经济学基本框架比较，该报纸"企业范式"仍然没有涉及报业市场、报纸生产管理等其他报业管理的核心概念与问题。

表 4.4.2　　　钱伯涵、孙恩霖《报馆管理与组织：申报新闻
函授学校讲义之二》的章节架构目录①

章	节
第一章　绪论	
第二章　报纸系商品	
第三章　中国报纸发达的现象	
第四章　报纸之种类及其区别	
第五章　报馆的组织法	第一节　报馆组织的前提 第二节　大报馆的组织 第三节　晨报与晚报一日间之工作 第四节　营业部的组织 第五节　报纸的生产工场 第六节　组织法的伦理观
第六章　发行方法及组织	第一节　报纸发行的重要性 第二节　发行方法 第三节　发行科之组织
第七章　发行推销	第一节　影响发行的几个要素 第二节　发行竞销运动 第三节　社会服务与特载作品 第四节　兜揽推销 第五节　发行份数报告 第六节　合作精神 第七节　证明份数 第八节　发行稽核局
第八章　报纸广告研究	第一节　报纸广告的价值 第二节　广告的类别 第三节　广告地位与刊费 第四节　广告的检查运动

①　参见钱伯涵、孙恩霖编《报馆管理与组织：申报新闻函授学校讲义之二》，申报馆 1936年版。

续表

章	节
第九章　怎样发展广告业务	第一节　广告主所注意的几个问题 第二节　广告业务增进法
第十章　各部事务管理概况	第一节　馆屋和合理的布置 第二节　编辑部 第三节　营业部 第四节　印刷工场 第五节　印刷机器略说 第六节　各部用具设备
第十一章　报馆用人与投资	第一节　训练雇员 第二节　职工来源 第三节　报馆投资 第四节　借贷与损益计算
第十二章　结论	

此外，还值得一提的是在这期间徐润若还就报业管理中报纸发行问题进行专门深入系统的研究，并于 1936 年由申报馆出版了他编写的教材《新闻发行学：申报新闻函授学校讲义之九》。该书主要包括绪言、发行科之组织、新闻贩卖份数之研究、美国新闻社发行科之组织及其活动、日本新闻贩卖界现状、决定发行地址之要素、生产效率之研究、发行后如何收受报费、新闻纸张之来源及此后应改良之办法、广告收入与发行、报馆理财、关于出版、关于发送、售货术、职工管理、广告率、纯收入之决定、新闻之生产、编辑与发行、新闻教育之设施、公报与发行、结论共 22 章。① 这是目前史料所发现的最早出版关于报纸发行的论著。该教材全面深入地研究了报业管理学科中"报纸发行管理"这一核心概念与问题，提升了报业管理学科的理论水平。同时，该教材还涉及报馆人事管理、报纸生产管理、报馆财务管理等其他报业管理的核心概念与问题。

二　《报业管理概论》：报纸"企业范式"的奠定

在经历了以报馆组织为重心的报纸"企业范式"之后，当时中央政治学校新闻系"报业管理"主讲教授刘觉民则以欧美报业经营系统理论

---

① 参见徐润若《新闻发行学：申报新闻函授学校讲义之九》，申报馆 1936 年版。

为基础，结合中国报馆管理的实际，努力构建较为完善、科学的报业管理学科理论框架与概念体系。他编著的报业管理学教材《报业管理概论》于 1936 年由商务印书馆（上海）出版。该书主要内容包括叙论、报业组织的法律问题、报业组织的实际问题、印刷工场管理、材料管理、人事管理、财务管理、发行推广的实际、广告推广的实际、报业理财政策共 10 章（见表 4.4.3）。为什么确定这个框架？刘觉民在"报业管理研究的范围"中解释说，"从报业企业化的特质可以知道报业管理的范围不外组织、管理、经营和理财四大部门，这四大部门虽是各相关联，但是各个部门包含着许多性质特殊的问题"。① 对此他还做了更具体的解释，"从作用方面讲，组织的目的只求公司的合法成立及组织机构系统的确定，管理的目的在求组织内部工作效能的增进，经营是集中在如何扩张营业范围而获得最大利润，理财在研究怎样能够使这个企业组织和经济社会的情况相协调同时谋他本身的经济基础之巩固"。② 所以，在该著作中的具体体现是："除第一章叙论外，第二、第三章为报业之组织；第四至第七章为报业之管理问题；第八、第九章为报业之经营问题；第十章则为报业之理财问题。故凡报业经营之诸种重要问题，粗备于是。"③ 也就是说，刘觉民先生认为该书基本含盖了报业管理中组织、管理、经营与理财四大核心领域，包含了报业管理的各种重要问题。从具体内容来看，该书涉及了报馆组织、报纸印刷、报纸生产、报馆人事、报馆财务、报纸发行、报纸广告、报馆投资等报业管理学研究的核心问题与概念。民国新闻学者胡道静认为该书综合了经济学理论、西方报业经营理论及国内报馆实际，他解释说，"在本书中，著者除运用其商业经济知识外，并参考西籍论报业组织、管理、会计及通论人事管理、实业管理的书籍十余种，又加上平日收集的国内实际情形的材料而成"。④ 所以他称该书出版后，"才使这门学问显露出了曙光"，并对该书评价道，"报业经营方面的许多问题，在中国报界里虽有了很多的经验，但从没有一部著述供给初学者研究之助的，更谈不到讨论与改进使国内报业趋于科学管理化的了。1936 年，刘觉民先

① 刘觉民：《报业管理概论》，商务印书馆 1936 年版，第 20 页。
② 同上书，第 21 页。
③ 刘觉民：《报业管理概论·自序》，商务印书馆 1936 年版，第 1—2 页。
④ 胡道静：《报业管理概论》（书评），载胡道静《报坛逸话》，世界书局 1940 年版，第 63—65 页。

生写了一部《报业管理概论》才使这门学问显露出了曙光"。① 在当时看来，这部教材是所有报业管理学著作中报业管理学科理论与概念体系最完备、最系统的著作，同时也是首次在国内构建了如此完善、系统的报业管理学科框架，并从根本上奠定了报业管理学研究的报纸"企业范式"。直到如今，国内传媒管理学、传媒经济学者仍然以该书作为最基本、最核心的参考文献，并得到广泛引证。以至于复旦大学新闻学院朱春阳认为该书是"最早出现的专门以传媒经营管理为研究对象的著作"，"该书首次对报业管理进行了较为系统化的总结"。②

　　此外，刘觉民还认为报业管理学研究是从报业企业化出发的，其研究的学科基础是应用经济理论、管理理论、组织理论、市场营销理论，他解释说："组织多半涉及国家商法问题，管理、经营和理财三个部门大半须根据实用经济学的原理和法则，如像商业原理、会计学、公司财政学、人事行政、售货术等等学问都是必要的基本知识……"③ 这其实就是报业管理学共同体报纸"企业范式"的根本研究视角与研究方法。

表 4.4.3　　　　　　刘觉民《报业管理概论》的章节架构目录④

章	节
第一章　叙论	第一节　报纸与社会生活 第二节　近代报业的发展 第三节　报业与商业的异同 第四节　报业管理研究的任务 第五节　报业管理研究的范围
第二章　报业组织的法律问题	第一节　报社组织的种类 第二节　报社之设立 第三节　股份与股东 第四节　权力机关 第五节　公司财政 第六节　报纸之登记

① 胡道静：《报业管理概论》（书评），载胡道静《报坛逸话》，世界书局 1940 年版，第 63—65 页。

② 朱春阳：《传媒经营管理研究》，载丁淦林、方厚枢《20 世纪中国学术大典新闻学传播学出版学》，福建教育出版社 2001 年版，第 102—114 页。

③ 刘觉民：《报业管理概论》，商务印书馆 1936 年版，第 20 页。

④ 参见刘觉民《报业管理概论》，商务印书馆 1936 年版。

续表

章	节
第三章　报业组织的实际问题	第一节　组织的基本事项 第二节　近代报业的内形 第三节　资金的筹集 第四节　印刷机选择问题 第五节　最低限度的设备
第四章　印刷工场管理	第一节　气温与光线的适调 第二节　浇铸纸铅版 第三节　印刷室 第四节　制版室 第五节　活版室
第五章　材料管理	第一节　材料收发 第二节　书报用纸 第三节　油墨
第六章　人事管理	第一节　职工的任用 第二节　职工的训练与管理 第三节　职工福利
第七章　财务管理	第一节　基本账项与基本账簿 第二节　预算编制 第三节　商誉及报业估值 第四节　折旧 第五节　财政报告
第八章　发行推广的实际	第一节　发行方法及组织 第二节　发行推广因素 第三节　发行推广设计 第四节　发行稽核
第九章　广告推广的实际	第一节　广告选择与广告写制 第二节　广告定价与广告价值的测度 第三节　广告推广设计
第十章　报业理财政策	第一节　资本化元 第二节　活动资本 第三节　公积金及分红政策 第四节　扩张营业与借贷 第五节　报业收支分析

三　《报业经营与管理》：报纸"企业范式"的完善

在刘觉民出版《报业管理概论》奠定了报业管理学研究的报纸"企业范式"之后，曾任中央政治学校新闻系主任并在该校主讲"报业管理"课程的詹文浒在自己授课讲义的基础上于1946年11月由正中书局出版了《报业经营与管理》一书，从而对已有报业管理学科理论框架与概念体系做了进一步的完善。目前我们能查阅的是该书的沪6版，于1947年10月由正中书局出版。该书主要包括经验的背境（景）、创造自己的事业、组织之道、发行原理、报纸广告、排印问题、理财原则共7篇27章（见表4.4.4）。当时有人对该书的评价是"确是一本资料处理得宜合乎实际需要的书"。[①] 学者汪远涵在书评中也说："写这一类的书必须具备一个条件，

表4.4.4　　　詹文浒《报业经营与管理》的篇章节架构目录[②]

篇	章	节
第一篇　经验的背境（景）	第一章　支城日报的故事	
	第二章　纳尔逊的启示	
	第三章　纽约时报的复兴	
	第四章　北岩建立报业帝国的经过	
	第五章　泰晤士报的风度	
第二篇　创造自己的事业	第六章　后来必须居上	
	第七章　栽培声誉的例子	
	第八章　中美日报的"讨奸运动"	
	第九章　报纸的吸引力	
	第十章　认识读者	
第三篇　组织之道	第十一章　创设报馆	第一节　报纸的组织 第二节　公司的设立 第三节　公司之股份 第四节　公司之机关 第五节　报纸登记
	第十二章　组织系统	
	第十三章　编辑政策	
第四篇　发行原理	第十四章　发行的原理	第一节　发行经理论 第二节　决定发行的因素 第三节　销数的种类
	第十五章　怎样组织报贩	
	第十六章　推广办法举隅	第一节　激励发行人员 第二节　吸引读者兴趣
	第十七章　介绍美国的发行稽核局	

---

① 贾晴：《关于〈报业经营与管理〉》，《报学》1947年第17期，转引自贾晴《胜利后我国新闻学专著述评》，《新闻学季刊》1947年第2期。

② 参见詹文浒《报业经营与管理》，正中书局1947年版。

续表

篇	章	节
第五篇　报纸广告	第十八章　报纸广告总论	第一节　报纸广告的特点 第二节　决定广告效力的因素
	第十九章　广告人员的培训	
	第二十章　分类广告	
	第二十一章　广告的定价问题	第一节　定价的单位 第二节　定价的标准 第三节　定价的比较
第六篇　排印问题	第二十二章　排字问题研究	第一节　自动排字机 第二节　中文排字的改革
	第二十三章　制版与印刷	第一节　制版的手续 第二节　现代印机介绍 第三节　印刷房的管理
第七篇　理财原则	第二十四章　预算的控制	
	第二十五章　怎样应付紧急局面	
	第二十六章　估价折旧及其他	第一节　估价问题 第二节　折旧问题 第三节　放账问题
	第二十七章　我国现行报业会计举例	第一节　概说 第二节　会计科目 第三节　簿记组织 第四节　结账

就是著者对于报业整个部门有全盘的了解，而且对于新闻学的理论也需要有相当素养。而詹先生的学识经验，正是最适宜于来做这个工作的。"[1]从该书的篇章架构目录来看，与之前报业管理著作、教材相比较，除了具备报馆组织、报业发行、报业广告、报纸印刷、报馆理财等核心内容与概念之外，最明显的变化是增加了"经验的背境（景）""创造自己的事业"两篇。从字面上看，似乎与报业管理的理论与概念范畴无关，但实际上其用心独特，意义重大。正如詹文浒本人所解释，"本书特重成功报人的故事。他们的切身经验，就是青年报人的有力启示。……其目的无非

---

① 汪远涵：《读〈报业经营与管理〉》，《前线日报》（上海）1947 年 3 月 8 日，转引自贾晴《胜利后我国新闻学专著述评》，《新闻学季刊》1947 年第 2 期。

想请这班报业巨子现身说法，激励志在报业的年青朋友"。① 而且"这两篇的材料，在一般'报业管理'中，不甚多观，我们特别郑重提出，盖亦有所感而然"。② 其实即使在现在看来，这两部分内容就是今天传媒管理学与传媒经济学中不可或缺的经典案例与媒介市场的定位。所以可以说，他对报纸"企业范式"的完善之处主要在于增加了报业的市场定位及案例研究与教学的方法。

由此观之，中国近代报业管理学共同体对于报业管理学科理论框架与概念体系以及报纸"企业范式"的建立经历了从报业管理经验的总结到西方报业管理理论的引入与实际相结合的过程，同时其学科理论也经历了从吴定九、钱伯涵、孙恩霖等的组织理论为核心到刘觉民的企业管理理论、组织理论相结合再到詹文浒的企业管理理论、组织理论及市场营销理论相结合的发展与完善的历程。在经过中国近代报业管理学者们的不断努力之后，终于建立起了较为科学、合理、清晰的报业管理的基本学科理论框架与核心概念体系，确定了报业管理学研究的范围领域、基本问题及研究方法，划清了与其他学科的界限。这也意味着报纸"企业范式"的形成。

本章小结

根据共同体的解释，学术共同体作为共同体的具体形态，其构成的核心要素就是成员构成、内部沟通与共同规范。那么，就中国近代报业管理学共同体来说，其主体成员构成，就笔者根据其研究成果进行统计共计有52人，从职业背景来看，主要是具有报业管理经验的报业管理学教授、学者，具有实务经验的理论新闻学教授、学者，报业管理层以及相关政府官员，且大部分都有从教经历。从学历背景来看，他们大部分都有海外留学或越洋考察的经历，或国内大学新闻学系毕业。其成员之间内部的沟通与交流渠道，主要是报业管理著作、教材的相互阅读与引证，并依托新闻学学术期刊、新闻学会、新闻学学术会议、报纸展览会等新闻学共同体的沟通平台。其共同规范，也即库恩所说的学科"范式"，这是决定学术共

---

① 詹文浒：《报业经营与管理·自序》，正中书局 1947 年版，第 1 页。

② 同上。

同体的根本要素，则是由吴定九、钱伯涵、孙恩霖、徐润若、刘觉民、詹文浒等不断努力探索与完善而最终建立的报纸"企业范式"。因此，如果从有形的正式的学术共同体的标准要求来说，中国近代报业管理学共同体虽然没有独立的学会与专门的学术刊物，但依托于新闻学会及其学术刊物，也有自己特有的共同规范和学科范式，那就是报纸"企业范式"。所以，可以认为中国近代报业管理学共同体是属于中国近代新闻学共同体的独立分支或亚共同体。但如果从无形的非正式的学术共同体的标准要求来说，中国近代报业管理学共同体就是报业管理研究领域中自由人的联合体，他们不仅通过相互阅读与引证各自的论著，甚至借助于新闻学会议、新闻学术期刊相互交流与沟通学术思想，还逐渐形成了自己特有并相互遵循的共同的学术传统与学术规范，那就是管理学的视角的报纸"企业范式"。

结语　对中国近代报业管理学的历史评价及其承续的思考

随着新中国的成立，传媒制度的转变，中国传媒已转变为非营利性事业单位，而不再是独立的企业。在很长一段时期内，传媒作为党和政府的耳目与喉舌在经济上由国家财政供养，无须进行营业性的经济与管理活动。因此，1949 年以前形成的秉承以市场竞争、企业经营为根本理论的中国近代报业管理学理论不再符合当时报社的现实需要，对中国近代报业管理学的研究不再重视，甚至一度遭遇排斥与批判。但是从总体上看，经过中国近代报业管理学共同体的不断努力，中国近代报业管理学研究取得了显著成就，中国近代报业管理学理论也具有重要的历史贡献。1978 年改革开放以后，随着国内报纸、广播、电视等传媒实行"事业单位，企业经营"的经营体制改革，国内传媒经营管理的实践、研究与教学等都逐渐恢复并得到快速发展，尤其随着传媒产业、文化产业发展的推进，曾经封存已久的中国近代报业商业化经营的实践及报业管理学研究所取得的成就也重新得到了新闻学术界、实务界的关注与重视。所以，为了满足中国传媒管理学、传媒经济学学科未来的建设与发展以及国内传媒产业、文化产业发展的实际需求，我们应该坚持抽象继承与批判继承相结合的原则全面整理、研究与继承那些中断已久的中国近代报业管理学理论。

第一节　中国近代报业管理学的历史贡献与不足

纵观中国传媒管理学与传媒经济学的历史，我们发现中国近代报业管理学共同体所构建的报业管理学术理论体系具有其突出的历史贡献，同时由于时代的局限，也有其自身的不足。

一　中国近代报业管理学理论的历史贡献

经过中国近代报业管理学共同体艰苦不懈的努力，报业管理学研究不仅取得了显著的学术成就，同时，在此基础上也逐渐形成了符合国内报馆管理实际的学术理论体系。中国近代报业管理学研究的学术成就与学术理论无论在当时还是在现在都具有重大历史贡献。

（一）中国近代报业管理学研究所取得的显著成就

首先，从学术成果来说，中国近代报业管理学的研究已经取得了一系列的学术成果。就笔者根据学术成果的形式进行分类统计发现，其中在学术期刊上先后发表了有关报业管理的专门论文共计 441 篇，在新闻学论文集中发表了 7 篇；报业管理学专著、编著或教材共计出版了 6 部；同时含有报业管理内容章节的理论新闻学著作、教材共计 29 部；把报业管理学作为新闻学或报学专业必修课程所开设的大学新闻系、报学系、新闻专修科或新闻职业学校共计 20 家。如吴定九的《新闻事业经营法》是我国报业管理学的第一本专著，刘觉民的《报业管理概论》可以说是我国报业管理学的第一本完备教材，北平平民大学新闻系开设的"新闻经营法"可以说是当时国内新闻院校中所开设的第一门报业管理学专业课程。这也证明了"发行学、媒介经营管理学等应用新闻学的研究成果很多"① 的结论。

其次，稳定的报业管理学术共同体初步形成。就笔者根据学术成果的类型进行分类统计发现，曾经从事有关报业管理研究的报人、学者共计52 人，其中长期专门从事报业管理教学与研究而处于报业管理学共同体核心地位的群体共计有 8 人，他们往往都出版了报业管理学著作、教材等最具影响力也是学术界公认为最高学术成就的标志性成果，同时他们一般都有报业经理的从业经历。此外，理论新闻学教授与学者也是该学术共同体的中间力量，共计有 22 人，他们长期从事理论新闻学的教学与研究，同时大多数都有报业实务经验，一般都是在理论新闻学的综合性研究过程中，对报业管理的广告、发行、组织、用人、印刷等具体问题作为新闻学内容的一个方面加以研究。此外，还有报馆门部主任、总编辑、总经理等报业管理层也是该学术共同体的重要力量。他们处于报业管理的实际岗

---

① 李秀云：《中国新闻学术史（1834—1949）》，新华出版社 2004 年版，第 414 页。

位，对报业管理有切身的体验与感受，也面临诸多报业管理的具体实际问题，他们往往都在新闻学期刊中发表了有关报业管理的专门论文或心得体会。最后，该学术共同体中还有小部分人属于政府相关管理部门的官员，共计5人，他们主要从政府层面来分析报业管理，也在新闻学期刊上发表了关于报业管理的专门论文。同时有些官员（如马星野等）也往往兼有新闻学教授、报业高管等职业经历。

此外，基本上建立了报业管理学的学科理论框架与核心概念体系及特有的报纸"企业范式"。经过吴定九、钱伯涵、孙恩霖、徐润若、刘觉民、詹文浒等不断努力探索与完善最终建立了主要包含报馆组织、报馆管理、报业经营与报馆理财四个基本领域的报业管理学科理论框架，形成了包含报馆组织、印刷、发行、广告、人事、财务等在内的核心概念体系，确立了报业管理学学科研究的基本问题与基本方法，最终建立了系统化的中国近代报业管理学理论，划清了报业管理学研究的学科范围与边界。在此基础上，建立了以报业公司为研究重点，以管理经济学为研究视角，以管理学、经济学、组织理论、竞争力理论、创新理论、市场营销等为主要学术基础的报纸"企业范式"，也形成了以应用为研究取向的报业管理学术传统，为报业管理学的学科研究找到了理论来源以及合适的学科研究范式。

（二）中国近代报业管理学理论的历史贡献

中国近代报业管理学理论无论在理论上还是在实践中都有突出的历史贡献与成就。

首先，在中西交汇中逐步形成了较为完备的报业企业化、科学化管理的理论体系，使零散的报业管理学理论首次实现系统化、体系化。在不断引入西方报业管理理论与经验的基础上，针对国内报馆管理的实际，吴定九、钱伯涵、孙恩霖、徐润若、刘觉民、詹文浒等从组织理论、管理学、经济学、市场营销学等学科理论基础出发，在报馆组织、报业管理、报业经营、报馆理财四大领域逐步形成了包括报馆组织、报业公司、报业发行、报业广告、报馆人事、报馆财务、报馆制度、报业生产、报业市场等在内的系统化的报业管理学理论体系（详见本书第二、三章）。

其次，中国近代报业管理学理论体系对中国近代报业管理制度、报业管理实践都具有重大作用与影响。建立在多种所有制报业市场、报业公司基础上的中国近代报业管理学术理论体系通过成熟的市场机制理论、企业

科学化管理理论，一方面为晚清民国时期一直以来多元化的市场报业体制
从学理上进行图解与维护，为国民政府的报业管理体制、法律、政策提供
了理论的解释与支持。如大多数学者对国民政府所推行的报业所有制多元
化、允许私营报业、商业化运营、报业市场竞争等报业体制都极力维护，
对国民政府所推行的战时新闻管制、新闻检查等具体新闻政策与法律的图
解与论证，等等。另一方面也为晚清民国时期国内民营报业公司、企业化
经营管理的国民党党报系统以及其他商业报纸报业管理的运营与实践提供
了直接的理论指导以及具体问题的解决方法与策略。其中最为突出的就是
中国近代报业企业化、科学化管理的理论对以南京《中央日报》为代表
的国民党党报系统以及中央社、中央广播电台等国民政府创办、主管、经
营的国有传媒的企业化经营改革直接提供了理论依据与经验参照，也为
《大公报》《新民报》《益世报》等民营报业公司及南京《中央日报》《和
平日报》等国有报业公司的股份制改造、跨地区连锁经营的集团化发展
直接提供了前期的理论支持以及可参照的经验、教训。

二　中国近代报业管理学理论的不足

新闻学是当时刚兴起的年轻学科，作为新闻学独立分支的报业管理学
则更是处于初级阶段，所以中国近代报业管理学理论也存在明显的不足与
缺憾。

首先，由于中国近代新闻学与报业管理学自身处于初级阶段，中国近
代报业管理学理论的深度普遍不够。根据美国学者莱西对传媒经济学研究
论文研究目的的分类，他认为，传媒经济学文章研究的目的分为四类，即
理论发展类，以创建新理论或模型为目的，这需要一系列系统的假设和理
论化定义；理论检验类，属于经验研究文章，是对已有理论、模型的检验
和发展；非理论类，不涉及理论与模型；评论类，对媒介经济的观点进行
评论，或对相关概念定义进行解释讨论。① 所以从研究的理论深度来看，
中国近代报业管理学研究的大多数论文都没有追求理论的建构，几乎都是
属于非理论类，多为作者的观察、心得体会、经验的介绍或者国外相关研
究或经验的概括与介绍。即使旨在建构报业管理学科理论框架与核心概念

---

① Stephen Lacy and Walter E. Niebauer, Jr., "Developing and Using Theory for Media Economics", *The Journal of Media Economics*, Vol. 8, No. 2, 1995.

体系的著作与教材也往往是国外报业管理理论的归纳与介绍，或者国内外经典案例、经验的详细解读与分析，鲜有理论或模型的建构。从研究方法上看，现代传媒经济学、传媒管理学都非常强调研究方法，如调查研究、内容分析、实验研究、案例研究、经济模型等，但是在中国近代报业管理学的研究论文与著作中，大多数研究主要是对国外报业管理经验与理论的介绍或对国内外报业管理实践的观察、体验与感悟，一般没有明确的研究方法，即使有，也仅为个别论文采用过调查研究或案例研究，而使用内容分析、实验研究或经济模型等研究方法的论文几乎没有。所以，学术研究理论深度的缺乏必然致使其学术理论往往较为感性，缺乏理论深度，有的还停留在经验的层面，还没有上升到理论或规律的高度。

其次，中国近代报业管理学理论中西方元素偏多。报业管理学是随着西方现代商业报纸经营管理实践的发展而诞生的，所以报业管理学起初都是西方商业化报纸经营管理实践经验的总结。自从晚清时期艾约瑟等西方传教士最早开始介绍与引入西方商业报纸的经营管理经验以来，西方商业报纸经营管理的实践也通过在华外国人所创办的商业性报纸进入国内，尤其随着中国近代中西新闻界交往的频繁，西方商业报纸先进的经营经验与理论则通过译文、译著、论文、论著源源不断地引入国内。所以在当时的新闻学期刊论文中，几乎随处可见有关介绍英、美、法、德、日等发达国家报业经营管理的实践经验和学术理论。在此基础上，最终由吴定九、钱伯涵、徐润若、刘觉民、詹文浒等海外学成归国的报业管理学者在充分吸收和借鉴西方报业管理理论与经验的基础上，结合国内报馆企业化管理的实际，从组织理论、管理学、经济学、市场营销学等学科理论基础出发，编写了晚清民国时期国内仅有的几本报业管理学教材与专著，以此建构中国近代报业管理学的理论框架与概念体系，并建立中国近代报业管理学理论体系。从《新闻事业经营法》《报馆管理与组织》《新闻发行学》《报业管理概论》《报业经营与管理》等报业管理学经典论著的内容来看，不仅核心理论框架与概念源自西方，就连无数案例也原原本本地来自西方。也正因为如此，有学者认为晚清民国时期的报业管理研究还处于引入期。[①] 由此可见，中国近代报业管理学理论中所包含的西方元素确实很多。

---

①　参见朱春阳《传媒经营管理研究》，载丁淦林、方厚枢《20 世纪中国学术大典新闻学传播学出版学》，福建教育出版社 2001 年版，第 102—114 页。

第二节　关于承续中国近代报业管理学理论的若干思考

虽然在新中国成立初以市场竞争、企业化经营、科学化管理为根本理念的中国近代报业管理学理论遭受了全面的排斥与大规模的批判，甚至还导致了中国报业管理学的研究一度中断与停滞。但随着国内传媒"事业单位，企业经营"的体制改革，国内传媒经营管理实践与研究的恢复与快速发展，尤其随着传媒产业化进程的加快，中国近代报业管理的实践经验与研究成果重新得到了国内新闻界的关注与重视。所以无论从中国传媒管理学、传媒经济学学科的未来建设与发展来看，还是从中国目前及今后作为发展文化产业重要内容之一的传媒产业发展的现实出发，对中国近代报业管理学理论的延续与继承都非常必要。

一　从国内传媒管理学与传媒经济学学科建设的需要承续中国近代报业管理学理论

改革开放以来，随着传媒企业经营的恢复与快速发展，国内传媒管理学、传媒经济学再度兴起，甚至成为热门学科。但是在已有相关研究中往往忽视中国近代报业管理学研究所取得的成就。国内很多专家学者没有充分利用中国近代报业管理学研究所取得的成就与定论，而是采取从头再来的方式，重新讨论传媒管理学、传媒经济学中诸如报纸是否商品等早有定论的基本论题；重新结合国外传媒管理、传媒经济的经验与理论，针对国内传媒业发展的实际，以管理学、经济学、市场营销学等学科为理论基础，编写了国内传媒管理学、传媒经济学教材与著作，重新建立了国内传媒管理学、传媒经济学的学科理论框架与核心概念体系。

其实相关原始文献证明，中国传媒管理学、传媒经济学的最早研究应该追溯至晚清民国时期的报业管理学研究。不仅如此，中国近代报业管理学研究还取得了非凡的成就，并形成了报业管理学理论体系。可以说，晚清时期外国传教士、外国在华报人以及归国留学生所引入的西方报业管理理论与经验以及当时国内报业管理实践中所总结的经验，这是中国近代报业管理学理论的渊源，是中国近代报业管理学研究的起点与肇始，也是我国传媒管理学、传媒经济学学科的渊源，还是我国传媒管理学、传媒经济学研究的起点与肇始，更应该是我国传媒管理学、传媒经济学学科未来建设与发展的前提与基础。而中国近代报业管理学共同体所取得的显著的学术成就、所建构的共同的报纸"企业范式"以及所形成的共同的学术传统则更是我国传媒管理学、传媒经济学研究所取得的重要成就，还是我国传媒管理学、传媒经济学目前及今后建设与发展的起点、前提与基础。

即使从学科研究的范畴来看，中国近代报业管理学与当下传媒管理学、传媒经济学研究的核心论题与目标也大体一致。以市场化、企业化科学管理为根本原则的中国近代报业管理学术研究与学术理论的核心话题是报业发行、报业广告、报业生产、报馆人事、报馆财务、报馆组织等，其领域包括了组织、经营、管理与理财，其研究的目标是控制成本、提高利润。而当下传媒管理学、传媒经济学的核心范畴与概念虽然不仅局限于报纸，还扩展到了广播、电视、杂志、网络等其他传媒经营管理的领域，但是无论哪种传媒的经营管理，其核心问题仍是传媒产品的生产与营销、广告的经营、人事的管理、财务的管理、组织的设计与管理等，其目标仍旧是节省成本、提高效率、追求利润的最大化。所以，从理论上说，中国近代报业管理学研究的学术成就与学术理论应该是国内传媒管理学、传媒经济学目前及今后发展的基础。

但是由于1949年国内政权的更替，传媒体制的转变以及多元化传媒市场的消失，中国近代报业管理学共同体也随之消逝，以市场竞争、企业化科学管理为核心原则的中国近代报业管理学理论遭受了全面的排斥与批判，以至于中断传播几十年。更让人遗憾的是，中国近代报业管理学理论传播的中断不仅使后来的大多数报业管理学、传媒管理学者或传媒经济学者无法知晓、继承与研究中国近代报业管理学理论，甚至导致国内很多传媒管理学者、传媒经济学者直接否认中国近代报业管理学术研究与学术理论的存在。以至于在中国传媒管理学、传媒经济学研究中较为盛行的观点认为中国传媒管理学、传媒经济学的研究是从中国1978年的改革开放前后才开始的。

所以，从中国传媒管理学、传媒经济学的历史来看，中国近代报业管理学共同体所取得的学术成就、学术理论应该是中国传媒管理学、传媒经济学学术理论体系中最早所取得的成就，是整个中国传媒管理学、传媒经济学学术成就与学术理论体系的一个组成部分，更是之后传媒管理学、传媒经济学的学术研究、学术理论丰富与发展的前提与基础。为了中国传媒管理学、传媒经济学目前及未来的建设与发展，我们有必要全面整理与研究中国近代报业管理学研究所取得的学术成果，更有必要以古为今用的原则来继承与发展中国近代报业管理学理论的核心与精髓。

二　从传媒产业发展的现实需要继承中国近代报业管理学理论

随着国内文化经营体制市场化改革的推进，文化产业如火如荼地发展。传媒产业作为文化产业的一部分也大规模地飞速发展。但是在传媒产业化发展的进程中，往往习惯于摸着石头过河，一切都从零开始，几乎不会充分利用中国近代报业管理学中关于报业企业化、集团化经营等常见论题研究的成果与定论。而历史证明，以市场化、企业化科学管理为核心原则的中国近代报业管理学理论从组织理论、管理理论、经济理论、市场营销理论出发，已经形成了包括市场竞争、发行营销、广告经营、会计预算、投融资、人事改革、公司化改制、公司股份制、跨地区连锁经营的集团化等在内的理论体系。虽然随着时代的变迁，传媒管理、传媒经济的规律与理论也在不断丰富与发展，但是无论历史如何发展与变迁，传媒管理、传媒经济的基本规律与理论总是不变的。回顾历史，纵观现实，我们也发现中国近代报业管理学理论中报业市场化、企业化科学管理的规律与原则在目前国内传媒产业发展的实践中有的已经实现，有的正在实施，有的还尚未实践。所以，中国近代报业管理学理论虽然在新中国成立初年遭遇了全面排斥与大势的批判，但是以市场竞争、企业化科学管理为根本原则与核心理念的中国近代报业管理规律及报业管理学理论与中国目前传媒所进行的企业经营、产业化发展、集团化管理等方面的改革与发展的基本规律在本质上是一致的。两者都是坚持市场竞争、企业经营、科学化管理，其共同的目标与宗旨都是让传媒单位成为自主经营、自负盈亏、自我发展的市场竞争主体，实现在无国家财政支持与补贴的条件下持续发展并成为为国家创造利税的企业集团。同时也都是为了传媒单位节省成本、科学管理、提高效益、实现利润的最大化，以便把传媒企业做大做强，实现传媒企业社会效益与经济效益的最大化，并发展成为规模大、效益好的重要产业，从根本上增强传媒企业的市场竞争力、舆论引导力以及社会影响力。

　　所以，中国近代报业管理学术成就与学术理论也为当前及今后国内文化产业发展中传媒产业的市场化、规模化、国际化发展提供了历史的借鉴与启示，也为国内报业、广播、网络、出版等传媒公司产品营销、广告拓展、人事改革、财务监管、投融资、成本控制等提供了原始的理论支撑及可参考的经验、教训，还为国内报业、广播、网络、出版等传媒单位今后公司化改制、股份制改造、跨地区连锁经营的集团化发展等体制改革提供了可直接借鉴的理论依据与经验参照。

三　坚持"抽象继承"与批判继承相结合的原则承续中国近代报业管理学理论

　　中国近代报业管理学理论体系内容庞大复杂、内涵丰富深刻，既有传媒管理学、传媒经济学共同的最一般、最基本的理论与规律，也有中国近代报馆企业经营、管理特有的做法与原则。所以我们在继承与发扬中国近代报业管理学理论的过程中应该从实际出发，坚持古为今用的原则，在"抽象继承"中国近代报业管理学理论中最一般、最基本的抽象规律与法则的同时，批判继承中国近代报业管理学理论中具体的特有经验与做法。

　　（一）"抽象继承"中国近代报业管理学理论中最一般、最本质的规律与法则

　　有学者在谈及如何对待晚清民国时期所取得的新闻学术研究成果的时候，建议"对一些问题，在一定程度上是可以采用'抽象继承法'进行研究的，这样或许可以有效地节约与利用新闻学术资源"。[①] 其实对于中国近代报业管理学理论的精华更是可以采用"抽象继承"的方法，以有效节约与利用已有的学术资源。

　　"抽象继承法"是20世纪50年代末，中国著名哲学家冯友兰先生在回应极"左"思潮下，以政治化、教条化的马克思主义对待中国传统文化所造成的民族文化虚无主义的时候提出的纠偏方法论，他认为："在中国哲学史中有些哲学命题，如果作全面了解，应该注意到这些命题底（的）两方面的意义：一是抽象的意义，一是具体的意义……我们应该把它的具体意义放在第一位，因为这是跟作这些命题的哲学家所

---

　　① 李秀云：《中国新闻学术史（1834—1949）》，新华出版社2004年版，第2页。

处的具体社会情况有直接关系的。但是它底（的）抽象意义也应该注意，忽略了这一方面，也是不够全面。"① 后来，为了避免误解，冯友兰先生用"一般意义"和"特殊意义"代替了"抽象意义"和"具体意义"。② 事实上，冯友兰先生所说的哲学命题的抽象意义、一般意义和具体意义、特殊意义分别对应着哲学命题的形式或逻辑和涉及实际或经验两个方面。而在哲学上，形式或逻辑是超脱经验、跨越时空的，所以，抽象意义和一般意义是不变的，但实际或经验是内在于时空和历史的，所以具体意义和特殊意义是变化的，往往此一时、彼一时。③ 所以从本质上说"抽象继承"，就是继承与沿用历史上前人已有成就中最基本、最核心、最一般、最抽象的规律与精神，因为这些抽象的、一般的、基本的、核心的规律是不会随着时空的变迁或个人意志的改变而变化的。而具体到中国近代报业管理学理论的继承问题，则是继承中国近代报业管理学理论中一般的、抽象的、基本的原则与规律，如市场竞争、发行营销、广告经营、会计预算、投融资、人事改革、公司化改制、公司股份制、跨地区连锁经营的集团化等。这不仅在新中国成立前的报业商业化、企业化产业运营中是报业管理最基本、最一般的规律，即使在今天的传媒企业化、产业化发展的实际中也是传媒管理、传媒经济最基本、最一般的规律，这些一般规律、基本规律是不会因为历史、社会、政治、经济、文化环境的变化而改变的。

同时，"照分析哲学看来，语言是说出或写出来的思想；语言或语句表达思想；思想（概念）是普遍的、客观的，是超时空、超历史的。它不是依赖于个人思考的个人性的存在，更不是人们所创造的；语言自身是思想的载体"。④ 所以虽然随着时空的转换，市场竞争、发行营销、广告经营、会计预算、投融资、人事改革、公司化改制、公司股份制等外延与具体意义会有所变化，但是作为传媒管理、传媒经济的基本规律、一般规律的内涵和思想是不会改变的。这是所有传媒管理、传媒经济中最一般、最基本的规律，在晚清民国时期其含义如此，在今天其基

① 冯友兰：《中国哲学遗产底（的）继承问题》，《光明日报》1957 年 1 月 8 日。
② 冯友兰：《再论中国哲学遗产底（的）继承问题》，《哲学研究》1957 年第 5 期。
③ 参见高秀昌《冯友兰"抽象继承法"新论——兼论继承与创新的关系》，《中国哲学史》2007 年第 3 期。
④ 同上。

本含义也是如此的，在资本主义社会是如此，在社会主义社会也是如此。所以在今天传媒管理学、传媒经济学研究和传媒产业化发展实际运营中，我们完全可以"抽象继承"中国近代新闻界有关报纸企业化经营、新闻能否成为商品等传媒管理学、传媒经济学问题经过多年讨论后所取得的研究成果①，完全可以在一般意义上"抽象继承"中国近代关于报业发行、报业生产、报业广告、报馆组织、报馆人事、报馆财务、报馆制度、报业市场等最一般、最基本的报业管理规律与理论。具体而言，如发行基础、发行促销、发行科学定价、发行稽核等报业发行经营管理最一般的规律与理论，广告本位、广告推销、广告道德、广告法律等报业广告经营管理最一般的规律与理论，人才灵魂、公开招聘、培庸奖进、新闻记者职业化、薪酬与福利的激励、适时教育培训、红利或股票奖励等报馆人事管理最一般的规律与理论，相互牵制的会计制度、会计预算、会计决算、会计报告、会计报表、成本会计、会计控制风险等报馆财务管理最一般的规律与理论，以及报业组织公司化、公司股份制、跨地区连锁经营的集团化、报业行政管制等其他报业制度、报馆组织管理最一般的规律与理论念，等等。这样一来，新闻理论界也就可以避免像以往那样对这些传媒管理、传媒经济最一般的规律往往采取从头再来的方式进行讨论，从而充分利用已有的报业管理学术资源。

（二）批判继承中国近代报业管理学理论中具体的经验与做法

在对待历史文化遗产的继承与发展的过程中，我们通常都采用批判继承法对旧有的历史文化遗产作一分为二的辩证继承，也即在克服其消极的、腐朽的一面的同时，吸收其积极的、优秀的一面。那么，中国近代报业管理学理论作为我国传媒管理学、传媒经济学研究的历史遗产，我们在抽象继承其最一般、最本质的规律与法则的同时，也应该采用批判继承法来扬弃和创新其具体的经验与做法。

批判继承其实也就是哲学中的"扬弃"。"扬弃"作为一个哲学名词是德语"Aufheben"的意译，音译为"奥伏赫变"。德国哲学家康德首先在自己的哲学体系中运用了这一词，后来费希特大量使用了这一词，但更多强调它的否定意义，而黑格尔则赋予这一概念以肯定和否定的双重哲学含义，并用来作为解释发展过程的基本概念之一。黑格尔认

---

① 参见李秀云《中国新闻学术史（1834—1949）》，新华出版社 2004 年版，第 2 页。

为："扬弃一词有时含有取消或舍弃之意，依此意义，譬如我们说，一条法律或一种制度被扬弃了。其次，扬弃又含有保持或保存之意。在这意义下，我们常说，某种东西是好好地被扬弃（保存起来）了。这个字的两种用法，使得这字具有积极的和消极的双重意义，实不可视为偶然之事，也不能因此便责斥语言产生出混乱。反之，在这里我们必须承认德国语言富有思辨的精神，它超出了单纯理智的非此即彼的抽象方式。"① 所以，扬弃就是克服与继承的对立统一、抛弃与保留的对立统一。这是新旧事物新陈代谢的过程，也就是发展的过程。黑格尔对这个过程是这样描述的：

（一）我指出这时，并肯定它是真的；但是我指出它是过去了的东西或者是被扬弃了的东西，因而扬弃了前一条真理，于是（二）我现在肯定第二条真理，即这时过去了，是被扬弃了。（三）但是过去了的东西现在不存在；于是我们就扬弃了那过去的存在或被扬弃了的存在，亦即扬弃了第二条真理，这样一来我就否定了对于这时的否定，于是就回复到第一个肯定，即这时存在。因此这时和对这时的指出，其性质都不是一个直接的单纯的东西，而是一个包含着不同的环节于其中的运动；建立起这一个，但反而是建立起另一个，或者扬弃了这一个。而这个另一个或者第一个的扬弃本身又要被扬弃，于是就回复到第一个。但是这个回复到自己的第一个已经不完全确切地象它最初那样是一个直接性的东西了；而乃是一个回复到自身的或者在它的对方中保持着它自己的简单的东西了。②

可见，事物的发展过程其实就是每一阶段对前一阶段的否定，但又不是纯粹否定或完全抛弃，而是在否定中又包含着肯定，从而使新事物的发展过程体现为对旧事物既有抛弃又有保存、既有克服又有继承的性质。后来，唯物辩证法继承了黑格尔辩证法这一思想成果，并以扬弃这

① ［德］黑格尔：《小逻辑》，贺麟译，商务印书馆1996年第2版，第213页。
② ［德］黑格尔：《精神现象学》（上卷），贺麟、王玖兴译，商务印书馆1983年第2版，第69—70页。

一概念来表述其否定观的实质。认为事物通过除旧布新、推陈出新实现由低级到高级发展的过程就是一个否定的过程，但是这个否定绝不是完全的否定，而是既克服又继承、既抛弃又保留的扬弃。因为扬弃是通过事物的内在矛盾运动而进行的自我否定，既包含了新事物对旧事物的发扬、保留和继承的"扬"的过程或连续性，又包含了新事物对旧事物的抛弃、克服的"弃"的过程或非连续性。

而在国内对哲学中"扬弃"的习惯表达就是批判继承。毛泽东在20世纪40年代对如何继承中国古代传统文化这一问题正式提出了批判继承法，他认为："今天的中国是历史的中国的一个发展，我们是马克思主义的历史主义者，我们不应当割断历史，从孔夫子到孙中山，我们应当给以总结，承继这一份珍贵的遗产。"① 那么如何继承呢？他认为："清理古代文化的发展过程，剔除其封建性的糟粕吸收其民主性的精华，是发展民族新文化，提高民族自信心的必要条件，但是决不能无批判地兼收并蓄。必须将古代封建统治阶级的一切腐朽的东西和古代优秀的民间文化即多少带有民主性与革命性的东西区别开来。"② 从此以后，批判继承法在国内就被通俗地概括为"取其精华，去其糟粕"，并一直成为我们对待传统历史文化的根本方法。而具体到中国近代报业管理学理论的批判继承问题，则主要是中国近代报业管理学理论中那些具体的经验与做法，往往会因为时过境迁，只适合于新中国成立前特定的历史环境，而不能适应当下及未来国内传媒产业的发展实际，也未必适宜于当前及今后国内传媒管理学、传媒经济学理论的发展要求。具体地说，如关于报业发行管理理论中，建立城市或全国性的自主发行网络，低价法、悬赏或投机法、赠品法、广告法、社会服务法、读者服务法等报纸发行促销的具体方式，发行人员的具体日常监管，退报与读者申诉的具体处理，发行销数的具体发布与稽核；在报业广告管理理论中，广告的直接推销、间接推销、广告与调查一体化服务、人员上门推销或电话推销、策划营销、开发新式的分类广告、报纸广告制作的具体专业标准与技巧、广告编排的具体专业要求与技巧、广告价格计算与确定的具体方法、广告道德与广告法规的具体内容标准；在报馆人事管理理论中，新

---

① 《毛泽东选集》第 2 卷，人民出版社 1991 年版，第 534 页。
② 同上书，第 707—708 页。

闻记者资格的具体标准与条件、新闻记者职业道德信条的具体目标与标准、新闻行业自治组织的具体宗旨与规范、公开招考录用新进人员的具体要求与程序、新闻从业人员的具体薪资与福利的标准、新闻从业人员教育培训的具体内容与方式、报业公司职工分享红利或股票的具体标准与操作方式；报业公司会计风险控制的具体机制与操作、会计相互牵制与制衡的具体机制、预算决算的具体内容、会计报告的具体内容与要求、会计报表的具体种类与内容、各种账簿的具体构成、成本会计的具体内容、商誉与折旧的具体计算标准、报业公司融资与投资的具体方式；在报业管理体制理论中，出版登记的具体条件与程序、发行登记的具体条件与程序、报业所有制的多元化、私营报业的存在、报业公司制的具体标准与操作、报业公司股份制改制的具体要求与操作、新闻统制与新闻检查的具体规程；在报馆组织管理理论中，报馆组织机构的具体设置、报馆组织架构的具体原则与标准、报业公司集团化的具体标准与操作，等等。这些具体的报业管理的经验与策略在当时是先进的，也符合规律与实际的需求，但在今天却未必完全适应，其中像报业所有制的多元化、私营报业的存在、报业公司股份制改制的具体要求与操作等在我们现行的传媒体制下是不适宜的，也是行不通的。因此，我们对中国近代报业管理学理论中具体的经验与做法就不能机械地照抄照搬、全盘吸收，而应该坚持古为今用、拿来主义的原则，从实际出发，区别对待，取其精华，去其糟粕，真正做到在批判中继承与发扬、在现实中扬弃与创新。

本章小结

虽然中国近代报业管理学理论在新中国成立初年随着国内传媒制度的转变，遭遇了全面排斥与大规模的批判，以至于中国传媒管理学、传媒经济学的研究也一度中断与停滞，但相关文献显示，中国近代报业管理学共同体对报业管理学的研究不仅建构了报业管理学科的理论框架与核心概念体系，还形成了研究报纸"企业范式"与共同的学术传统。所以，从中国传媒管理学、传媒经济学学科建设与发展来看，以及对中国传媒产业、文化产业发展的实际需求来说，我们都应该坚持"抽象继承"与批判继承相结合的原则继承与研究中国近代报业管理学理论。

参考文献

一 晚清时期出版的文献资料

[1] 郭士立：《新闻纸略论》，《东西洋考每月统记传》1834 年 1 月。

[2] 《本馆告白》，《申报》1872 年 4 月 30 日。

[3] 《本馆自述》，《申报》1872 年 5 月 8 日。

[4] 《邸报别于新报论》，《申报》1872 年 7 月 13 日。

[5] 《英国新报之盛行》，《申报》选录《香港华字日报》1873 年 2 月 18 日。

[6] 《论中国京报异于外国新报》，《申报》1873 年 7 月 18 日。

[7] 《本局日报通启》，《循环日报》1874 年 2 月 5 日。

[8] 《西国日报之盛》，《循环日报》1874 年 2 月 12 日。

[9] 《觅请报事人》，《申报》1876 年 1 月 22 日。

[10] 《延请访事人》，《申报》1876 年 3 月 14 日。

[11] 宛委书樵：《选新闻纸成书》，《申报》1877 年 3 月 28 日。

[12] 花之安：《新闻纸论》，《万国公报》第 732 卷（1883 年 3 月 24 日）。

[13] 沈毓桂：《兴复万国公报序》，《万国公报》1889 年第 1 卷第 1 期。

[14] 艾约瑟：《英美新闻纸同异论》，《万国公报》1891 年第 3 卷第 30 期。

[15] 艾约瑟：《英京月报馆例》，《万国公报》第 4 卷第 42 期，1892 年。

[16] 梁启超：《本馆第一百册祝辞并论报馆之责任及本馆之经历》，《清议报》1901 年 12 月 21 日。

［17］［日］松本君平：《新闻学》，商务印书馆编译所译，商务印书馆 1903 年版。

［18］鹤谷：《论中国书报不能发达之故》，《东方杂志》第 2 卷第 1 期， 1905 年。

［19］范祎：《万国公报第二百册之祝辞》，《万国公报》第 17 卷第 8 期，1905 年。

［20］郑贯公：《拒约须急设机关日报议》，《有所谓报》（香港）1905 年 8 月 12—23 日。

［21］梁启超：《〈国风报〉叙例》，《国风报》1910 年 2 月 20 日。

二　民国时期出版的文献资料

（一）报业管理学专著、编著、教材

［1］吴定九：《新闻事业经营法》，现代书局 1932 年第 2 版。

［2］刘觉民：《报业管理概论》，商务印书馆 1936 年版。

［3］钱伯涵、孙恩霖：《报馆管理与组织：申报新闻函授学校讲义之二》，申报馆 1936 年版。

［4］徐润若：《新闻发行学：申报新闻函授学校讲义之九》，申报馆 1936 年版。

［5］詹文浒：《报业经营与管理》，正中书局 1947 年版。

（二）新闻学专著、编著、教材

［1］［美］休曼：《实用新闻学》，史青译，广学会 1913 年版。

［2］徐宝璜：《新闻学》，国立北京大学新闻学研究会 1919 年版。

［3］邵飘萍：《实际应用新闻学》，京报馆 1923 年版。

［4］邵飘萍：《新闻学总论：国立法政大学讲义》，京报馆 1924 年版。

［5］伍超：《新闻学大纲》，商务印书馆 1925 年版。

［6］任白涛：《应用新闻学》，亚东图书馆 1926 年版。

［7］戈公振：《中国报学史》，商务印书馆 1927 年版。

［8］蒋国珍：《中国新闻发达史》，世界书局 1927 年版。

［9］周孝庵：《最新实验新闻学》，时事新报馆 1928 年版。

［10］周孝庵：《新闻学述要》（上海新闻大学函授科讲义第二种），

1928 年版。

[11] 张静庐：《中国的新闻记者》，光华书局 1928 年第 2 版。

[12] 戈公振编译：《新闻学撮要》，商务印书馆 1929 年版。

[13] 黄天鹏：《中国新闻事业》，联合书店 1930 年版。

[14] 黄天鹏：《新闻记者论》，联合书店 1930 年版。

[15] 陶良鹤：《最新应用新闻学》，复旦大学新闻学会 1930 年版。

[16] 天庐主人：《天庐谈报》，光华书局 1930 年版。

[17] 周孝庵：《最新实验新闻学》，时事新报馆 1930 年第 2 版。

[18] ［日］杉村广太郎：《新闻学概论》，王文萱译，联合书店 1930 年版。

[19] ［日］后藤武男：《新闻纸研究》，俞康德译，光华书局 1930 年版。

[20] 杜超彬：《新闻政策》，复旦大学新闻学会 1931 年版。

[21] 李公凡：《基础新闻学》，联合书店 1931 年版。

[22] 郭箴一：《上海报纸改革论》，复旦大学新闻学会 1931 年版。

[23] 张静庐：《中国的新闻记者与新闻纸》，现代书局 1932 年版。

[24] 赵敏恒：《外人在华的新闻事业》，中国太平洋国际学会 1932 年版。

[25] 曹用先：《新闻学》，商务印书馆 1933 年版。

[26] 甘家馨：《欧美新闻界鸟瞰》，南京民族通讯社 1933 年版。

[27] 吴晓芝：《新闻学之理论与实用》，立达书局 1933 年版。

[28] 任毕明：《战时新闻学》，光明书局 1933 年版。

[29] 谢六逸：《实用新闻学：申报新闻函授学校讲义之三》，申报馆 1935 年版。

[30] 郭步陶：《本国新闻事业：申报新闻函授学校讲义之十一》，申报馆 1936 年版。

[31] 李公凡：《基础新闻学》，复兴书局 1936 年第 2 版。

[32] 梁士纯：《战时的舆论及其统制》，燕京大学新闻学系 1936 年版。

[33] 刘元剑：《新闻学讲话》，乐华图书公司 1936 年版。

[34] 孙怀仁：《新闻学概论：申报新闻函授学校讲义之一》，申报馆 1936 年版。

[35] 谢六逸：《国外新闻事业：申报新闻函授学校讲义之十二》，申报

馆 1936 年版。

［36］俞爽迷：《新闻学要论》，大众书局 1936 年版。

［37］赵君豪：《广告学：申报新闻函授学校讲义之十》，申报馆 1936
年版。

［38］袁殊编译：《新闻法制论》，群力书店 1937 年版。

［39］赵占元：《国防新闻事业之统制》，汗血书店 1937 年版。

［40］张友鸾：《战时新闻纸》，中山文化教育馆 1938 年版。

［41］赵君豪：《中国近代之报业》，申报馆 1938 年版。

［42］戈公振：《新闻学》，商务印书馆 1940 年版。

［43］胡道静：《报坛逸话》，世界书局 1940 年版。

［44］杜绍文：《战时报学讲话》，战地图书出版社 1941 年版。

［45］任白涛：《综合新闻学》，商务印书馆 1941 年版。

［46］孙义慈：《战时新闻检查的理论与实际》，军事委员会战时新闻检
查局 1941 年版。

［47］管翼贤：《新闻学集成》（1—8 卷），（日伪）中华新闻学院 1943
年版。

［48］马星野：《英国之新闻事业》，文风书局 1943 年版。

［49］容又铭：《世界报业现状》，铭真出版社 1943 年版。

［50］程其恒：《各国新闻事业概述》，国民图书出版社 1944 年版。

［51］程其恒：《战时中国报业》，铭真出版社 1944 年版。

［52］鲁风：《新闻学》，新中国报社 1944 年版。

［53］田玉振：《新闻学新论》，新闻出版社 1944 年版。

［54］储玉坤：《现代新闻学概论》，世界书局 1945 年第 2 版。

［55］萨空了：《科学的新闻学概论》，香港文化供应社 1946 年版。

［56］恽逸群：《新闻学讲话》，冀中新华书店 1947 年版。

［57］［美］莫特：《美国的新闻事业》，王揆生、王季深译，上海文化
服务社 1947 年版。

［58］［英］斯蒂德：《新闻学的理论与实际》，王季深、吴饮冰译，上
海文化服务社 1947 年版。

（三）文集及文献汇编

［1］黄炎培：《最近之五十季》，申报馆 1923 年版。

[2]《〈新闻报〉三十年纪念册》，新闻报馆 1923 年版。

[3] 黄天鹏主编：《新闻学刊全集》，光华书局 1930 年版。

[4] 黄天鹏主编：《新闻学论文集》，光华书局 1930 年版。

[5] 黄天鹏主编：《新闻学名论集》，联合书店 1930 年第 2 版。

[6] 黄天鹏主编：《新闻学演讲集》，现代书局 1931 年版。

[7] 王澹如主编：《新闻学集》，天津大公报西安分馆 1931 年版。

[8] 燕京大学新闻系主编：《新闻学研究》，良友公司 1932 年版。

[9] 管照微主编：《新闻学论集》，汉文正楷印书局 1933 年版。

[10] 燕京大学新闻讨论会主编：《新闻事业与国难》，燕京大学新闻学
系 1935 年版。

[11] 复旦大学新闻系主编：《报展》，复旦大学新闻学会 1936 年版。

[12] ［日］榛村专一：《本国新闻法制资料》，袁殊编译，群力书店
1937 年版。

[13] 中国青年记者学会：《战时新闻工作入门》，生活书店 1939 年版。

[14] 程其恒主编：《记者经验谈》，天地出版社 1944 年版。

[15] 中国法规刊行社：《最新六法全书》，春明书店 1946 年版。

（四）期刊论文

[1] 黄远生：《忏悔录》，《东方杂志》第 12 卷第 11 期，1915 年。

[2]《广告与道德》，《科学》第 4 卷第 2 期，1918 年。

[3] 戈公振：《中国报业教育之近况》，《国闻周报》第 3 卷第 10 期，
1926 年。

[4] 顾红叶：《新闻发展之新途径》，《新闻学刊》第 1 卷第 1 期，
1927 年。

[5] 徐宝璜：《新闻学概论（上）》，《新闻学刊》1927 年创刊号。

[6] 徐霄汉：《广告学与术》，《新闻学刊》1927 年第 3 期、第 4 期。

[7] 邹宗孟：《日本新闻界》，《新闻学刊》第 1 卷第 1 期，1927 年。

[8] 戈公振：《新闻教育之目的》，《报学月刊》第 1 卷第 2 期，
1929 年。

[9] 徐宝璜：《新闻事业之将来》，《报学月刊》第 1 卷第 1 期，
1929 年。

[10] 张一苇：《华北新闻界》，《报学月刊》第 1 卷第 2 期，1929 年。

［11］赵叔雍：《新闻事业与新闻政策》，《报学月刊》1929 年第 1 期。

［12］严慎予：《党应确定新闻政策》，《报学月刊》1929 年第 2 期。

［13］吴凯声：《新闻纸违法纪载之责任问题》，《报学月刊》1929 年第 2 期。

［14］顾迺湘：《日本新闻事业》，《新闻学期刊》1934 年。

［15］高雪汀：《关于新闻界经济协作的几项建议》，《报学季刊》1934 年创刊号。

［16］杜朝馥译：《日本各大报之资本与销路》，《报学季刊》1934 年创刊号。

［17］马星野：《欧美报纸之销路推广术》，《新社会》第 6 卷第 8 期，1934 年。

［18］潘君健：《报纸评论与社会舆论》，《报学季刊》1934 年创刊号。

［19］沙凤岐：《报纸与社会》，《新闻学期刊》1934 年。

［20］唐克明：《近代美英新闻事业鸟瞰》，《新闻学期刊》1934 年。

［21］谢小鲁：《我国各大报纸面构成之分析及其批评》，《新闻学期刊》1934 年。

［22］杨国良译：《现代广告事业》，《报学季刊》1934 年创刊号。

［23］郑瑞梅：《报纸营业之方针》，《新闻学期刊》1934 年。

［24］《新闻教育机关概况》，《报学季刊》第 1 卷第 2、3 期，1935 年。

［25］蒋阴恩译：《美国的新闻道德规律》，《报学季刊》第 1 卷第 3 期，1935 年。

［26］施钧伯：《新闻记者职业的保障》，《报学季刊》1935 年第 4 期。

［27］宋鸿猷：《外勤记者应有的修养和我的采访经验》，《报学季刊》第 1 卷第 3 期，1935 年。

［28］舒宗侨：《改善国际新闻编辑之我见》，《报学季刊》1935 年第 4 期。

［29］谢六逸：《复旦大学新闻学系概况》，《新闻学期刊》1935 年。

［30］张万里：《新闻记者应有的修养》，《报学季刊》第 1 卷第 4 期，1935 年。

［31］朱司晨：《新闻纸之广告与推广问题》，《晨光周刊》第 4 卷第 24 期，1935 年。

［32］汤炳正：《小型报的缺点及其改善办法》，《报学季刊》第 1 卷第

4 期，1935 年。

［33］聂士芬（Vernon Nash）、罗文达（Rudolf Lowethal）：《中国报业前进的阻力》，《报人世界》1936 年第 6 期，选自 *The Chinese Social and Political Science Review*，Vol. 20，No. 3，1936。

［34］紫微：《制作报纸广告的基本条件》，《机联会刊》1936 年第 153 期。

［35］Reuel R. Barlow：《欧洲新闻从业员之职业保障》，《报人世界》1936 年第 5 期，选自 *Editor and Publisher*. April. 18，1936。

［36］黄槟园：《日本报纸扩充销路的方法》，《新闻记者》1937 年第 3 期。

［37］达章：《地方报纸建设论》，《新闻记者》第 1 卷第 3 期，1937 年。

［38］陆锡麟译：《近十年来甘萨斯明星报之成功史》，《报人世界》1937 年第 7 期，译自 *Editor & Publisher*. Vol. 69，No. 22。

［39］林鹤钦：《怎样增加新闻纸中广告的效力》，《文艺印刷月刊》第 1 卷第 7 期，1937 年。

［40］张志让：《出版法施行细则之商榷》，《新闻记者》1937 年第 3 期。

［41］振华：《新闻检查之理论的基础》，《中兴周刊》第 7 卷第 176 期，1937 年。

［42］马星野：《新闻记者之训练问题》，《新民族》第 2 卷第 19 期，1938 年。

［43］罗高：《新闻纸与印刷工人》，《新闻记者》1939 年第 6 期。

［44］刘汉兴：《谈报纸广告的净化》，《新闻学季刊》第 1 卷第 1 期，1939 年。

［45］马星野：《发展地方报纸刍议》，《战时记者》1939 年第 6 期。

［46］马星野：《地方报纸的症结及其对策》，《战时记者》1939 年第 7 期。

［47］毛楷清：《报社组织之检讨》，《新闻学季刊》第 1 卷第 1 期，1939 年。

［48］木子：《广告本位与发行本位》，《战时记者》1939 年第 6 期。

［49］裴克：《战时地方报的几个严重问题》，《战时记者》1939 年第 6 期。

［50］昆义：《改善地方报纸的几个刍议》，《战时记者》1939 年第 11 期。

［51］ 邵鸿达：《地方报纸的广告》，《战时记者》1939年第9期。

［52］ 俞颂华：《论报业道德》，《新闻学季刊》第1卷第1期，1939年。

［53］ 赵家欣：《地方报的采访工作》， 《战时记者》第2卷第3期，1939年。

［54］ 《中国国民党中央宣传部、中央政治学校合办新闻事业专修班课程纲要》，《新闻学季刊》第1卷第2期，1940年。

［55］ 赵曾珏：《新闻事业的自力更生》，《战时记者》第3卷第2、3、4期，1940年。

［56］ 刘汉兴：《各国报纸广告的比较》，《新闻学季刊》第1卷第2期，1940年。

［57］ 弦平：《黄色新闻与黄色广告的取缔》，《新闻学报》1940年第4、5期。

［58］ 徐钟珮：《英国报界现况之分析》，《新闻学季刊》第1卷第2期，1940年。

［59］ 郑祖荫：《谈谈新闻的管制》，《战时记者》1940年第2、3、4期。

［60］ 李震涛：《在北平担任"新"检工作的回忆》，《新闻学季刊》第1卷第2期，1940年。

［61］ 关企予：《吾国新闻事业之过去与将来》，《记者月报》1941年第2、3期。

［62］ 乐恕人：《现代记者的修养问题》，《新闻战线》1941年第2期。

［63］ 汪惠吉：《我国战时新闻检查制度概述》，《新闻学季刊》第1卷第4期，1941年。

［64］ 彭国栋：《新闻国营论》，《战时记者》1941年第6期。

［65］ 孙如陵：《评论与报纸的关系》，《新闻学季刊》1941年第1期。

［66］ 汪英宾：《报业管理要义》，《新闻学季刊》1941年第1期。

［67］ 赵慕儒：《采访新闻的方法》，《记者月报》1941年第2、3期。

［68］ 陈铭德：《报纸经营与报社管理》，《中国新闻学会年刊》1942年。

［69］ 程沧波：《新闻记者的健康问题》，《中国新闻学会年刊》1942年。

［70］ 丁一：《新闻广告漫谈》，《上海记者》1942年第2期。

［71］ 范心易：《谈谈报纸之校对》，《上海记者》1942年第2期。

［72］ 刘光炎：《新闻界的空气》，《中国新闻学会年刊》1942年。

［73］ 陆铿：《报界的人荒问题》， 《新闻战线》第1卷第8、9期，

1942 年。

[74] 聂世琦:《如何培养报业管理人才》,《新闻战线》第 2 卷第 7、8 期,1942 年。

[75] 钱沧硕:《谈编辑》,《中国新闻学会年刊》1942 年。

[76] 任希之:《采访的艺术》,《新闻学季刊》1942 年第 2 期。

[77] 申兰生:《如何做经济记者》,《上海记者》1942 年第 5 期。

[78] 孙如陵:《〈新闻学季刊〉概述》,《中国新闻学会年刊》1942 年。

[79] 田玉振:《报纸合并的症结在哪里》,《新闻战线》1942 年第 4、5 期。

[80] 文心:《报馆新闻编辑的生活》,《现代青年》第 6 卷第 2 期,1942 年。

[81] 许孝炎:《本党的宣传机构及其运用》,《新闻学季刊》1942 年第 2 期。

[82] 张友鸾:《新闻纸面》,《中国新闻学会年刊》1942 年。

[83] 张学远:《中央政治学校的新闻教育》,《中国新闻学会年刊》1942 年。

[84] 周钦岳:《广告与发行》,《中国新闻学会年刊》1942 年。

[85] 朱家让:《关于组织新闻记者公会》,《新闻战线》第 2 卷第 7、8 期,1942 年。

[86] 张志智:《发展全国新闻事业刍议》(上),《新闻战线》第 2 卷第 7、8 期,1942 年。

[87] 马星野:《ABC 三国出版自由之比较》,《中国新闻学会年刊》1942 年。

[88] 宗兰:《中国的新闻检查制度》,《上海记者》第 1 卷第 1 期,1942 年。

[89] 王芸生:《新闻的选择与编辑》,《中国新闻学会年刊》1942 年。

[90] 成舍我:《〈新闻记者法〉的缺点及其补救办法》,《新闻战线》1943 年第 5 期。

[91] 成舍我:《〈新闻记者法〉的缺点及其补救办法(未完)》,《新闻战线》1943 年第 6 期。

[92] 成舍我:《我们需要"平价报"》,《东方杂志》1943 年第 9 期。

[93] 蔚平:《新闻伦理论》,《上海记者》1943 年第 6 期。

[94] 解宗元:《报业经理部门的人才问题》,《新闻战线》1943 年第

6 期。

[95] 许君远：《报纸需要翻译人才》，《新闻战线》1943 年第 1 期。

[96] 张志智：《发展全国新闻事业刍议》（下），《新闻战线》第 2 卷第 9、10 期，1943 年。

[97] 本会出版组译：《英国现行新闻检查制度》，《中国新闻学会年刊》1944 年。

[98] 祖勋：《战时英美新闻检查》，《常识》1944 年第 4 期。

[99] 《各地报业现状及战后发展之意见》，《中国新闻学会年刊》1944 年。

[100] 蒋荫恩：《新闻教育感想》，《中国新闻学会年刊》1944 年。

[101] 刘光炎：《怎样增加新血输》，《中国新闻学会年刊》1944 年。

[102] 陈立夫：《新闻事业与文化建设》，《中国新闻学会年刊》1944 年。

[103] 卜少夫：《谈新闻教育》，《新中华》第 2 卷第 4 期，1944 年。

[104] 魏九如：《新闻纸发行论》（下），《上海记者》第 2 卷第 5、6 期，1944 年。

[105] 《美国报业战时实施条例》（1943 年 2 月 1 日修正本），《中国新闻学会年刊》1944 年。

[106] 李中襄：《战时宣传与新闻检查》，《中国新闻学会年刊》1944 年。

[107] 《十二中全会改进出版检查制度决议案》（1944 年 5 月 20 日通过），《中国新闻学会年刊》1944 年。

[108] 亚浦夏根（K. H. Abshagen）：《英国新闻纸面面观》，学鸣译，《上海记者》第 2 卷第 5、6 期，1944 年。

[109] 詹文浒：《培养报业人才管见》，《中国新闻学会年刊》1944 年。

[110] 张万里：《战时报业工人管理之研究》，《中国新闻学会年刊》1944 年。

[111] 成舍我：《报纸必如何始"真"能代表"民意"》，《中国新闻学会年刊》1944 年。

[112] 汤德臣：《美国报业战后趋势》，《中国新闻学会年刊》1944 年。

[113] 王亚明：《复员期中的新闻事业》，《中国新闻学会年刊》1944 年。

[114] 饶引之：《介绍新闻学》（三），《读书青年》第 2 卷第 1 期，1945 年。

[115] 罗森堡（Ignaz Rothenberg）：《报纸的销路》（*The Newspapers*），

1946 年，葛思恩译，《新闻学季刊》1947 年第 2 期。

[116] 贾克岐：《报纸发行技术丛谈》，《新闻学季刊》1947 年第 2 期。

[117] 贾晴：《胜利后我国新闻学专著述评》，《新闻学季刊》1947 年第
2 期。

[118] 邵燕平：《"黄色新闻"的罪恶》，《新闻学季刊》1947 年第 2 期。

[119] 王师莱：《新闻教育的重点在哪里》，《文化通讯》1947 年第 2 期。

[120] 韦恒章：《新闻道德之研究》，《新闻学季刊》第 3 卷第 1 期，
1947 年。

[121] 朱沛人：《中国新闻事业之路》，《新闻学季刊》1947 年第 1 期。

[122] 许孝炎：《我所见到的中国新闻事业——新闻讲座之二》，《新闻学
季刊》1947 年第 1 期。

[123] 戴永福：《论报纸的标准》，《报学杂志》1948 年第 7 期。

[124] 瞿菊农：《报纸下乡》，《报学杂志》1948 年第 6 期。

[125] 如陵：《论发行与再发行》，《报学杂志》1948 年第 5 期。

[126] 施志刚：《论中国新闻教育》，《读书通讯》1948 年第 152 期。

[127] 田玉振：《英国对报业的管制》，《报学杂志》1948 年第 4 期。

[128] 武月卿、孔珞、祝修麈等记录：《报纸下乡问题（本刊第六次座谈
会）》，《报学杂志》1948 年第 5 期。

[129] 袁昶超：《报学系课程概述》，《报学杂志》第 1 卷第 7 期，
1948 年。

[130] 朱抚松：《新闻自由与报业托拉斯》，《报学杂志》1948 年试刊号。

[131] 庄伯勋：《新闻广告学》，《报学杂志》1948 年第 7 期。

[132] 蔡策：《杂谈发行工作》，《报学杂志》1949 年第 10 期。

[133] 穆加恒：《商业广告的净化问题》，《报学杂志》1949 年第 10 期。

（五）其他文献

[1]《报纸条例》（1914 年）。

[2]［日］佐田弘治郎：《上海的新闻杂志与通讯机关》（日本庶务部调
查课），1925 年 5 月 10 日，第 27 页。

[3] 邹韬奋：《编后随笔》，《生活》周刊第 5 卷第 9 期，1930 年。

[4] 邹韬奋：《用人的三种制度》，《生活》周刊第 5 卷第 26 期，
1930 年。

［5］邹韬奋：《征求一位同志》，《生活》周刊第 5 卷第 34 期，1930 年。

［6］邹韬奋：《再复朱经农先生的一封信》，《生活》周刊第 5 卷第 47 期，1930 年。

［7］邹韬奋：《〈生活〉五周纪念特刊预告》，《生活》周刊第 5 卷第 52 期，1930 年。

［8］邹韬奋：《创办〈生活日报〉之建议》，《生活》周刊第 7 卷第 9 期，1932 年。

［9］成舍我：《我们的宣言》，《立报》（上海）1935 年 9 月 20 日第 1 版。

［10］邹韬奋：《〈生活日报〉创刊词》，《生活日报》1936 年 6 月 7 日。

［11］邹韬奋：《什么背景？（我们要怎样办〈生活日报〉?)》，《生活星期刊》第 1 卷第 12 号，1936 年。

［12］邹韬奋：《〈生活日报〉的创办经过和发展计划》，《生活日报》1936 年 7 月 31 日。

［13］邹韬奋：《编辑以后》，《全民抗战》周刊第 100 号，1939 年 12 月 9 日。

［14］《扫荡世界人类的公敌》，《扫荡报》（重庆版）1943 年 7 月 23 日第 1 版。

三　中华人民共和国时期出版的文献资料

（一）专著、编著、教材

［1］戈公振：《中国报学史》，生活·读书·新知三联书店 1955 年版。

［2］王韬：《弢园文录外编》，中华书局 1959 年版。

［3］曾虚白：《中国新闻史》，三民书局 1966 年版。

［4］李瞻：《新闻学》，三民书局 1969 年版。

［5］李瞻：《中国新闻史》，台湾学生书局 1979 年版。

［6］赖光临：《中国近代报人与报业》，商务印书馆 1980 年版。

［7］方汉奇：《中国近代报刊史》，山西教育出版社 1981 年版。

［8］徐铸成：《报海旧闻》，上海人民出版社 1981 年版。

［9］［德］黑格尔：《精神现象学》上卷，贺麟、王玖兴译，商务印书馆 1983 年第 2 版。

［10］胡太春：《中国近代新闻思想史》，山西教育出版社 1987 年版。

[11] ［美］黛安娜·克兰：《无形学院——知识在科学共同体的扩散》，刘珺珺等译，华夏出版社 1988 年版。

[12] 林德海：《中国新闻学书目大全（1903—1987）》，新华出版社 1989 年版。

[13] 毛泽东：《毛泽东选集》第 2 卷，人民出版社 1991 年第 2 版。

[14] 倪延年、吴强：《中国现代报刊发展史》，南京大学出版社 1993 年版。

[15] 徐培汀、裘正义：《中国新闻传播学说史》，重庆出版社 1994 年版。

[16] 方汉奇、张之华主编：《中国新闻事业简史》，中国人民大学出版社 1995 年第 2 版。

[17] 方汉奇主编：《中国新闻事业通史》（1—3 卷），中国人民大学出版社 1996 年版。

[18] 张涛：《中华人民共和国新闻史》，经济日报出版社 1996 年版。

[19] 胡太春：《中国报业经营管理史》，山西教育出版社 1998 年版。

[20] 丁淦林等：《中国新闻事业史新编》，四川人民出版社 1998 年版。

[21] ［德］汉伯里·布朗：《科学的智慧——它与文化和宗教的关联》，李醒民译，辽宁教育出版社 1998 年版。

[22] 蔡铭泽：《中国国民党党报历史研究（1927—1949）》，团结出版社 1998 年版。

[23] 吴文虎：《新闻事业经营管理》，高等教育出版社 1999 年版。

[24] 方汉奇：《新闻史的奇情壮彩》，华文出版社 2000 年版。

[25] 方汉奇主编：《中国新闻编年史》（上、中、下），福建人民出版社 2000 年版。

[26] 邹韬奋：《韬奋新闻出版文选》，学林出版社 2000 年版。

[27] 陈方中：《于斌枢机传》，台湾商务印书馆 2001 年版。

[28] 单波：《20 世纪中国新闻学与传播学·应用新闻学卷》，复旦大学出版社 2001 年版。

[29] 童兵、林涵：《20 世纪中国新闻学与传播学·理论新闻学卷》，复旦大学出版社 2001 年版。

[30] 徐培汀：《20 世纪中国新闻学与传播学·新闻史学史》，复旦大学出版社 2001 年版。

[31] ［新加坡］卓南生：《中国近代报业发展史》（增订版），中国社会

科学出版社 2002 年版。

[32] 陈玉申:《晚清报业史》,山东画报出版社 2003 年版。

[33] 李建新:《中国新闻教育史论》,新华出版社 2003 年版。

[34] [英] 齐格蒙特·鲍曼:《共同体:在一个不确定的世界中寻找安全》,欧阳景根译,江苏人民出版社 2003 年版。

[35] 唐绪军:《报业经济与报业管理》,新华出版社 2003 年版。

[36] [美] 托马斯·库恩:《科学革命的结构》,金吾伦、胡新和译,北京大学出版社 2003 年版。

[37] 李秀云:《中国新闻学术史 (1834—1949)》,新华出版社 2004 年版。

[38] [美] 托马斯·库恩:《必要的张力:科学的传统和变革论文选》,范岱年、纪树立等译,北京大学出版社 2004 年版。

[39] 吴信训、金冠军主编:《中国传媒经济研究 (1949—2004)》,复旦大学出版社 2004 年版。

[40] 丁淦林、商娜红:《聚焦与扫描:20 世纪中国新闻学与传播学研究》,新华出版社 2005 年版。

[41] [美] 罗伯特·G. 皮卡德:《媒介经济学:概念与问题》,赵丽颖译,中国人民大学出版社 2005 年版。

[42] 倪祖敏、张骏德:《报刊发行学概论》,复旦大学出版社 2005 年版。

[43] [德] 马克斯·韦伯:《社会学的基本概念》,胡景北译,上海人民出版社 2005 年版。

[44] 陶菊隐:《记者生活三十年——亲历民国重大事件》,中华书局 2005 年版。

[45] 吴信训、金冠军、李海林等:《现代传媒经济学》,复旦大学出版社 2005 年版。

[46] [美] 罗伯特·G. 皮卡德:《传媒管理学导论》,韩骏伟、常永新译,人民邮电出版社 2006 年版。

[47] 宋建武:《媒介经济学——原理及其在中国的实践》,中国人民大学出版社 2006 年版。

[48] 李秀云:《中国现代新闻思想史》,中国社会科学出版社 2007 年版。

[49] 徐小群:《民国时期的国家与社会:自由职业团体在上海的兴起 (1912—1937)》,新星出版社 2007 年版。

［50］徐宝璜：《徐宝璜新闻学论集》，肖东发、邓绍根编，北京大学出版社 2008 年版。

［51］邵飘萍：《邵飘萍新闻学论集》，肖东发、邓绍根编，北京大学出版社 2008 年版。

［52］王余光、吴永贵：《中国出版通史》（第 7、8 卷，即清代下卷与民国卷），中国书籍出版社 2008 年版。

［53］吴廷俊：《中国新闻史新修》，复旦大学出版社 2008 年版。

［54］陈昌凤：《中国新闻传播史——传媒社会学的视角》，清华大学出版社 2009 年版。

［55］方汉奇、丁淦林、黄瑚等：《中国新闻传播史》，中国人民大学出版社 2009 年第 2 版。

［56］黄瑚：《中国新闻事业发展史》，复旦大学出版社 2009 年第 2 版。

［57］李彬：《中国新闻社会史》，清华大学出版社 2009 年版。

［58］喻国明、丁汉青、支庭荣、陈端：《传媒经济学教程》，中国人民大学出版社 2009 年版。

［59］［美］阿兰·B. 阿尔瓦兰主编：《传媒经济与管理学导论》，崔保国、杭敏、徐佳等译，清华大学出版社 2010 年版。

［60］方晓红：《中国新闻史》，南京师范大学出版社 2010 年版。

［61］邵培仁、陈兵：《传媒管理学概论》，高等教育出版社 2010 年版。

［62］［德］斐迪南·滕尼斯：《共同体与社会：纯粹社会学的基本概念》，林荣远译，北京大学出版社 2010 年版。

［63］王润泽：《北洋政府时期的新闻业及其现代化（1916—1928）》，中国人民大学出版社 2010 年版。

［64］王润泽：《中国新闻媒介史（1949 年前）》，北京大学出版社 2011 年版。

［65］赵敏恒：《外人在华新闻事业》，王海译，暨南大学出版社 2011 年版。

［66］［美］白瑞华：《中国报纸（1800—1912）》（1933 年版），王海译，暨南大学出版社 2011 年版。

［67］［美］柏德逊：《中国新闻简史（古代至民国初年）》，王海、刘栗彬、丁洁译，暨南大学出版社 2013 年版。

（二）文集及文献汇编

[1]《万国公报（15）》，华文书局股份有限公司1968年版。

[2] 中国社会科学院新闻研究所：《中国共产党新闻工作文件汇编》（上册、中册），新华出版社1980年版。

[3]《上海解放三十五周年》，上海人民出版社1984年版。

[4]《中国报刊发行史料》（第一辑），光明日报出版社1987年版。

[5] 余家宏等编注：《新闻文存》，中国新闻出版社1987年版。

[6] 周谷城主编：《民国丛书》，上海书店出版社1989年版。

[7] 刘哲民：《近现代出版新闻法规汇编》，学林出版社1992年版。

[8] 陆定一：《陆定一文集》，人民出版社1992年版。

[9]［美］华勒斯坦等：《学科·知识·权力》，刘健芝等编译，三联书店1999年版。

[10] 张之华主编：《中国新闻事业史文选》，中国人民大学出版社1999年版。

[11] 丁淦林、方厚枢主编：《20世纪中国学术大典新闻学传播学出版学》，福建教育出版社2001年版。

[12] 龙伟等：《民国新闻教育史料选辑》，北京大学出版社2010年版。

[13] 方汉奇、王润泽主编：《中国人民大学新闻学院藏稀见民国新闻史料汇编》（29册），国家图书馆出版社2011年版。

（三）期刊论文

[1] 冯友兰：《再论中国哲学遗产底继承问题》，《哲学研究》1957年第5期。

[2]《世界日报》史料编写组：《〈世界日报〉初创阶段（1924—1927）》，载《新闻研究资料》第2辑，中国社会科学出版社1980年版，第149—162页。

[3] 汪仲韦：《我与新闻报的关系》，载《新闻研究资料》第12辑，展望出版社1982年版，第127—157页。

[4] 顾执中：《一所并不理想的新闻学校》，载《新闻研究资料》第26辑，中国社会科学出版社1984年版，第33—50页。

[5] 杨宇清：《韬奋经营管理思想略论》，《江西社会科学》1987年第

4 期。

[6] 陈伟中主编：《萧同兹和中央通讯社》，《常宁文史资料》1988 年第
4 辑。

[7] 罗隆基：《天津〈益世报〉及其创办人雷鸣远》，陈树涵整理，载
《天津文史资料选辑》第 42 辑，1988 年。

[8] 马光仁：《我国早期的新闻界团体》，载《新闻研究资料》第 41 辑，
中国社会科学出版社 1988 年版，第 61—78 页。

[9] 孙旭培：《解放初期对旧有新闻事业的接收和改造》，载《新闻研究
资料》第 43 辑，中国社会科学出版社 1988 年版，第 48—61 页。

[10] 姚福申：《解放前〈新闻报〉经营策略研究》，《新闻大学》1994 年
第 1 期。

[11] 蔡铭泽：《大陆时期国民党党报管理体制的变化》，《新闻与传播研
究》1995 年第 2 期。

[12] 钱益民：《1920—1921 年商务印书馆的改革》，《浙江师范大学学
报》（社会科学版）第 27 卷第 3 期，2002 年。

[13] 孙慧：《新闻报创办经过及其概况》，《档案与史学》2002 年第
5 期。

[14] 唐海江、吴高福：《晚清报业中民间资本的若干问题》，《新闻大
学》2002 年第 4 期。

[15] 刘小燕：《中国民营报业托拉斯道路的破灭》，《新闻大学》2003 年
第 4 期。

[16] 石义彬、周劲：《传媒经济学研究的回顾与反思》，《新闻与传播评
论》2003 年。

[17] 丁淦林：《中国新闻史教学需要适时革新》，《新闻大学》2004 年第
3 期。

[18] 陈中原：《传媒经济学研究的简要回顾》，《新闻大学》2005 年第
1 期。

[19] 冷冰：《南京〈中央日报〉的经营策略及启示》，《青年记者》2005
年第 4 期。

[20] 余绍敏、许清茂、黄飞等：《汪汉溪广告经营理念初探》，《新闻记
者》2005 年第 4 期。

[21] 张洁：《中国近代民营报业经营方略》，《新闻与写作》2005 年第 6

期、第 7 期。

[22] 戴元光、张海燕：《新世纪中国传媒经济研究综述》，《当代传播》2006 年第 1 期、第 2 期。

[23] 罗国干：《美查时期〈申报〉的经营之道——媒介经营管理研究之一》，《广西大学学报》（哲学社会科学版）2006 年第 3 期。

[24] 罗国干：《韬奋〈生活〉周刊的经营方略——媒介经营管理研究之二》，《广西大学学报》（哲学社会科学版）2006 年第 4 期。

[25] 罗国干：《新记〈大公报〉的经营管理——媒介经营管理研究之三》，《广西大学学报》（哲学社会科学版）2006 年第 5 期。

[26] 宗亦耕：《20 世纪二三十年代上海报业的运营机制与规律》，《上海大学学报》（社会科学版）第 13 卷第 2 期，2006 年。

[27] 丁淦林：《中国新闻史研究需要创新——从 1956 年的教学大纲草稿说起》，《新闻大学》2007 年第 1 期。

[28] 王润泽：《民国前期中国现代报纸的发行途径及其潜规则》，《国际新闻界》2007 年第 7 期。

[29] 王国平、李艳：《徜徉于中国传媒市场的历史长廊》，《求索》2007 年第 12 期。

[30] 昝廷全、刘静忆、王燕萍：《传媒经济学研究的历史、现状与对策》，《现代传播》2007 年第 6 期。

[31] 章平、池见星：《10 年来中国传媒经济研究回顾——对 1996 年至 2005 年〈新闻与传播研究〉〈新闻大学〉的实证分析》，《新闻大学》2007 年第 2 期。

[32] 高秀昌：《冯友兰"抽象继承法"新论——兼论继承与创新的关系》，《中国哲学史》2007 年第 3 期。

[33] 王晓渔：《学术共同体的消逝与重建》，《中国图书评论》2008 年第 4 期。

[34] 王润泽：《民国时期报纸发行途径与策略回顾》，《新闻与写作》2009 年第 9 期。

[35] 周鸿铎：《中国传媒经济发展历程——行业发展与理论路径》，《现代传播》2009 年第 6 期。

[36] 丁汉青：《中国大陆传媒经济学术圈分析》，《国际新闻界》2009 年第 6 期。

［37］郭墨池：《史量才时期的〈申报〉经营策略研究》，《新闻知识》2009 年第 3 期。

［38］李煜秋：《旧中国民营大报经营策略初探》，《青年记者》2009 年第 12 期。

［39］沈松华：《民国报业的公司化进程研究》，《杭州师范大学学报》（社会科学版）2009 年第 4 期。

［40］温汉华：《从经营的角度看〈新闻报〉的受众观》，《新闻爱好者》2009 年第 24 期。

［41］祝帅：《早期中国新闻学中的广告学研究》，《国际新闻界》2009 年第 9 期。

［42］曾来海：《试论民国时期报业集团化经营的理论研究》，《国际新闻界》2011 年第 3 期。

［43］武志勇、周尚科：《中国报刊发行体制变迁历史的现实启示》，《新闻大学》2011 年第 4 期。

［44］武志勇：《二十世纪及本世纪初中国报刊发行研究文献述略》，《编辑之友》2011 年第 12 期。

［45］陶喜红、李时新：《民国时期报贩对民营报业发行市场的控制及其影响》，《中国出版》2011 年第 20 期。

［46］陶喜红：《民国时期民营小报发行市场竞争强度分析》，《湖北社会科学》2011 年第 12 期。

［47］张曙光：《学术共同体的自治和自律》，《学术界》2011 年第 6 期。

［48］喻国明、宋美杰：《中国传媒经济研究的"学术地图"——基于共引分析方法的研究探索》，《现代传播》2012 年第 2 期。

［49］王亮：《传媒经济研究的理论、方法和问题——对 2006 年至 2011 年四家刊物的分析》，《编辑之友》2012 年第 9 期。

［50］杭敏：《传媒管理研究：理论、视角与趋势》，《中国传媒报告》2012 年第 3 期。

［51］陶喜红：《晚清民国时期民营报纸经营性业务的外包现象探析》，《中南民族大学学报》（人文社会科学版）2012 年第 4 期。

［52］陶喜红、马庆：《民营资本与报业市场结构——清末与民国时期民营报业经营研究》，《新闻爱好者》2012 年第 3 期。

［53］曾来海：《晚清民国时期传媒经济（管理）学研究的历史考察》，

《国际新闻界》2013 年第 3 期。

[54] 张立勤：《民国时期报纸广告的理论研究述略》，《国际新闻界》
　　　2014 年第 8 期。

[55] 曾来海：《民国时期"报纸下乡"经营思想的考察》，《编辑之友》
　　　2015 年第 5 期。

[56] 曾来海：《试论民国时期报业广告经营的理论研究》，《新闻春秋》
　　　2015 年第 4 期。

（四）学位论文

[1] 黄旦：《"耳目"与"喉舌"的历史性转换：中国百年新闻思想主潮
　　　论》，博士学位论文，复旦大学，1998 年。

[2] 郑炯儿：《从"扫荡"到"和平"：〈扫荡报〉研究（1931—
　　　1950)》，硕士学位论文，"国立"台湾师范大学，1999 年。

[3] 方晓红：《晚清小说与晚清报刊发展关系研究》，博士学位论文，南
　　　京师范大学，2000 年。

[4] 黄丽丘：《论中国现代报业经营的轨迹与特色》，硕士学位论文，广
　　　西大学，2005 年。

[5] 汪志海：《新中国建国前传媒经营管理思想史》，硕士学位论文，上
　　　海大学，2005 年。

[6] 常国良：《近代上海商业教育研究（1843—1949)》，博士学位论文，
　　　华东师范大学，2006 年。

[7] 姜红：《现代中国新闻学科建构与学术思想中的科学主义》，博士学
　　　位论文，复旦大学，2006 年。

[8] 芦莉菲：《邹韬奋媒介经营管理思想研究》，硕士学位论文，河北大
　　　学，2006 年。

[9] 古晓峰：《民国时期〈申报〉经营管理研究——兼与〈新闻报〉的
　　　比较》，硕士学位论文，复旦大学，2007 年。

[10] 张培：《中国近代民营出版业的融资问题研究》，硕士学位论文，河
　　　南大学，2007 年。

[11] 代雅静：《经营报纸——史量才报刊思想研究》，硕士学位论文，兰
　　　州大学，2007 年。

[12] 黄蓉：《中国报纸产业化进程中的制度选择——基于博弈的视角》，

博士学位论文，华中科技大学，2007 年。

[13] 沈松华：《中国近代报业制度变迁研究——以报业公司制为中心》，硕士学位论文，浙江大学，2007 年。

[14] 张晓锋：《新闻职业精神论》，博士学位论文，复旦大学，2008 年。

[15] 赵娜：《胡政之报纸经营思想研究》，硕士学位论文，河北大学，2008 年。

[16] 潘祥辉：《中国媒介制度变迁的演化机制研究——一种历史制度主义的视角》，博士学位论文，浙江大学，2008 年。

[17] 向芬：《国民党新闻传播制度研究》，博士学位论文，中国社会科学院研究生院，2009 年。

[18] 杨联宇：《〈新闻报〉广告与近代上海休闲生活的建构（1927—1937)》，博士学位论文，复旦大学，2009 年。

[19] 陈贝贝：《成舍我的报业经营管理思想研究》，硕士学位论文，河北大学，2010 年。

[20] 陈志强：《胡政之新闻职业观及其实践研究》，博士学位论文，华中科技大学，2010 年。

[21] 贺碧宵：《新闻范式更替：从民间报人到党的干部——以上海私营报业改造为中心的考察（1949—1952)》，博士学位论文，复旦大学，2011 年。

[22] 叶青青：《从农村办报走向城市办报：中共执政初期的党报新闻制度建构》，博士学位论文，复旦大学，2011 年。

[23] 李理：《从合作社性质的民营报纸到共产党的党报——汉口〈大刚报〉史研究（1945.11—1951.12)》，博士学位论文，华中科技大学，2011 年。

[24] 丁骋：《中国大陆民营报纸退场的探究（1949—1954)》，博士学位论文，华中科技大学，2012 年。

[25] 张立勤：《1927—1937 年民营报业经营研究——以〈申报〉、〈新闻报〉为考察中心》，博士学位论文，复旦大学，2012 年。

（五）档案文献

[1]《上海市军事管理委员会新闻出版处二月综合报告》，1949 年，上海市档案馆馆藏，资料号：Q431—1—1。

［2］《徐铸成同志的思想检查》，载华东学习委员会上海新闻界分会办公室编《学习第九号》，1952 年，上海市档案馆馆藏，资料号：A22—2—1550。

［3］《王芸生同志的思想检查》，载华东学习委员会上海新闻界分会办公室编《学习第九号》，1952 年，上海市档案馆馆藏，资料号：A22—2—1550。

［4］《赵超构同志的思想检查》，载华东学习委员会上海新闻界分会办公室编《学习第十号》，1952 年，上海市档案馆馆藏，资料号：A22—2—1550。

［5］上海市档案馆馆藏档案，档案号：Q430—1—173。

［6］上海市档案馆馆藏档案，档案号：Q430—1—1。

［7］沈志华、杨奎松：《国务院情报研究所关于中国的新闻自由的备忘录》（1951 年），载《美国对华情报解密档案（1949—1976）》第三编，东方出版中心 2009 年版。

（六）其他文献

［1］《上海新闻界改革工作胜利告一段落》，《文汇报》1953 年 1 月 18 日第 1 版。

［2］包全：《反对刊登广告中的铺张浪费现象》，《人民日报》1955 年 6 月 18 日。

［3］冯友兰：《中国哲学遗产底（的）继承问题》，《光明日报》1957 年 1 月 8 日。

［4］《中国新闻年鉴》，中国社会科学出版社 1988 年版。

［5］《简明华夏百科全书》，华夏出版社 1998 年版。

［6］周鸿铎：《中国传媒经济发展现状》，"首届中国传媒经济学博士生论坛"会议论文，北京，2007 年 12 月。

［7］原全国人民代表大会常务委员会副委员长、中国科协主席韩启德在第十一届中国科协年会致开幕词，2009 年 9 月 8 日，中国科学技术协会网（http://www.cast.org.cn/n35081/n35593/n38815/11482350.html）

［8］《中共中央关于深化文化体制改革的决定》（2011 年 10 月 26 日）。

四 外文资料

［1］ George A. Hillery, Jr. , "Definition of Community: Areas of Agreement", *Rural Sociology*, Vol. 20, No. 4, 1955.

［2］ Stephen Lacy and Walter E. Niebauer, Jr. , "Developing and Using Theory for Media Economics", *The Journal of Media Economics*, Vol. 8, No. 2, 1995.

［3］ Todd Chambers, "Who's on First? Studying the Scholarly Community of Media Economics", *The Journal of Media Economics*, Vo. 11, No. 1, 1998.

［4］ Gerard Delanty, *Community*, New York: Routledge, 2009.

后　记

终于到了写"后记"的时候，真有一种如释重负的感觉。本书的完成，总算对自己首次主持的浙江省哲学社会科学规划课题"民国时期传媒经济的理论研究"（编号：11JCXW02YB）有个交代，终于可以暂时告别那些泛黄的竖排、繁体字的旧书刊了，也终于可以结束为课题时而焦躁不安时而兴奋不已的非常态了。

2011年至2014年，我师从南京师范大学新闻与传播学院方晓红教授攻读新闻学博士学位，博士论文的题目是"民国时期报业管理学术思想研究"。在论文通过答辩以后，根据博士论文匿名评审专家及导师组的建议，我决定把民国时期报业管理学术史与思想史区分开来，分别研究。同时由于浙江省哲学社会科学规划课题"民国时期传媒经济的理论研究"结题的需要，在此先把博士学位论文中有关民国时期报业管理学史的研究做进一步丰富、修改、完善而聚集成册形成本书，以完成课题的结项，只好把民国时期报业管理思想史的研究留着日后继续。

在此，特别要感谢我的博士生导师方晓红博士（后）、教授，她在我对于考博士几近绝望之际给了我鼓励与希望，让我在工作八年以后终于有了难得的继续学习深造的机会。在博士学位论文的写作过程中，导师对我博士论文的选题、框架、开题、修改、预答辩、答辩等每一个环节都悉心指教和严格要求，这给导师添加了不少麻烦与负担，在此感激不尽。

同时还要感谢南京师范大学新闻与传播学院的倪延年教授、顾理平教授、李培林教授、张晓锋教授、于德山教授、俞香顺教授、靖鸣教授，三年来，无论是课堂学习还是本选题博士论文的指导，他们都让我深受启发，收获多多。

感谢《国际新闻界》杂志及其匿名评审专家对本选题的鼓励。三年来，该杂志发表了我两篇有关本研究的长篇论文，该杂志匿名评审专家的评审与修改意见也给了我很多鼓励与肯定。在此鼓励下，我以此选题成功申请到了一个省部级科研项目，并决定以此作为博士学位论文的选题方向，还出版了本书。

感谢浙江外国语学院中国语言文化学院樊宝英教授、院长等领导对本研究的关心与支持。也感谢原单位浙江工业大学不同部门同一学科的王哲平教授、张雷教授多年来对本人及本选题的关心与指教。

感谢我的妻子与女儿的鼓励与支持。三年来，为了支持我的学业，妻子既要忙于自己的工作，又要全心照顾女儿，还操持了大部分的家务，有时还要包容我不顺心时的情绪，倾听我烦躁时的倾诉。三年来，为了学习，我没有多少时间给女儿讲故事，也没法多陪女儿玩。在她看来，我只是天天在"工作，工作"……对此深感遗憾。同时感谢岳父、岳母全家人对我多年来的关心与支持。

此外，还要感谢我远在偏远乡村劳作的年迈父母和兄弟姐妹的全力支持与关心。他们虽然文化水平不高，但他们举全家之力甚至放弃自己的学业机会来支持我多年来的学业。如今自己已近不惑之年却仍然难以回报他们，在此深表惭愧与歉意。

由于能力所限，本书难免有疏漏之处，恳请读者与专家批评指正。

曾来海

2015 年 1 月 19 日于杭州翰墨香林苑